HOTEL ROOM
DIVISION OPERATIONS

호텔객실실무론

유도재 저

(주)백산출판사

머리말

이번에 『호텔객실실무론』을 집필하게 된 배경에는 AI 기술을 중심으로 한 디지털 스마트 호텔로의 빠른 전환이라는 시대적 변화가 자리하고 있다. 이러한 변화 속에 객실부서의 전문성과 실무적 역량을 보다 체계적으로 정리하고 전달할 수 있는 교재의 필요성이 그 어느 때보다 절실해졌다.

호텔 객실은 단순히 '숙박'이라는 기능에 머무르지 않는다. 고객에게 안전하고 편안한 쉼터를 제공하는 동시에, 호텔 전체 매출의 절반 이상을 차지하는 핵심 부문이며, 고객의 첫인상과 만족도를 결정짓는 최전선이기도 하다. 따라서 호텔객실실무를 제대로 이해하고 습득하는 것은 미래의 호텔리어에게 가장 중요한 출발점이라 할 수 있다. 그러나 현실적으로 많은 학생이 호텔을 직접 경험해 보거나 객실부서에서 실습할 기회가 부족한 상황에서 교재를 통한 간접 경험의 중요성은 그 어느 때보다 커지고 있다. 이러한 고민 속에 몇 년 전부터 관련 자료를 모으고 국내외 호텔 사례를 조사하여 마침내 『호텔객실실무론』을 집필하게 되었다.

따라서 본 교재는 객실을 중심으로 한 호텔업의 변화상을 정리하여 단순한 업무 매뉴얼을 넘어, 학생들이 미래 호텔리어로서 갖추어야 할 전문적 안목과 종합적 사고를 키울 수 있도록 구성하였다. 이와 관련하여 본 고재의 몇 가지 특징을 소개하면 다음과 같다.

첫째, 교재의 구성은 총 3개 Part 15개 장으로 구성하였다. Part 1에서는 호텔 객실의 이해 편으로 6개 장으로 구성하였고, Part 2에서는 객실영업부서의 이해 편으로 5개 장으로 구성하였다. Part 3에서는 서비스경영관리 실무 편으로 4개의 장으로 구성하여 균형 잡힌 학습이 가능하도록 하였다.

둘째, 교재 전체에 280여 장의 관련 사진과 도표를 수록하였다. 호텔의 다양한 객실과 시설 및 비품, 종사자의 업무 전경 등 교재 내용과 연관된 사진 자료를 제시하여 학습 효과를 높이고자 하였다.

셋째, 본 교재에서는 기존 교재에서 좀처럼 다루어지지 않았던 새로운 주제들을 추가하여 설명하였다. 즉 제2장에서는 객실의 주요 시설과 비품을 설명하였고, 제4장에서는 객실의 역할 변화와 트렌드를 신기술과 접목하여 설명하였다. 제11장에서는 세일즈마케팅 부서와 마케팅 믹스 전략에 대해 설명하였다. 그리고 Part 3에 해당하는 제12장, 제13장, 제14장, 제15장에서는 호텔 종사자에게 요구되는 커뮤니케이션 능력과 매너 등의 실무와 함께 고객관리와 인사관리 등의 경영관리적 내용들도 수록하였다.

넷째, 교재의 전개 과정에서 이론에 맞는 최신 트렌드와 글로벌 사례 등을 폭넓게 반영하도록 노력하였다. 예를 들어 객실서비스의 성공적 혁신 내용을 설명할 때는 메리어트의 'IoT Room', 힐튼의 'Connected Room', 아코르의 'Green Stay Program' 등의 사례를 설명하였다.

다섯째, 각 장의 말미에는 토론 주제와 체크포인트를 두어, 학생들이 단순 이해에 머무르지 않고 실제 상황을 가정한 시뮬레이션과 토론을 통해 문제 해결 능력과 비판적 사고를 기를 수 있도록 하였다.

마지막으로 교재의 전문성과 완성도를 높이기 위해 관련 호텔의 홍보실로부터 다양한 자료와 조언을 받았으며, 필요한 경우 호텔의 공식 홈페이지와 최신 인공지능 기반 어시스턴트의 도움도 함께 활용하였다.

이와 같은 과정을 거쳐 완성된 본 교재가 학생들의 현장 적응력을 높이고, 객실부서에 대한 올바른 이해를 바탕으로 직업적 성취감을 높이는 데 도움이 되기를 기대한다. 물론 이러한 노력에도 불구하고 부족한 부분이 있을 수 있으며, 이는 앞으로의 개정 과정을 통해 보완해 나가고자 한다. 끝으로 본 교재의 출판이 가능하도록 자료 협조를 아끼지 않은 호텔 기업의 홍보팀과 백산출판사 관계자분들께 감사의 인사를 드린다.

저자 유도재

차 례

제13장 인력 관리와 교육

제14장 보안과 안전 관리

제15장 사례연구와 시뮬레이션 실무

PART 1

호텔 객실의 이해

제1장

호텔 객실의 의의와 중요성

제1절 호텔의 의의와 발전 형태

제2절 객실의 중요성과 특성

제1절 호텔의 의의와 발전 형태

1. 호텔의 의의

호텔은 현대 관광산업의 중심축으로서 숙박, 식음, 부대시설 등 다양한 서비스를 종합적으로 제공하는 복합 서비스 기업이다. 호텔의 가장 본질적인 기능은 고객에게 안전하고 편안한 숙소를 제공하는 데 있으며, 이를 통해 여행의 피로를 해소하고 쾌적한 환경에서 휴식할 수 있도록 돕는다. 그러나 오늘날의 호텔은 단순한 숙박 공간을 넘어 문화, 비즈니스, 여가, 미식 등 다방면의 가치를 창출하는 생활문화 공간으로 발전하고 있다. 호텔의 의의는 크게 세 가지 측면에서 살펴볼 수 있다.

첫째, 경제적 측면에서 호텔은 지역 경제 활성화와 고용 창출의 핵심 산업으로 기능한다. 호텔은 관광객을 유치하고 체류 기간을 연장시킴으로써 관광수입을 증대시키며, 숙박뿐 아니라 식음료, 연회, 컨벤션 등 다양한 부가서비스를 통해 지역사회에 상당한 경제적 파급 효과를 미친다.

둘째, 사회 · 문화적 측면에서 호텔은 문화 교류의 장이 된다. 전 세계 각국의 여행객들이 호텔을 이용하면서 다양한 문화가 교차하고, 이를 통해 호텔은 국제적인 소통과 이해를 촉진하는 플랫폼이 된다. 또한 호텔은 고객의 경험과 만족을 중시하며, 이를 기반으로 서비스 품질 향상과 고객 중심 경영을 실현하는 과정에서 서비스 산업 전반의 기준을 선도하는 역할을 한다.

셋째, 산업적 측면에서 호텔은 관광산업의 중심이자 연계 산업과의 시너지를 창출하는 허브이다. 항공, 여행사, 외식, 이벤트, 쇼핑 산업과 긴밀히 연결되며, 글로벌 관광 인프라를 구성하는 핵심 요소로서 국가 이미지와 경쟁력을 높이는 데 기여한다.

결국 호텔은 단순히 숙박을 제공하는 기능에 머무르지 않는다. 고객에게는 삶의 질을 높이는 복합적인 경험을 제공하고, 사회와 경제에는 부가가치를 창출하며, 국가적으로는 관광산업의 경쟁력을 강화하는 중추적 역할을 수행한다는 점에서 현대 사회에서 그 중요성이 점점 더 커지고 있다.

2. 호텔의 발전 형태

호텔산업의 발전은 단순히 객실과 숙박 기능의 확장이 아니라, 서비스 개념의 전문화, 시설의 다양화, 그리고 경영 전략의 글로벌화로 이어졌다. 이 과정을 이해하면 현재 호텔이 제공하는 맞춤형 서비스, 디지털 전환, 지속가능 경영 같은 트렌드가 어떤 흐름 속에서 나온 것인지 파악할 수 있다. 이에 따라 호텔의 발전 형태를 시대별로 구분하여 살펴본다.

1) 고대(Ancient Era)

(1) 서양

고대 서양에서는 현대적 의미의 호텔이라는 개념이 존재하지 않았다. 대신 여행자, 상인, 순례자 등 장거리 이동이 필요한 사람들을 위해 공공적 · 관료적 숙박시설이 운영되었다. 객실은 대부분 공용 공간 · 집단 수용 형태였고, 상업적 경영자보다는 국가, 종교, 사회적 필요가 운영의 핵심 주체였다.

① **이집트:** 신전이나 궁전 주변에 숙박 공간이 마련되어, 순례자나 관리들이 머물 수 있도록 제공되었다. 객실은 대체로 집단 숙소 형태로, 개인 공간이나 프라이버시는 거의 없었다. 온돌 같은 난방 시설은 없었지만, 장거리 이동자를 위한 최소한의 수면 장소와 식사 제공이 이루어졌다.

② **그리스:** 올림픽과 같은 대규모 경기 기간에는 도시가 일시적으로 방문객을 수용해야 했기 때문에 임시 숙소가 운영되었다. 이러한 숙소는 기본적인 침상과 공용 공간만 갖추고 있었으며, 체류의 편리성과 공간 효율이 중심이었다.

③ **로마 제국:** 로마는 숙박시설이 세분화되고 체계화된 최초 사례로 평가된다.

- **망시온(Mansio):** 국가가 설치한 공공 숙소로, 관료와 군인 전용이었다. 도로망을 따라 일정 거리마다 설치되어 장거리 이동을 지원하였다.
- **카우포나(Caupona):** 민간 상인이 운영하는 여관으로, 여행자와 상인을 대상으

로 음식과 숙박을 제공했다.

- **호스피티움(Hospitium)**: 부유층 저택에서 제한적으로 제공한 숙박 서비스로, 객실이 분리되어 개인적 공간이 생기기 시작했으나 현대적 의미의 프라이버시는 부족했다.

(2) 한국

삼국시대부터 통일신라시대까지는 이미 장거리 이동과 사신 왕래가 많았기 때문에 중앙에서 관리하는 역(驛) 제도가 존재했다. 역은 단순히 말을 갈아타는 교통 거점이었지만, 관리 · 사신이 머물 수 있는 숙소 기능도 갖췄다.

- **역참(驛站)**: 중앙에서 파견된 관리, 군사, 사신 등이 이용했다. 말 교체, 물자 보급, 숙소 기능을 동시에 담당했다.
- **관영 숙소**: 지방 관청이나 왕실 부속 시설이 운영했으며, 공무수행자 숙박 위주였다.
- **운영 주체**: 이 시기에는 '숙박업' 개념이 없었고, 주로 공공기관(역, 관사) 중심의 숙박이 이루어졌으며, 민간 숙박은 일시적이거나 비공식적 형태였다.

2) 중세(Medieval Era)

(1) 서양

중세 서양에서는 종교적 순례와 상업 교역이 숙박시설 발전의 핵심 배경이었다. 이 시기의 호텔이나 여관은 단순한 잠자리 제공을 넘어, 종교적, 경제적, 사회적 필요를 충족시키는 기능을 수행하였다.

- **수도원 숙소(Monastic Lodging)**: 수도원은 순례자와 빈민에게 무료 또는 저가로 숙박을 제공했다. 객실은 대부분 대규모 기숙사형이었으며, 기본 침대와 공용 식사 제공이 일반적이었다. 수도원 숙소는 종교적 자선의 성격이 강했고, 숙박뿐 아니라 기도 · 명상 공간도 함께 제공되었다.

• **여관(Inn)과 주막(Tavern):** 중세 상업 도시가 발달하면서 민간이 운영하는 숙박시설이 등장했다. 여관은 상인과 여행객을 대상으로 한 숙박과 식사 제공이 주 목적이었고, 터번은 술과 간단한 음식 판매를 겸하며 지역사회의 만남의 장소 역할도 수행했다.

• **카라반서리(Caravanserai):** 중동과 중앙아시아, 실크로드 등 교역로를 따라 발전한 복합 숙박시설로, 숙소와 창고, 마구간이 기능적으로 분리되어 있었다. 상업 교역과 장거리 이동이 활발한 지역에서는 이러한 시설이 안전 · 물류 · 숙박을 통합하는 핵심 인프라였다.

• **운영 주체:** 수도원은 종교기관이, 여관과 주막은 민간 상인이, 카라반서리는 상업 · 통치 기관이 운영하였다.

(2) 한국

한국사에서 중세는 고려시대(918~1392)를 대표적인 시기로 본다. 고려 정부는 전국의 주요 교통로를 따라 역참(驛站)과 원(院), 객사(客舍) 등을 설치하여 관리, 사신, 군인, 상인 등 공무와 교류를 위한 인원의 이동을 지원하였다. 이들 시설은 단순한 숙박 공간을 넘어, 행정 · 외교 · 군사 기능을 함께 수행한 공공 복합시설이었다.

• **역참(驛站):** 국가가 설치한 교통 · 행정 거점으로, 말과 인력을 교체하며 숙박을 제공했다. 역마다 일정 수의 말과 인부(역졸)를 드어 관리와 사신의 이동을 지원했다.

• **원(院):** 사찰이나 국가가 운영한 일종의 숙박시설로, 지방의 관청 부속 또는 사찰 인근에 위치했다. 일부 원은 음식과 숙소를 함께 제공하며, 후대 민간 여관의 기원으로 평가된다.

• **운영 주체:** 고려시대의 숙박시설은 국가 통제 아래 운영된 공공 시스템이 중심이었으며, 민간 숙박은 아직 제한적이었다. 그러나 이 시기의 '원' 제도는 후대 조선시대의 주막이나 여관으로 이어지는 중요한 기반이 되었다.

3) 근대(Modern Era)

(1) 서양

근대 호텔의 발전 특징은 전용 욕실과 전화기 보급, 고급 가구와 인테리어, 전기 · 난방 설비 표준화이며, 서비스 중심 호텔 경영과 객실 혁신의 기틀을 마련하였다. 운영 주체는 철도회사, 민간 투자자, 개인 창업자 등 다양하며, 각국의 사회 · 경제적 환경과 연계되어 호텔 산업의 근대화를 이끌었다.

① 영국

- **철도호텔(Railway Hotel)**: 19세기 산업혁명과 철도망 발달로 장거리 이동이 급증하면서, 주요 철도역 인근에 대규모 호텔이 건설되었다. 이 호텔들은 이동객과 비즈니스 방문객을 주 고객으로 삼았으며, 철도와 숙박을 연결한 현대적 호텔 운영의 초기 형태를 보여준다.
- **사보이 호텔(Savoy Hotel, 1889)**: 세계 최초로 전기 조명, 엘리베이터, 온수 공급을 도입하였다. 객실마다 개별 조명과 난방 설비가 설치되어, 프라이버시와 편의성을 동시에 제공하였다.
- **리처드 도일리 카르(Richard D'Oyly Carte)**: 사보이 호텔 설립자. 호텔과 예술을 결합하여 오페라 극장 운영과 같은 문화적 요소를 접목했고, 런던 사회에서 사교와 문화의 중심지로 호텔을 발전시켰다.

② 프랑스

- **리츠 호텔(Ritz Paris, 1898)**: 현대 럭셔리 호텔의 표준을 세운 사례로, 프런트 오피스, 하우스키핑, 컨시어지 서비스가 체계화되었고, 객실마다 전용 욕실을 설치하였다. 최고급 레스토랑과 서비스로 국제적 명성을 얻었다.
- **세자르 리츠(César Ritz)**: '호텔리어의 왕'으로 불리며, "고객은 왕이다"라는 슬로건을 창안. 호텔 운영을 고객 중심 서비스 철학으로 정립하고, 리츠호텔을 세계적인 럭셔리 브랜드로 성장시켰다.

③ 미국

- **월도프 아스토리아호텔(Waldorf Astoria, 1893):** 객실 내 욕실, 전화, 고급 가구 등을 도입하여 현대 호텔의 표준을 확립했다. 뉴욕 사교계의 중심지로 자리매김하며, 호텔이 단순 숙박을 넘어 사회적 · 문화적 공간으로 발전함을 보여주었다.
- **스타틀러 호텔(Statler Hotel):** 전 객실에 욕실, 전화, 의자 배치 등 객실의 표준화를 달성하고, 예약 시스템과 회계 관리의 중앙화로 경영 혁신을 이루었다.
- **엘스워스 스타틀러(Ellsworth Statler, 1863~1928):** 호텔업에 벨보이로 입문하여 실무 경험을 쌓은 후, 호텔 운영의 비효율성을 개선하고 1901년 첫 Statler Hotel을 오픈하였다. 현대 호텔의 대중화를 이루었다.

(2) 한국

한국사에서 근대는 조선 후기에서 대한제국을 거쳐 일제강점기까지의 시기이다. 이 시기에는 서양식 호텔이 도입되면서 근대적 숙박 서비스가 시작되었다.

- **손탁호텔(1902):** 손탁호텔은 기존의 숙박시설이 여관 형태를 벗어나 근대호텔로 전환되는 계기가 되었으며, 서양식 레스토랑에서 프랑스 요리를 판매했다.
- **조선철도호텔(1914):** 조선총독부 철도국에서 관리한 호텔로 69개의 객실, 양식당과 회의장을 갖추어 사교의 중심지로 사용되었다. 객실에는 침대와 욕실이 설치되었으며, 식사와 편의시설이 갖춰진 근대 호텔서비스가 도입되었다.
- **반도호텔(1938):** 반도호텔은 일본인이지만 민간인이 주도한 순수한 상업호텔로서 경영방식에서는 미국식 상용호텔을 롤 모델로 삼았다. 로비에는 프런트업무와 현관서비스 업무를 제공하였고, 커피숍, 바, 레스토랑 등을 운영하였다.
- **운영 주체:** 초기에는 총독부 철도국이나 일본인 운영자가 호텔을 운영했으며, 광복 이후에는 한국 정부 경영 체제로 전환되면서 국내 호텔 산업의 자립화가 이루어졌다.

4) 현대(Contemporary Era)

(1) 서양 및 아시아

현대 서양의 호텔 산업은 글로벌 체인화를 통해 표준화된 객실 품질과 서비스를 제공하면서도, 지역별 특성과 고객 요구에 맞춘 맞춤형 서비스를 강화하고 있다. IoT · AI 기반 스마트 객실, 친환경 경영, 데이터 분석을 통한 개인화 서비스, 초호화 프라이버시 중심 리조트 등으로 발전하며, 효율성과 차별화된 고객 경험을 동시에 추구하고 있다.

① 미국

- **힐튼 호텔(Hilton Hotels & Resorts)**: 현대 호텔 산업에서 글로벌 체인 호텔 개념을 정립하였다. 동일한 객실 품질과 서비스 표준화를 유지하며, 대규모 확장 전략으로 세계 주요 도시와 공항 인근에 진출하였다.
- **메리어트 호텔 인터내셔널(Marriott International)**: 다양한 브랜드 전략을 통해 비즈니스 고객부터 럭셔리 고객까지 폭넓게 공략하고 있다. 호텔 운영을 표준화하면서도, 각 브랜드의 특성에 맞춘 맞춤형 서비스를 제공한다.

② 유럽

- **아코르호텔그룹(Acor)**: 프랑스 파리 본사를 기반으로 한 글로벌 호텔 · 리조트 체인으로 110개국 이상에서 48개 이상의 브랜드, 약 5,700여 개 호텔을 운영한다. 글로벌 표준화와 현지화 전략을 동시에 추진하며, 체인호텔 운영의 모델을 제시하고 있다.
- **아만 리조트(Aman Resorts)**: 초 프라이버시 중심의 리조트 개념을 도입하였다. 자연과 문화와의 조화를 중시하며, 소규모 럭셔리와 웰니스 중심 경영을 통해 차별화된 고객 경험을 제공한다.

③ 중동

- **버즈알아랍 호텔(Burj Al Arab, 두바이)**: 초호화 호텔의 상징으로 관광과 럭셔리

산업에서 두바이 브랜드를 대표하는 호텔이다. 전 객실이 스위트룸이고 개인 버틀러 서비스를 운영한다.

④ 아시아

- **페닌슐라 홍콩(The Peninsula Hong Kong):** 단순히 숙박 편의를 넘어 디지털 전환(Digital Transformation)을 호텔산업에 선도적으로 적용한 사례이다. 디지털 기반 서비스지만, 페닌슐라 특유의 럭셔리 맞춤 서비스(Butler Service)와 결합해 '첨단+인간적 서비스'의 균형을 구현하고있다.

(2) 한국

21세기 들어 국제화와 스마트호텔 확산이 두드러진다. 글로벌 체인 호텔 도입과 국내 체인 호텔의 브랜드화가 진행되었고, IoT, AI, 로봇 서비스 등 첨단 기술을 활용한 스마트 객실이 보급되었다. 또한 ESG 기반 친환경 설계와 운영이 확대되어 지속 가능한 호텔경영이 강조된다.

- **주요 사례 및 경영자**
  - 롯데호텔: 국내 최대 호텔 체인, 글로벌 수준의 서비스 표준화 및 객실 품질 유지
  - 호텔신라: 럭셔리 서비스 강화와 면세사업 시너지 전략으로 고급 시장 공략
  - 파라다이스시티: 국내 첫 복합리조트호텔, 엔터테인먼트 · 컨벤션 · 숙박을 결합한 체험형 호텔 제공
- **객실 발전 형태**
  - 스마트 객실: 조명, 온도, 커튼 원격 제어 가능
  - 친환경 디자인: ESG 기준 적용, 에너지 절약과 환경 친화적 설계
  - 맞춤형 서비스: 고객 데이터 분석을 통한 개별 맞춤 서비스 제공
- **운영 주체:** 국내 호텔 체인과 글로벌 체인이 공존하며, 전문 호텔리어 및 경영진이 첨단 기술과 국제 서비스 기준을 기반으로 운영하고 있다.

제2절 객실의 중요성과 특성

1. 객실의 중요성

호텔 객실은 호텔산업의 핵심 경쟁력을 형성하는 중심축으로서, 고객에게는 휴식과 만족을 제공하고, 호텔에는 안정적인 수익과 브랜드 가치를 창출하는 핵심 상품이다. 객실의 중요성을 기능적, 경영적 측면에서 살펴보면 다음과 같다.

1) 숙박의 본질적 기능 제공

호텔 객실은 숙박의 본질적 기능 제공이라는 핵심 역할을 수행한다. 객실은 고객에게 외부 환경으로부터 분리된 안전하고 편안한 휴식 공간을 제공하며, 이 기본 기능이 충족되지 않으면 어떤 부가 서비스나 고급 편의시설이 있더라도 객실 상품의 가치는 크게 떨어진다. 이를 위해 청결 상태, 침대와 침구의 품질, 방음 시설, 적절한 온도와 조명 등이 필수적으로 갖춰져야 한다.

예를 들어, 서울의 강남권 5성급 호텔에서는 객실 청소와 침구 교체를 철저히 관리하고, 소음 차단과 난방 · 냉방 시스템을 최적화하여 고객이 편안하게 숙면할 수 있도록 한다. 또한, 비즈니스 고객을 위해 객실 내 조명과 온도를 개인 맞춤형으로 조절할 수 있는 스마트 기능을 제공하기도 한다.

이처럼 객실의 본질인 숙박 기능이 충족될 때, 고객은 편안하게 휴식하면서 부대서비스를 포함한 모든 경험을 온전히 즐길 수 있다. 따라서 객실의 숙박 기능을 확보하는 것은 호텔 운영과 고객 만족도의 근간이 된다.

* 객실은 고객에게 외부 환경으로부터 분리된 안전하고 편안한 휴식 공간을 제공하는 본질적 기능을 제공한다.

2) 호텔 수익의 핵심 원천

호텔 수익의 핵심 원천은 대부분 객실 부문에서 발생한다. 특급호텔의 경우, 전체 매출의 절반 이상이 객실에서 나오며, 객실 판매와 관리가 호텔의 재무 건전성을 좌우한다. 객실 매출은 식음료(F&B)나 부대시설과 달리 변동비가 상대적으로 낮고, 고정비 중심으로 운영되기 때문에 높은 수익성과 안정적인 수입원으로 작용한다.

예를 들어, 서울의 롯데호텔, 신라호텔, 그랜드 인터컨티넨탈 등 특급호텔은 객실 가동률과 평균 객실 요금(ADR) 관리를 통해 전체 수익을 극대화하며, 객실 업그레이드 판매, 조기 예약 프로모션, 패키지 상품 등 다양한 전략을 운용한다. 해외 사례로 뉴욕의 힐튼 호텔이나 메리어트 인터내셔널 체인은 객실 요금 변동성과 수요를 분석해 동적 가격 전략(Dynamic pricing)을 활용, 성수기와 비수기 수익을 극대화하고 있다. 따라서 호텔경영에서 객실 운영 효율화, 상품 다양화, 수익관리 전략은 재무 안정성과 경쟁력 확보의 핵심 과제로 간주된다.

3) 호텔 브랜드 정체성 구현

호텔 객실은 브랜드 정체성 구현의 핵심 수단이다. 객실의 디자인, 인테리어, 서비스 수준은 호텔의 이미지와 직결되며, 온라인 리뷰와 평판 형성에 가장 큰 영향을 미친다. 고급호텔일수록 객실은 단순한 숙박 공간을 넘어 호텔의 품격과 철학을 보여주는 체험 공간으로 설계된다.

예를 들어, 파리의 리츠호텔은 클래식 럭셔리 인테리어와 개인 맞춤형 서비스로 브랜드 이미지를 강조하며, 고객이 체감하는 품격과 서비스를 통해 높은 재방문율과 충성도를 유지한다. 국내에서는 서울의 신라호텔과 롯데호텔이 객실별로 독창적인 콘셉트와 특화 서비스를 제공해 고객에게 차별화된 경험을 전달하고, 이를 기반으로 온라인 평판과 브랜드 신뢰도를 높이고 있다.

* 리츠 파리(Ritz Paris)의 객실과 시설은 숙박 공간을 넘어 브랜드의 역사, 철학, 서비스, 그리고 정체성을 종합적으로 드러내는 중요한 매개체이다. 이러한 접근은 고급호텔이 단순히 '잘 쉬는 곳'을 넘어 '브랜드를 경험하는 공간'으로 진화하고 있음을 보여주는 대표적인 사례이다.

4) 고객 경험과 만족도 결정

호텔에서 고객의 경험과 만족도는 객실의 품질과 서비스에 의해 결정된다. 객실의 청결 상태, 침구의 쾌적함, 방음, 조명, 편의시설 등은 고객이 느끼는 만족도를 직접적으로 좌우하며, 이는 재방문 의사와 추천으로 이어진다.

예를 들어, 서울의 파크 하얏트 호텔에서는 모바일 체크인과 디지털 키 서비스를 제공해 고객이 대기 없이 즉시 객실을 이용할 수 있도록 편의를 극대화한다. 또한, 친환경 침구, 공기정화 시스템, 자동 온도 조절 기능 등은 고객에게 건강하고 쾌적한 환경을 제공하며, ESG 경영 실천이라는 부가적 가치도 함께 전달한다.

해외 사례로는 싱가포르의 마리나 베이 샌즈 호텔이 객실 내 스마트 IoT 시스템을 통해 조명, 온도, 커튼 등을 고객 맞춤형으로 제어할 수 있도록 하여 체류 경험을 향상시키고 있다. 이러한 객실 경험은 단순한 숙박을 넘어 고객 충성도와 브랜드 신뢰를 형성하는 핵심 요소로 작용한다.

5) 미래 전략적 중요성

호텔 객실은 미래 전략적 중요성 측면에서 핵심적인 역할을 한다. 최근에는 인공지능(AI) 기반 스마트 객실 관리, 비대면 서비스, IoT 자동화 시스템이 도입되어 객실 운영 효율성을 높이는 동시에 고객 편의성과 만족도를 극대화하고 있다.

예를 들어, 홍콩의 페닌슐라 호텔은 객실 내 IoT 시스템을 통해 조명, 온도, 커튼 등을 고객 맞춤형으로 자동 제어하며, 모바일 앱을 통해 비대면 체크인과 룸서비스를 요청할 수 있다. 또한, ESG 경영과 친환경 트렌드에 따라 에너지 절감형 조명, 스마트 온수 · 난방 시스템, 친환경 침구와 재활용 자재 활용 등 지속가능한 운영이 강조된다.

국내 사례로 파라다이스시티는 객실 내 친환경 설비와 재생에너지 기반 시스템을 도입하여 ESG 기준을 충족하고, 고객에게 지속가능한 체류 경험을 제공한다. 이러한 기술과 친환경 전략의 결합은 미래 호텔 경쟁력 확보와 브랜드 차별화에 결정적인 요소로, 객실 운영이 단순한 숙박 제공을 넘어 경영 전략과 혁신 구현의 핵심 플랫폼으로 자리 잡고 있음을 보여준다.

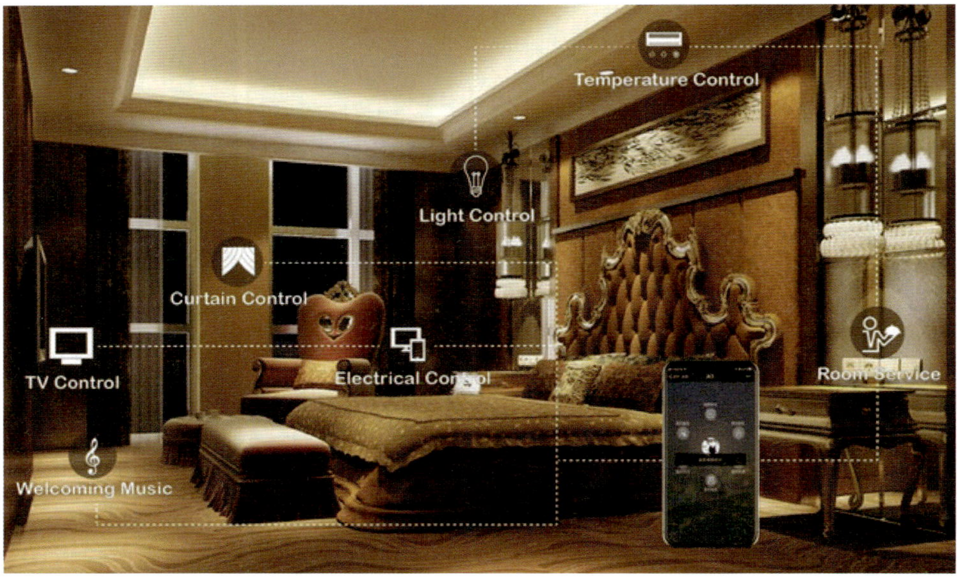

* 호텔은 인공지능(AI) 기반 스마트 객실로 변화하고 있다. 고급 호텔에서는 GRMS(Guest Room Management System)를 활용해 조명과 디스플레이, 온도 등을 한 번에 제어할 수 있다.

2. 객실 상품의 특성

호텔 객실의 본질적 특성은 다른 호텔 상품과 명확히 구분되는 객실 고유의 속성을 의미하며, 주로 서비스의 무형성, 비분리성, 이질성, 소멸성 등의 일반적인 서비스 특성과 더불어 객실 상품만의 특수한 특성이 결합되어 나타난다. 이를 정리하여 살펴보면 다음과 같다.

1) 무형성

무형성(intangibility)은 객실 상품이 서비스 상품으로서 가지는 특성을 의미한다. 객실은 예약 단계에서 실물로 확인하거나 직접 경험할 수 없으며, 고객은 사진, 온라인 리뷰, 브랜드 이미지와 같은 간접적인 정보를 기반으로 객실을 선택한다. 그러나 객실의 실제 가치는 고객이 체크인 후 객실을 직접 이용하면서 체험해야만 알

수 있다. 이 때문에 객실 상품은 구매 전에 품질을 확신하기 어렵고, 고객에게 일정 수준의 불확실성을 동반한다.

호텔이 무형성을 보완하기 위해 사용하는 대표적 전략은 가상 투어(Virtual Tours, VR/360°)나 신뢰도 높은 사진과 정보를 제공하는 것이다. 즉 호텔은 무형성을 보완하기 위해 객실 사진의 신뢰성을 높이고, 고객 리뷰 관리, 가상 투어 등의 정보를 제공해 고객의 불확실성을 최소화해야 한다.

* (좌) 호텔 홈페이지를 통한 360° 가상 투어 화면, (우) 호텔 외관과 내부를 연결하는 가상 투어(VT) 화면

2) 무형성과 유형성의 결합

호텔 객실은 무형성(intangibility)과 유형성(tangibility)의 결합이라는 특성이 있다. 즉, 객실은 물리적 공간(유형적 요소)을 제공하면서, 동시에 고객이 체감하는 서비스 경험(무형적 요소)에 의해 그 가치가 결정되는 복합 상품이다.

예를 들어 객실에 침대, 욕실, 가구, 청결 상태 등 물리적 요소가 완벽하게 갖춰져 있더라도 프런트 직원의 친절도, 하우스키핑의 신속한 청소, 객실 내 디지털 편의 서비스 사용 경험이 부족하면 고객 만족도가 낮아진다. 반대로 시설이 다소 낡았더라도 직원의 세심한 안내와 맞춤형 서비스, 스마트 IoT 장비 활용으로 조명과 온도를 즉시 조절할 수 있는 경험이 제공되면 고객은 높은 만족도를 느낀다.

서울의 롯데호텔이나 신라호텔에서는 청결한 객실과 최신 시설을 제공하는 동시에, 직원의 친절 안내, 객실 내 스마트 컨트롤 서비스, 모바일 체크인 · 체크아웃 등 무형적 서비스를 결합하여 고객 경험을 극대화한다. 따라서 호텔 객실은 물리적 편의와 서비스 경험이 동시에 작용하는 복합 상품으로 관리되어야 하며, 유형적 시설과 무형적 서비스 모두의 품질이 경쟁력 확보의 핵심 요소가 된다.

3) 소멸성

호텔 객실은 소멸성(perishability)이라는 고유한 특성이 있다. 즉, 객실은 시간이 지나면 판매할 수 없으며, 오늘 판매되지 않은 객실은 내일로 이월할 수 없다. 이로 인해 호텔은 객실을 재고로 보유할 수 없으므로, 효과적인 예약 관리와 가격 전략을 통해 가동률을 극대화해야 한다.

예를 들어 비즈니스 호텔은 주말과 전시회 기간에 객실 요금을 유동적으로 조정하고, 조기 예약 할인과 기업 단체 예약을 통해 수익을 극대화한다.

이러한 전략은 수익관리(Revenue Management)의 핵심 요소로, 소멸성 특성을 고려하지 않으면 빈 객실로 인한 기회 손실이 발생한다. 따라서 호텔은 객실 수요를 실시간으로 분석하고 요금과 프로모션을 탄력적으로 운영함으로써, 고객 만족과 수익 극대화를 동시에 달성해야 한다.

4) 동시성

호텔 객실은 동시성(simultaneity)이라는 특징이 있다. 즉, 객실 상품은 생산과 소비가 동시에 이루어지는 서비스로, 객실 청소와 준비가 완료된 직후 고객이 투숙하면서 즉시 소비된다. 이러한 특성 때문에 객실부서와 하우스키핑 부서 간의 신속하고 정확한 협업이 필수적이다.

예를 들어, 서울의 고급 호텔에서는 체크아웃 직후 하우스키핑 팀이 즉시 객실 청소와 점검을 완료해야 하며, 침구 교체, 욕실 청결, 편의시설 배치 등에서는 작은 실수라도 고객 만족도에 큰 영향을 미칠 수 있다.

또한, 투숙객이 예상보다 일찍 체크인하는 경우에는 실시간으로 객실 준비 상황을 조정해야 하며, 이를 위해 PMS(호텔 관리 시스템)와 모바일 커뮤니케이션을 활용한 팀 간 협업이 중요하다. 따라서 동시성 특성은 실시간 서비스 품질 관리, 운영 효율성, 고객 경험 최적화를 위해 전략적으로 관리되어야 하며, 오류 발생 시 즉각적인 대응 체계가 호텔 경쟁력 확보에 중요한 요소가 된다.

5) 이질성

호텔 객실은 이질성(heterogeneity)이라는 특성이 있다. 즉, 동일한 객실 유형이라도 위치, 층수, 전망, 인테리어 상태 등에 따라 고객의 만족도가 달라질 수 있다. 예를 들어, 같은 디럭스 룸이라도 바다 전망 객실은 도심 전망 객실보다 가격이 높고 고객 만족도도 상대적으로 높게 나타난다. 또한, 투숙객의 개인적 기대 수준과 체감 품질이 다양하기 때문에, 객실 설비나 서비스가 동일하더라도 만족도는 달라질 수 있다.

실제로 럭셔리 호텔에서는 고객 맞춤형 서비스를 제공하여 이러한 이질성을 보완하고 있다. 대표적으로 힐튼 런던 뱅크사이드 호텔(Hilton London Bankside)에서는 채식주의자(Vegan)를 위한 세계 최초의 맞춤형 비건 스위트룸(Vegan Suite)을 운영하고 있다. 비건 스위트룸에서 동물성 재료(가죽, 모직, 깃털 등 동물 유래 소재)는 전부 사용할 수 없다. 가죽 대신 파인애플 섬유 기반의 비건 가죽이나 유기농 면 카펫, 소이실크 커튼 등을 사용하고, 깃털 베개 대신 밀, 포플러(밀렛), 캡록, 대나무 섬유 및 재활용 폴리에스터 기반 메모리폼 베개를 제공하고 있다. 이 외에 비건 미니바, 비건 룸서비스, 비건 어메니티, 비건 청소용품 등을 사용하면서 채식주의자를 위한 맞춤 체험의 라이프스타일을 실현하고 있다.

* 힐튼런던뱅크사이드호텔은 채식주의자를 위한 맞춤형 비건 스위트룸을 운영한다. (좌) 비건 침구류와 베개, (우) 비건 섬유 쇼파와 비건 스낵류

6) 고정성과 비이동성

호텔 객실은 고정성과 비이동성(fixity and immobility)이라는 특성이 있다. 즉, 객실은 지리적으로 고정되어 있어 다른 장소로 이동할 수 없는 상품으로, 호텔의 입지와 주변 환경이 객실 가치에 큰 영향을 미친다. 예를 들어, 제주도의 바다 전망 리조트 객실은 동일한 시설이라도 주변 자연환경과 전망 덕분에 높은 가격과 수요를 유지할 수 있으며, 서울 강남의 비즈니스 호텔 객실은 교통 접근성과 인근 업무시설과의 근접성 때문에 경쟁력을 확보한다. 따라서 호텔은 입지 전략, 부대시설 구성, 교통 편의성 등을 고려하여 객실 상품의 가치를 극대화해야 한다.

이동이 불가능한 특성을 보완하기 위해서는 온라인 예약 시스템, 360도 VR 가상투어, 상세 사진과 영상 등 정보 제공과 마케팅이 필수적이다. 이를 통해 고객은 직접 방문하지 않고도 객실 상태와 위치, 전망 등을 확인하여 예약 결정을 내릴 수 있으며, 호텔은 효율적인 수익 관리와 고객 만족도를 동시에 달성할 수 있다.

7) 부가가치 결합성

호텔 객실은 부가가치 결합성(value-added bundling)이라는 특성이 있다. 즉, 객실 자체의 숙박 기능을 넘어 다양한 부가 서비스와 결합하여 하나의 상품으로 제공할 수 있다. 예를 들어, 리조트호텔에서는 조식 포함 패키지를 판매하여 숙박뿐만 아니라 식사 편의를 함께 제공하고, 스파나 사우나 이용권을 포함한 패키지는 고객에게 휴식과 체험 가치를 더한다.

또한, 관광지 연계 상품으로 투어 프로그램, 액티비티 체험권, 골프 라운드, 키즈 프로그램 등을 결합하면 객실 단독 상품보다 높은 고객 만족과 체험 가치를 창출할 수 있다. 실제로 제주도의 고급 리조트호텔에서는 바다 전망 객실 + 조식 + 해양 액티비티 패키지를 구성하여 고객이 숙박뿐 아니라 체험까지 즐길 수 있도록 하고 있으며, 서울의 럭셔리 호텔에서는 디너 예약, 공연 티켓, 스파 패키지를 객실과 결합하여 부가 가치를 극대화한다. 이러한 결합 전략은 호텔이 차별화된 경험 제공과 수익 극대화를 동시에 달성할 수 있게 해준다.

8) 높은 초기 투자비와 유지관리 필요성

호텔 객실은 높은 초기 투자비와 지속적인 유지관리 필요성이라는 특징이 있다. 객실 운영을 위해서는 건축비, 인테리어, 가구, 전기 · 수도 설비, IT 시스템 등 초기 고정자산 투자 비용이 매우 크다. 또한, 객실 품질과 호텔 등급은 시설의 상태와 청결, 편의시설 유지 수준에 따라 평가되므로, 호텔은 리모델링과 설비 업그레이드를 정기적으로 실시하여 경쟁력을 유지해야 한다.

서울의 롯데호텔과 신라호텔은 5~10년 주기로 객실 리노베이션을 실시하며, 가구 교체, 욕실 개보수, 최신 IT 장비 도입 등으로 고객 만족도를 높이고 있다. 뉴욕의 월도프 아스토리아 호텔은 리노베이션을 통해 전 객실과 공용 공간을 현대적 럭셔리 스타일로 업그레이드하여 글로벌 고객의 기대에 부응한 사례가 있다. 이처럼 높은 초기 투자와 지속적인 유지관리 노력은 호텔 브랜드 가치와 객실 경쟁력을 결정하는 핵심 요인으로 작용한다.

9) 가격 변동성

호텔 객실은 가격 변동성(price variability)이라는 중요한 특성이 있다. 객실 요금은 고정된 것이 아니라 수요와 공급, 계절, 요일, 이벤트, 경쟁 상황 등에 따라 유동적으로 변동한다. 이러한 특성은 호텔의 수익관리 전략(Revenue Management)과 밀접하게 연관된다.

예를 들어, 성수기인 여름 휴가철이나 크리스마스 시즌, 주말, 국제 전시회 기간에는 객실 수요가 증가하므로 요금이 상승하며, 예약이 조기 마감되는 경우도 많다. 반대로 비수기에는 낮은 수요를 고려해 조기 예약 할인, 패키지 상품, 프로모션을 제공하여 객실 점유율을 높인다. 서울 코엑스센터 근처의 비즈니스 호텔들은 국제 전시회 기간에는 디럭스 룸 요금을 평상시보다 2~3배 인상하지만, 비수기에는 1박 조식 포함 패키지로 고객 유치를 강화한다. 이러한 가격 변동성은 호텔이 수익 극대화와 고객 수요 조절을 동시에 달성하는 핵심 전략적 요소임을 보여준다.

Checkpoint

◆ 토론 주제 1

호텔 산업은 지역 사회에 어떤 도움을 줄까?

• **참고**

– 경제적 측면: 관광수입 증대, 고용 창출, 지역 상권 활성화
– 사회 · 문화적 측면: 국제 교류, 서비스 산업 발전
– 산업적 측면: 항공 · 여행 · 쇼핑 · 이벤트 산업과 연계
– 호텔은 단순히 기업의 수익만이 아니라, 지역 경제 활성화와 문화 교류의 허브 역할을 한다.

◆ 토론 주제 2

호텔은 왜 단순히 '잠자는 곳'이 아니라 '서비스 산업'일까? 여러분이 경험한 호텔(혹은 모텔 · 게스트하우스 등)에서 느낀 숙박 이상의 가치는 무엇이었는가?

• **참고**

– 호텔은 숙박뿐만 아니라 식음료, 문화, 비즈니스, 여가까지 제공한다.
– 고객은 '편안한 잠자리+추억+경험'을 얻는다.
– 따라서 호텔은 관광산업의 핵심 플랫폼이다.

◆ 토론 주제 3

호텔을 선택할 때 객실이 가장 중요한 이유는 무엇일까?

• **참고**

– 객실은 호텔의 수익 핵심 원천이다.
– 고객 만족도와 재방문 의사에 직접적인 영향을 준다.
– 객실 품질이 보장되지 않으면 부대시설의 가치도 떨어진다.
– 객실은 호텔의 중심축으로, 고객 만족과 호텔 수익 · 브랜드 신뢰를 동시에 결정하는 핵심 요소이다.

전문용어

사보이 호텔(Savoy Hotel, 1889) 런던에 개관한 세계 최초의 현대식 호텔이다. 전기 조명, 엘리베이터, 온수 공급을 최초로 도입하여 호텔 서비스의 기술적 혁신을 이끌었으며, 현대 호텔의 표준을 세운 상징적 사례이다.

리츠 호텔(Ritz Hotel, 1898) 파리에서 개관한 럭셔리 호텔이다. 객실마다 전용 욕실을 설치하고, 프런트오피스 · 하우스키핑 · 컨시어지 서비스를 체계화하였다. 세자르 리츠의 "고객은 왕이다"라는 철학을 바탕으로 현대 호텔 경영의 고객 중심 이념을 정립하였다.

스타틀러 호텔(Statler Hotel, 1901) 미국 뉴욕에서 개관한 호텔로, 전 객실에 욕실과 전화기를 설치하여 객실 표준화를 달성하였다. 또한 예약과 회계의 중앙 관리 시스템을 도입하여 현대적 호텔경영의 기틀을 마련하였다.

체인스케일(Chain Scale) 글로벌 호텔 산업에서 STR이 제시한 시장 분류 체계이다. 브랜드를 Luxury, Upper Upscale, Upscale, Upper Midscale, Midscale, Economy 등 여섯 단계로 구분하며, 서비스 수준과 가격대를 기준으로 한다.

제2장

호텔 객실의 주요 시설

제1절 객실 시설물의 이해

제2절 객실의 주요 시설과 비품

제1절 객실 시설물의 이해

1. 객실 시설물의 개요

호텔 객실 내 주요 시설과 비품은 고객이 체류하는 동안 가장 밀접하게 사용하는 요소로, 호텔의 품질과 고객 만족도를 좌우하는 핵심이다. 객실의 등급과 규모에 따라 구성에는 차이가 있지만, 기본적으로 침구류, 욕실용품, 가구, 전자 · 디지털 장비, 안전 설비, 편의용품 등이 포함된다. 이들은 단순한 부속물이 아니라 호텔 서비스 가치를 직접 체감하게 하는 수단이며, 객실 품질 평가의 기준이 된다.

따라서 직원은 객실 시설 · 비품을 정확히 숙지해야 하며, 이는 단순 확인을 넘어 호텔 운영 전반과 직결된다. 비품이 부족하거나 고장 나면 즉시 고객 불만으로 이어지고 재방문율과 브랜드 이미지에 부정적 영향을 준다. 반대로 완벽히 세팅된 비품은 고객에게 세심한 배려와 신뢰를 제공한다. 또한 비품에 대한 이해는 표준화된 세팅과 재고 관리, 비용 절감, 운영 효율성 향상으로 이어진다. 안전 설비 관리 역시 고객 보호와 긴급 대응에 필수적이다. 나아가 직원이 이를 바탕으로 신속한 고객 응대와 맞춤형 서비스를 제공한다면 만족도가 크게 제고된다.

2. 객실 시설물 파악의 필요성

호텔 객실 내 주요 시설 · 비품을 잘 알아야 하는 이유는 단순히 물품을 파악하기 위한 차원을 넘어서, 호텔 운영과 고객 만족, 나아가 서비스 품질 관리와 직결된다. 정리하면 다음과 같다.

1) 고객 만족과 서비스 품질 확보

- 객실 시설과 비품은 고객이 직접적으로 체감하는 서비스 품질을 나타낸다.

- 고객이 원하는 물품이 제대로 갖춰져 있거나 고장 · 부족함이 없을 때 만족도가 높아진다.
- 반대로 비품이 부족하거나 불량하면 즉시 불만으로 이어진다.

2) 표준화된 서비스 제공

- 호텔은 객실 표준 세팅(standard set-up)을 통해 동일한 객실 품질을 유지해야 한다.
- 직원이 객실 시설과 비품을 정확히 알아야 객실 점검, 세팅, 보충 업무에서 실수가 줄어든다.
- 표준화된 객실 상태는 호텔 브랜드 이미지와 신뢰성과 직결된다.

3) 운영 효율성과 비용 관리

- 비품의 종류와 수량을 정확히 알면 재고 관리와 구매 계획을 효율적으로 세울 수 있다.
- 불필요한 낭비를 줄이고, 분실 · 파손 시 빠르게 대처할 수 있다.
- 고가 장비(예: 전자 금고, TV, 캡슐 커피머신 등)는 자산 관리 차원에서도 중요하다.

4) 안전 및 보안 관리

- 소화기, 비상 피난 안내도, 연기감지기 등 안전시설은 반드시 숙지하고 관리해야 한다.
- 직원이 객실의 안전 · 보안 장치를 정확히 알면, 비상시 고객 대피 안내와 신속한 대응이 가능하다.

5) 고객 맞춤형 서비스 제공

- 객실 내 비품 종류를 잘 알면, 고객 요청에 빠르게 대응할 수 있다.
  (예: "다리미가 있나요?" → 객실 내 구비 여부를 정확히 설명하거나 대여품을 안내)
- 고급호텔은 베개 메뉴, 차 종류, 욕실 어메니티 등 선택적 서비스를 제공하는데, 직원이 이를 숙지해야만 고객에게 적절히 제안할 수 있다.

6) 교육 및 서비스 향상

- 신입직원 교육에서 객실 시설 · 비품 숙지는 기본이다.
- 이를 통해 객실 점검(Check-list), 하우스키핑, 프런트 응대 등 전 부서의 협업이 원활해진다.

제2절 객실의 주요 시설과 비품

1. 출입 및 보안 시설

출입 및 보안 시설은 투숙객의 안전과 편리한 객실 출입을 위해 필수적이다. 객실 문은 방음, 단열, 화재 안전 기준을 충족하며 외부 침입을 방지한다. 룸키는 전자키 카드, RFID, 모바일 키 등으로 제공되며, 금고 · 엘리베이터 연계 기능을 지원하고 분실 시 즉시 재발급 및 기존 키 자동 비활성화로 보안을 유지한다.

1) 객실 문(Door)

- 객실 문은 단순 출입 장치가 아니라 보안, 방음, 단열, 화재 안전을 모두 충족하는 호텔 객실 필수 시설이다.
- 현대 호텔에서는 전자키, 자동 잠금 장치, 방음 소재 등으로 고급화된 객실 경험을 제공한다.
- **주요 기능 및 특징**
  - 안전한 출입(Security): 객실 출입을 통제하여 무단 침입 방지
  - 방음(Soundproofing): 사생활 보호 및 두꺼운 도어와 방음 패널 등을 적용
  - 단열(Insulation): 외부 온도와 습도로부터 객실 환경 보호
  - 화재 안전: 소방 법규상 내화 도어(Fire-rated Door) 사용, 화재 발생 시 연기와 불길 확산 방지

* 객실 문은 출입뿐만 아니라 보안, 방음, 화재 안전을 모두 충족하는 객실 필수 시설이다.

2) 객실 키(Room Key)

- 객실 키는 출입 관리, 보안, 편의성을 동시에 제공하는 객실 필수 비품이다.
- 체크인 시 프런트에서 제공하거나 모바일 앱으로 발급한다.
- 분실 시 즉시 재발급이 가능하고, 분실한 키는 자동 비활성화 처리한다.

3) 객실 키의 발전 과정

(1) 기계식 열쇠 시대(1970년대 이전)

- **특징:** 전통적인 금속 열쇠 사용. 투숙객이 체크인 시 열쇠를 수령하고, 체크아웃 시 반납하는 방식이다.
- **문제점**
  - 분실 · 복제 시 보안 취약
  - 열쇠 관리 비용과 번거로움 발생
  - 동일한 열쇠로 장기간 사용 가능 → 투숙객 교체 시에도 위험 지속
- **의의:** 호텔 보안의 초기 형태였으나, 대규모 호텔 운영과 고급화 추세에 맞지 않아 한계가 뚜렷해졌다.

* 전통 금속 키: 키 태그에는 객실 번호, 호텔 명칭, 로고가 인쇄되어 있다.

(2) 키 카드 시대(1970년대 중반 이후)

- **도입 계기**
  - 키 카드(Keycard)는 보안 강화 + 운영 효율성 + 기술 발전이 맞물리면서 도입
  - 기존 기계식 열쇠의 분실과 복제 문제 해결이 가장 큰 계기
  - 1975년 뉴욕 호텔 알곤퀸(Algonquin)의 전자식 키 카드 시스템 도입이 시초
- **특징**
  - 신용카드 크기의 플라스틱 카드로 객실 출입 가능
  - 체크아웃 시 키 카드 수거 → 리셋 → 새로운 고객에게 발급

– 하우스키핑 · 관리 직원용 '패스 카드'는 날짜별 · 권한별 발급
– 분실 시 즉시 차단 가능, 일부 시스템은 전원 제어 · 변조 알람 · 화재경보 연동 등 첨단 기능 포함

• **의의:** 호텔 보안 시스템을 전자적 · 자동화 수준으로 끌어올림. 객실 보안뿐 아니라 직원 권한 관리, 에너지 절약, 위기 대응까지 종합적으로 발전

* 프런트데스크에서 인코딩된 키 카드를 문에 대고 접촉해 문을 여는 모습

(3) 모바일 키 시대(2010년대 이후)

• **도입 계기:** 모바일 키(Mobile Key)의 도입 계기는 '스마트폰 보급 → 고객의 비대면 편의성 요구 → 보안 강화 필요성 → 운영 효율화 → 팬데믹 가속화'라는 흐름 속에서 자연스럽게 발전한 결과라 할 수 있다

• **특징**
– 투숙객의 스마트폰 앱이나 NFC · 블루투스 기술을 활용해 객실 출입
– 체크인 시 프런트 방문 없이 모바일 체크인 · 디지털 키 발급 가능
– 카드 분실 · 훼손 위험 없음, 보안 수준 향상
– 일부 호텔은 엘리베이터 · 피트니스센터 · 주차장 · 결제까지 통합 연동

• **의의**
– 비대면 · 비접촉 서비스 확대, 팬데믹 이후 더욱 가속화
– 고객 편의성, 운영 효율성, 친환경 경영(플라스틱 키 카드 절감) 강화
– 호텔 디지털화 및 스마트호텔 구현의 핵심 기반

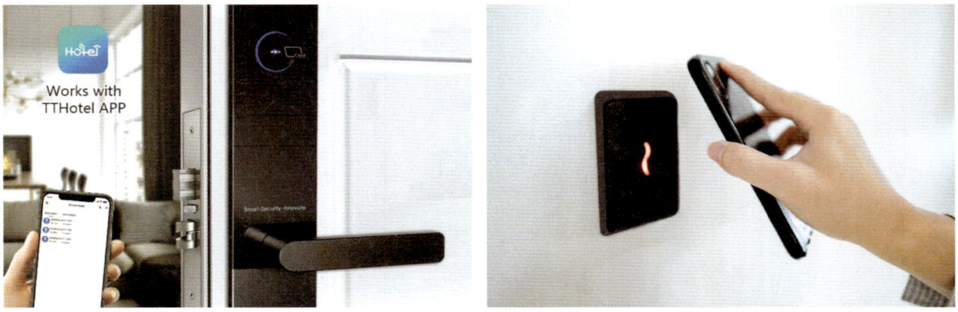

* 스마트폰 모바일 키 사용 모습: 스마트폰을 키처럼 사용하는 모바일 키 시스템으로, BLE(블루투스) 혹은 NFC 기술을 통해 비접촉식으로 문을 여는 현대적인 방식

2. 침구류 관련 시설 및 비품

1) 침대(Bed)

호텔 객실 내에서 침대는 가장 핵심적이면서 고객 만족에 직접적으로 영향을 주는 시설이다. '호텔의 품질은 침대에서 결정된다'라는 말이 있을 정도로, 침대는 단순한 가구가 아니라 숙박 서비스의 본질을 대표하는 요소라 할 수 있다. 침대의 종류는 다음과 같다.

① 싱글(Single/Twin, 가로 90~110cm × 세로 190~200cm)

1인용 침대로 주로 사용되며, 비즈니스호텔이나 트윈룸에서는 2개가 나란히 배치된다.

② 더블(Double, 가로 130~150cm × 세로 190~200cm)

2인이 사용할 수 있으나 다소 협소하여, 이코노미급 호텔이나 소형 객실에서 자주 사용된다.

③ 퀸(Queen, 가로 150~160cm × 세로 200cm)

가장 일반적이고 선호도가 높은 사이즈로, 성인 2인이 편안하게 사용할 수 있어 대부분의 호텔에서 표준으로 제공된다.

④ 킹(King, 가로 180~200cm × 세로 200cm 이상)

최고급 객실에서 주로 사용되며, 넓은 공간을 제공하여 여유로운 수면 환경을 조성하고 럭셔리 이미지를 강화한다.

⑤ 슈퍼 킹(Super King), 가로 200cm × 세로 200~210cm 이상)

초대형 사이즈로 럭셔리 스위트룸에서 많이 사용한다. 특급호텔의 프레지덴셜 스위트나 로열 스위트에서 주로 제공된다.

▣ 침대와 호텔 서비스의 연관성

- **고객 만족의 핵심:** 숙면의 질은 전체 투숙 경험에 직접적 영향을 준다.
- **브랜드 아이덴티티:** 일부 글로벌 체인은 자체 제작한 매트리스를 브랜드의 상징으로 내세운다. (예: 웨스틴호텔의 Heavenly Bed)
- **청결과 위생 관리:** 침구 교체 주기, 매트리스 청소, 베드 버그 예방 등은 필수 관리 항목이다.
- **맞춤형 서비스:** 고급호텔은 베개 메뉴, 매트리스 토퍼 제공, 턴다운 서비스 등을 통해 차별화한다.

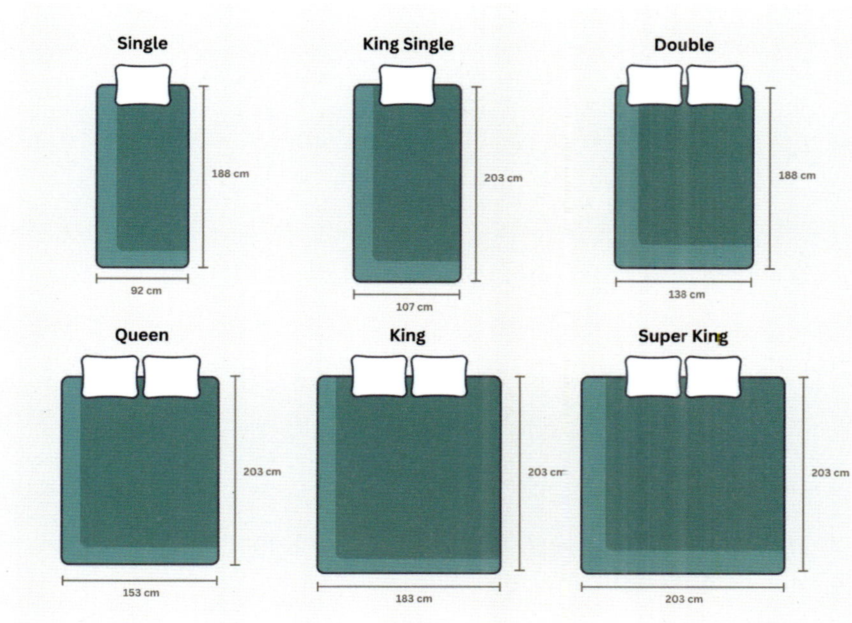

2) 매트리스 패드(Mattress Pad)

- **역할:** 매트리스 위에 덮어 위생 보호와 약간의 쿠션감을 높여 숙면을 돕는다.
- **주요 특징**
  - 위생 관리: 고객이 직접 닿는 표면을 보호해 땀, 먼지, 진드기 등으로부터 매트리스를 깨끗하게 유지
  - 편안함 보조: 매트리스 단단함을 조금 완화해 체감 편안함을 높임
  - 관리 용이: 탈부착이 가능해 세탁이나 교체가 쉽고, 객실 관리가 편리
  - 재질: 면(코튼), 폴리에스터 등 위생적이고 관리가 쉬운 소재 사용
  - 두께: 2~5cm 정도로, 적당한 쿠션감을 제공하면서 매트리스 보호 역할 수행

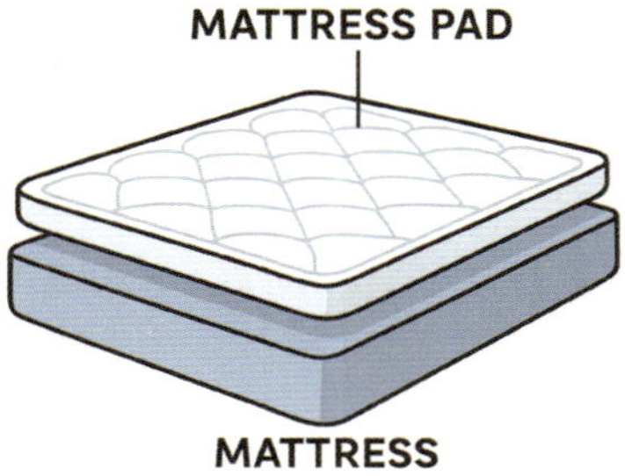

* 매트리스와 매트리스 패드

3) 침구류(Bedding)

침구류란 호텔 객실에서 투숙객의 수면과 휴식을 돕기 위해 침대 위에 제공되는 모든 직물류와 관련 용품을 말한다. 기본적으로 매트리스와 함께 사용되며, 청결 · 위생 유지와 편안함, 그리고 객실의 품격을 나타내는 중요한 요소이다. 침구류에는 시트, 이불, 베개, 쿠션 등이 포함되고, 호텔 등급에 따라 고급 소재(거위털, 오리털, 프리미엄 코튼 등)를 사용한다. 침구류의 색상은 주로 흰색이다.

침구류가 흰색인 이유는 청결과 위생을 강조하고, 표백 세탁이 용이해 관리가 편리하기 때문이다. 또한 객실에 밝고 고급스러운 이미지를 주며, 어떤 인테리어와도

조화를 이루어 통일성과 품격을 높이는 장점이 있다.

(1) 시트(Sheet)

시트란 침대 매트리스를 덮어 위생과 편안함을 제공하는 천이다. 시트는 투숙객의 위생과 쾌적한 수면을 보장하기 위해 필수적이다. 매트리스를 오염과 마모로부터 보호하며, 부드러운 촉감으로 숙면을 돕는다.

- 매트리스를 덮는 베드 시트(Fitted/Flat Sheet)와 몸 우를 덮는 탑 시트로 구분한다.
- 위생 관리 차원에서 매일 교체되며, 호텔 객실의 청결 이미지를 보여준다.
- **평면 시트(Flat Sheet)**: 매트리스 위에 덮는 기본 시트이다.
- **맞춤 시트(Fitted Sheet)**: 매트리스 모서리에 맞춰 탄탄하게 씌우는 시트이다.

(2) 이불(Duvet / Blanket)

호텔 이불은 투숙객에게 보온성과 포근함을 제공하는 침구류로, 숙면과 객실의 품질을 좌우하는 핵심 아이템이다. 보통 다운(거위털 · 오리털), 합성섬유(마이크로화이버), 울 · 코튼 혼합 소재 등이 충전재로 사용된다.

- **이불(Duvet)**: 솜이나 다운을 충전재로 넣어 보온성이 높다.
- **블랭킷(Blanket)**: 얇거나 두꺼운 직물, 보온 보조용으로 사용한다.
- 계절과 호텔 등급에 맞춰 두께와 보온을 조절한다.
- 세탁과 위생 관리를 위해 커버를 씌우며, 매 투숙 시 교체한다.

(3) 베개(Pillow)

베개는 수면 시 머리와 목을 받쳐 편안한 자세를 유지하고 숙면을 돕는 침구류다. 최근 고급호텔을 중심으로 고객 맞춤형 베개 선택 서비스를 제공해 수면의 질을 높이고 있다.

- **솜 베개**: 폴리에스터 인조 섬유를 천연 솜(목화솜)처럼 푹신한 느낌을 주도록 만든 솜 베개로 중저가 호텔에서 널리 사용한다.
- **바이오 베개**: 친환경 소재나 바이오 가공 기술로 만든 베개로 친환경 객실이나 웰빙 콘셉트 룸에서 제공한다.

- **다운(솜털) & 페더(깃털) 베개:** 솜털의 부드러움과 깃털의 지지력으로 촉감이 포근하여 고급 호텔에서 주로 사용한다.
- **메모리폼 & 라텍스 베개:** 체형에 맞춰 목과 머리를 지지해 주는 장점이 있지만, 호텔에서는 덜 일반적이며, 일부 특화 호텔에서 고객 요청 시에만 제공한다.
- **메밀 베개:** 메밀 씨앗의 껍질을 충전재로 사용하는 '자연 유래 베개'이다.
- **호텔 적용:** 객실당 2~4개 배치, 고객 요청 시 베개를 선택할 수 있다.

(4) 쿠션(Cushion / Decorative Pillow)

- 침대 장식, 객실의 인테리어 포인트이다.
- 소파나 체어에 배치해 편의를 제공한다.
- 소재 · 색상 다양, 객실 콘셉트에 맞춰 배치한다.

* 침대에 세팅된 침구류: 침구류에는 시트, 이불, 베개, 쿠션 등이 포함

3. 욕실 시설 및 비품

욕실 시설 및 비품은 투숙객의 위생과 편안함을 위해 객실에 제공되는 필수 요소이다. 욕실 시설에는 세면대, 변기, 샤워부스 · 욕조, 수건걸이, 거울, 배수 설비 등이 포함된다. 비품으로는 샴푸, 컨디셔너, 바디워시, 비누, 칫솔 · 치약 세트, 헤어드라이어, 면도기, 화장솜 등 개인 위생용품이 제공된다.

하지만 국내에서는 2024년 3월 29일부터 '자원의 절약과 재활용촉진에 관한 법률' 개정안이 본격 시행되면서 객실 수가 50실 이상인 숙박업소(호텔, 리조트, 콘도미니엄 포함)에서는 일회용 어메니티(칫솔, 치약, 비누, 샴푸, 린스 등) 제공이 금지되고 있다. 따라서 호텔이 고객에게 제공하던 일회용품은 앞으로 다회용 형태로 바꾸거나 유상 또는 선택적으로 제공하는 방식으로 전환해야 한다.

1) 샤워부스 및 욕조(Bathtub & Shower Booth)

- 고급호텔은 욕조와 샤워공간을 분리하여 사용 편의성과 청결도를 높인다.
- 욕조 주변에 미끄럼 방지 매트, 손잡이 설치 등으로 안전성을 확보한다.

2) 세면대 및 세면 용품(Vanity & Amenities)

- **세면대**: 손과 얼굴을 씻거나 간단한 위생 관리를 하는 공간이다.
- **수납공간**: 세면용품과 타월을 깔끔하게 보관한다.
- **거울(Mirror)**: 일반 벽면 거울, 확대 거울을 설치한다.
- **어메니티(Amenities)**: 객실 등급과 호텔 수준에 따라 차별화되었다.
  - 샴푸(Shampoo): 머리카락을 청결하게 유지, 모발 타입별 맞춤 제공 가능
  - 컨디셔너(Conditioner): 모발 윤기와 부드러움 제공, 샴푸와 세트로 제공
  - 샤워젤(Shower Gel): 피부 세정용, 로션 대신 사용할 수 있는 보습 기능 포함
  - 바디로션(Body Lotion): 샤워 후 피부 보습, 향과 질감이 고급스러움
  - 비누(Soap): 손과 몸 세정용, 일반 바 형태 또는 액체형
  - 칫솔 세트(Toothbrush Set): 칫솔, 치약, 치실, 여행용 사이즈
- **추가 고급 어메니티**
  - 면도기, 빗, 목욕가운, 슬리퍼
  - 스킨케어 제품(토너, 에멀전)
  - 향수 또는 방향제 소품

* 포시즌스서울호텔의 욕실 시설과 비품: 욕조, 세면대, 타월류, 세면용품 등이 갖춰진 욕실 모습

3) 타월류(Towels)

호텔에서는 고객의 위생과 편의를 위해 다양한 종류의 타월을 구비한다. 객실용과 욕실용으로 구분하며, 각각의 용도와 크기에 따라 제공된다.

- **페이스 타월(Face Towel)**: 얼굴 세안용, 수건 중 크기가 가장 작다.
- **핸드타월(Hand Towel)**: 손 닦기용, 세면대 근처에 비치한다.
- **바스타월(Bath Towel)**: 몸 전체를 감싸는 용도, 목욕 후 사용한다.
- **목욕가운(Bathrobe)**: 욕실 이용 후 착용, 휴식과 편의를 제공한다.

4) 헤어드라이어 & 면도경(Hairdryer & Shaving Mirror)

- **헤어드라이어(Hairdryer)**: 욕실 거울 근처, 벽걸이형 또는 이동식으로 제공한다.
- **면도경(Shaving Mirror)**: 확대경이 내장된 벽걸이형 또는 이동식으로 제공한다.

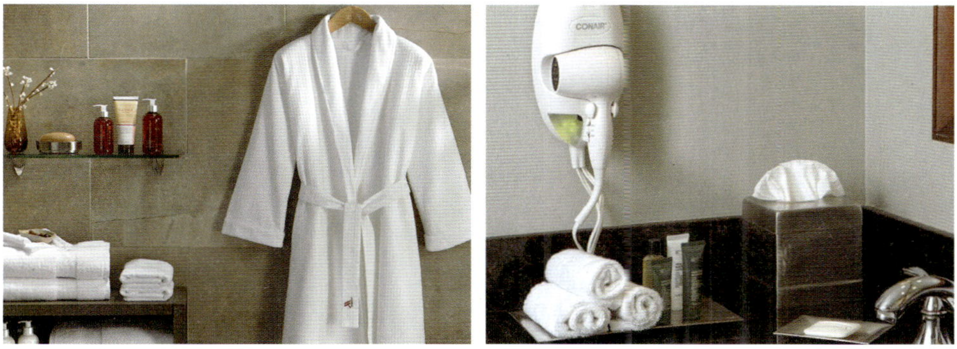

* 객실 내 타월과 목욕가운, 헤어드라이어 등이 세팅된 모습

5) 비데 & 위생기기(Bidet, Toilet)

- 현대 고급호텔 객실에서는 위생과 편의성을 위해 전자식 비데를 기본으로 구비한다.
- 고급 호텔에서는 모든 객실에 전자식 비데를 표준으로 설치한다.

* (좌) 비데가 설치된 최신식 화장실, (우) 변기와 비데가 나란히 배치된 고전적 형태의 화장실 구조

4. 가구 및 편의시설

객실 내 가구 및 편의시설은 투숙객의 편안한 숙박과 편리한 생활을 지원하는 필수 요소이다. 책상, 의자, 옷장 등 기본 가구와 미니바 냉장고, 캡슐커피 머신, 금고

등 편의시설이 포함된다. 이들은 객실의 기능성과 쾌적함을 높이며, 호텔의 서비스 품질과 이미지를 직접적으로 반영한다.

1) 책상 & 의자(Desk & Chair)

- **비즈니스호텔**: 모든 객실에 기본으로 제공된다.
- **고급호텔**: 고객 편의에 맞춘 고급 책상 · 의자, 업무용 액세서리를 포함한다.

2) 소파 & 라운지체어(Sofa & Lounge Chair)

- **소파(Sofa)**: 2~3인용 소파가 일반적, 객실의 중심부에 배치되어 있으며, TV 시청이나 대화 공간으로 활용된다.
- **라운지체어(Lounge Chair)**: 등받이 각도 조절 가능, 쿠션감 우수, 독서나 휴식 공간으로 활용할 수 있다.

* 객실 내 책상과 의자, TV, 소파와 라운지체어 등이 놓인 모습: (좌) 포시즌스서울호텔 객실, (우) 인터컨티넨탈 서울파르나스 객실

3) 옷장(Wardrobe)

고객의 의류 및 소지품 보관을 위해 객실 내 제공되는 가구로, 편리성과 위생을 고려한 다양한 구성 요소를 갖춘다.

- **행거(Hanger Rod)**: 옷걸이를 걸어 의류를 깔끔하게 보관한다.
- **옷걸이(Hangers)**: 셔츠, 재킷, 바지 등 각종 의류를 걸어둘 수 있다.
- **전신거울(Full-length Mirror)**: 전체 착용 상태를 확인하는 용도이다.
- **다리미(Iron) & 다리미판(Ironing Board)**: 셔츠, 바지 등 구김을 제거한다.
- **세탁용 보관백(Laundry Bag)**: 세탁 요청 시 편리하게 사용할 수 있다.

* 객실 내 옷장 모습

4) 미니바(Mini Bar)

- 객실 내 간단한 음료와 스낵을 제공하여 고객의 편의를 높이는 소형 냉장고 시설이다.
- 객실 내 서랍형 또는 독립형 냉장고에 비치한다.
- 소비 시 자동 청구 시스템 또는 룸서비스와 연동할 수 있다.
- 4~5성급 호텔의 모든 객실에서 기본으로 제공한다.

* 객실 내 냉장고 미니바와 서랍형 미니바

5) 커피 & 티 메이커(Coffee & Tea Facilities)

- 객실에서 간단하게 음료를 즐길 수 있도록 제공되는 편의시설이다.
- **전기포트(Electric Kettle)**: 물 끓이기 용도로 사용된다.
- **캡슐커피 머신(Capsule Coffee Machine)**: 커피 캡슐을 사용하여 간편하게 다양한 종류의 커피를 제공한다.
- **커피잔 세트**: 음료 제공 및 사용 편의성을 확보한다.
- **티 세트(Tea Set)**: 티백, 허브티, 설탕, 크림 등이 기본 구성이다.
- **고급호텔**: 캡슐커피 머신, 프리미엄 티, 고급 컵과 티포트를 제공한다.

* 객실 내 캡슐 머신 및 커피 & 티 세트

5. 전자 · 디지털 · 안전 장비 시설

객실 내 전자 · 디지털 · 안전 장비 시설은 투숙객의 편의, 안전, 쾌적한 숙박 환경을 제공하는 주요 설비다. 전자 장비로는 TV, 에어컨, 조명 제어 시스템 등이 있으며, 디지털 장비로는 스마트키, Wi-Fi, IoT 기반 객실 관리 시스템 등이 포함된다. 안전 장비는 금고, 연기감지기, 화재경보, 비상 안내 시스템 등으로 구성된다.

1) TV & IPTV 시스템

• 고급호텔일수록 단순 TV 시청뿐만 아니라 IPTV를 통해 고객 맞춤형 서비스를 제공한다.

• IPTV(Internet Protocol Television) **주요 기능 및 특징**

– 위성방송(Satellite TV): 국내외 다양한 채널 제공

– VOD: 영화, 드라마, 음악 등 고객이 원하는 시간에 시청 가능

– 호텔 안내 채널: 객실 서비스 안내, 식음료 메뉴, 호텔시설 소개

– 기타 기능: 일부 호텔은 스마트폰, 태블릿 연동 가능

2) 전화기(Guest Room Telephone)

• 객실 내 고객과 호텔 간의 소통을 위한 필수 통신 장비이다.

• **고급호텔**: 프런트, 룸서비스, 컨시어지 등 호텔 니 모든 서비스와 직통 연결할 수 있다.

3) 조명 시스템(Lighting Control)

• 침대 옆에서 모든 조명을 제어할 수 있는 중앙 컨트롤 패널을 지공한다.

• 침대 옆 패널에서 객실 내 모든 조명 ON/OFF 및 밝기 조절이 가능하다.

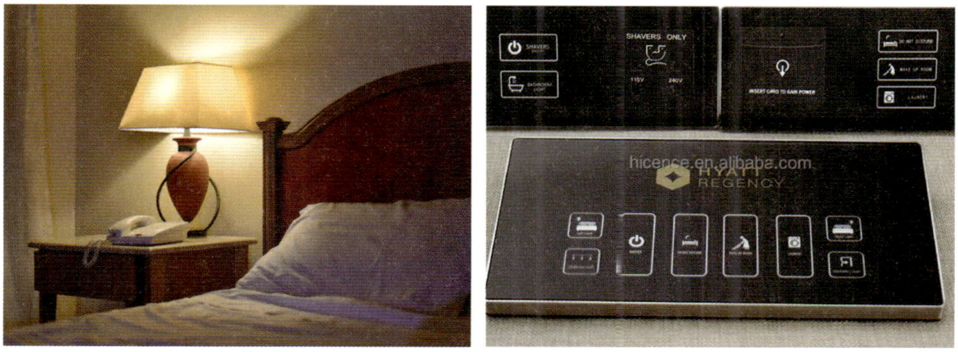

* (좌) 객실 내 전화기와 조명, (우) 하얏트리젠시의 조명 제어 컨트롤 패널

4) 에어컨 및 난방 시스템(HVAC: Heating, Ventilation, Air Conditioning)

- 객실 내 쾌적한 온도와 공기 질을 유지하기 위해 제공되는 시스템이다.
- 객실마다 개별 온도를 조절할 수 있다. (냉방, 난방, 공기 순환 기능 포함)
- 객실 내 벽면 패널, 터치스크린 또는 스마트폰 앱으로 조절 가능하다.
- 천장형, 벽걸이형, 바닥형 등 호텔 구조와 디자인에 맞춰 설치한다.

* 고급호텔 객실의 통합 터치패널 및 자동 제어 시스템: 벽면에 설치된 터치스크린을 통해 고객이 객실 조명 및 난방 · 에어컨, 커튼 등의 환경을 제어할 수 있다.

5) 무선 인터넷(Wi-Fi) & 유선 LAN 포트

- 비즈니스 고객과 일반 투숙객 모두에게 업무 및 엔터테인먼트용 인터넷 접속을 제공하는 필수 시설이다.
- **무선 인터넷(Wi-Fi):** 객실 내 고속 인터넷 제공, 일부 호텔은 무료/유료 구분, 비즈니스 고객을 위한 안정적 연결을 보장한다.
- **유선 LAN 포트:** 노트북, 데스크톱 등 유선 장치 연결 가능, 무선 환경이 불안정할 경우 안정적 업무 환경을 제공한다.
- **고급 호텔:** 초고속 기가비트 인터넷, VPN 지원, 비즈니스센터와 연동한다.

* (좌) 호텔 객실에 놓인 'Wi-Fi Access' 안내 카드, (우) 객실 벽면에 설치된 유선 LAN 포트

6) 금고(Safe Box)

- 고객의 귀중품과 개인 소지품을 보관하기 위해 객실 내에 제공되는 금고이다.
- 사용자가 직접 비밀번호를 설정하고 변경할 수 있다.
- **설치 위치:** 옷장 내부, 서랍, 또는 벽면에 내장되어 있다.
- 3성급 이상 호텔부터 기본으로 제공한다.

* 객실 내 전자식 금고가 옷장이나 캐비닛 내부에 설치된 모습

7) 소화기 & 연기감지기, 스프링클러

- 호텔 객실 및 건물 전체의 안전을 위해 법규에 따라 설치되는 필수 설비이다.

① **소화기(Fire Extinguisher):** 객실 또는 복도에 비치한다.

② **연기감지기(Smoke Detector)**: 객실 천장에 설치, 연기 발생 시 경보가 울린다.

③ **스프링클러(Sprinkler System)**: 천장에 설치, 화재 감지 시 자동으로 작동한다.

- 국가별 소방 안전 기준에 따라 객실 천장, 복도, 비상구 근처 등 전략적으로 배치한다.

* 소화기, 연기 감지기, 스프링클러

8) 피난 안내도(Emergency Exit Map)

- 대피 경로를 확인할 수 있도록 객실 내 제공되는 안내도이다.
- **위치**: 객실 출입문 뒤에 부착, 고객이 객실 입장 시 즉시 확인 가능하다.
- **내용**: 객실 위치, 비상구, 계단, 엘리베이터 위치, 대피 경로를 안내한다.
- 대부분 국가에서 호텔 법규상 모든 객실에 필수로 부착한다.

6. 기타 편의용품

1) 메모지류(Stationery & Writing Supplies)

- 객실에서 간단한 메모를 위해 제공되는 편의용 비품이다.
- **메모지(Pad/Notepad)**: 객실 책상 위에 비치, 호텔 로고가 인쇄된 메모지이다.
- **펜(Pen/Pencil)**: 메모지와 함께 제공, 일부 호텔은 고급 펜을 제공한다.

2) 신청 용지류

- 객실 내 비치하며, 고급호텔은 모바일 앱/TV 인터페이스로 디지털 신청할 수 있다.

3) 슬리퍼, 우산, 바늘 · 실 세트, 구두 닦기 도구 등

- **슬리퍼(Slippers)**: 실내 전용으로 제공되며, 일회용 또는 세탁형으로 구분된다.
- **우산(Umbrella)**: 비나 눈이 오는 날에 사용하도록 프런트 또는 옷장 안에 비치된다.
- **바늘 · 실 세트(Sewing Kit)**: 단추가 떨어지거나 옷이 찢어졌을 때 간단히 수선할 수 있도록 제공된다.
- **구두 닦기 도구(Shoe Polishing Kit)**: 구두 닦는 천 스폰지 또는 크림 형태로 제공되어 외출 전 신발을 정돈할 수 있다.

Checkpoint

◆ 토론 주제 1

호텔 객실에 꼭 있어야 한다고 생각하는 비품은 무엇인가? 침대 · 침구, 욕실 어메니티, Wi-Fi, 미니바, 캡슐커피 머신 등 이 중에서 최소 2가지를 골라보고, 왜 중요하다고 생각하는지 이야기해 보자.

• 참고

- 기본적인 수면 품질을 보장하는 침대 · 침구는 필수다.
- 욕실의 어메니티(샴푸, 수건 등)는 청결과 위생과 직결된다.
- 요즘 고객은 Wi-Fi 없이는 불편을 크게 느낀다.
- 미니바나 캡슐커피 머신은 선택적이지만 편의와 브랜드 이미지를 높인다.
- 객실 비품은 단순한 물건이 아니라 고객 만족을 만드는 서비스 품질의 상징이다.

◆ 토론 주제 2

모바일 키와 키 카드, 어떤 방식이 더 편리하고 안전할까? 스마트폰 앱을 이용한 모바일 키와 카드 형태의 전자키를 비교해 장점과 단점을 토론해 보자.

• 참고

- 모바일 키: 분실 걱정이 없고, 비대면 체크인이 가능하다. ESG 측면(플라스틱 절감)에서도 긍정적이다. 그러나 배터리 · 앱 설치가 필요하다.
- 키 카드: 대부분의 고객이 익숙하고, 스마트폰이 없어도 사용 가능하다. 그러나 키 카드는 분실 · 복제 위험이 있다.

◆ 토론 주제 3

호텔 욕실 어메니티는 일회용품이 나을까, 대용량 디스펜서가 나을까? 환경 보호와 위생, 고객 편의를 고려했을 때 어떤 방식이 더 좋다고 생각하는지 논의해 보자.

• 참고

- 일회용품: 위생적으로 안전하다고 느끼는 고객이 많다. 특히 코로나19 이후 더욱 민감해졌다.
- 대용량 디스펜서: 친환경적이고 비용 절감 효과가 크다. ESG 트렌드에 부합한다.
- 실제로 글로벌 호텔 체인(IHG, 힐튼 등)은 2030년까지 일회용품 퇴출을 목표로 하고 있다.

전문용어

헤븐리 베드(Heavenly Bed) 웨스틴호텔이 개발한 특화 침대 브랜드이다. 편안한 수면 경험을 제공해 객실 차별화와 웰니스 마케팅의 대표 사례로 꼽힌다.

어메니티(Amenities) 욕실이나 객실에 제공되는 각종 편의용품이다. 샴푸, 비누, 칫솔, 로션, 면도기 등이 포함되며, 고급호텔은 프리미엄 브랜드와 협업해 고급화 전략을 펼친다.

IoT 기반 객실 관리(IoT-based Guestroom Management) 사물인터넷 기술을 활용해 객실 내 조명, 온도, 커튼 등을 통합 제어하는 시스템이다. 고객 편의를 높이고, 에너지 절감 · ESG 경영에도 기여한다.

HVAC(Heating, Ventilation, Air Conditioning) 객실 내 온도 · 환기 · 공기 질을 제어하는 설비이다. 개별 제어가 가능하며, 최근에는 스마트 온도조절 시스템이 도입되고 있다.

금고(Safe Box) 고객의 귀중품을 보관하는 객실 내 보안 장치이다. 전자식 비밀번호 입력 방식이 일반적이며, 옷장 내부나 벽면에 설치된다.

IPTV(Internet Protocol Television) 객실 내 인터넷 기반 TV 시스템이다. 단순 방송뿐 아니라 호텔 서비스 안내, 룸서비스 주문, 스트리밍 서비스까지 제공하는 스마트 객실 표준 기술이다.

Wi-Fi & LAN 포트(Wireless Fidelity & Local Area Network Port) 객실 인터넷 접속 설비이다. 고속 · 안정적 연결은 비즈니스 고객과 워케이션 고객 유치의 핵심 요소이다.

ESG 어메니티(ESG Amenities) 환경 친화적 어메니티로, 대용량 디스펜서, 생분해성 포장재, 리필형 용기 등을 활용한다. 글로벌 체인 호텔은 플라스틱 저감 정책의 일환으로 도입하고 있다.

제3장

호텔 객실의 분류와 만족요인

제1절 호텔의 분류

제2절 객실의 분류

제3절 객실 만족도 결정요인

제1절 호텔의 분류

호텔의 분류를 살펴보는 이유는 호텔을 등급, 형태, 위치, 고객층 등 다양한 기준으로 구분함으로써 각 호텔의 운영 특성과 시장 포지션을 이해하고, 효과적인 경영 전략을 수립하기 위함이다. 이를 통해 고객의 니즈에 맞는 서비스를 제공하고 요금 정책을 도입할 수 있어 호텔을 효율적으로 운영하고 차별화된 서비스를 제공하는 데 도움이 된다. 호텔을 분류하여 살펴보면 다음과 같다.

표 3-1 호텔의 분류 형태

분류 기준		분류 유형
등급	법규적 분류	1성, 2성, 3성, 4성, 5성
	시장세분화 분류	Budget, Economy, Mid-scale, Up-scale, Luxury
위 치		• 도심형 호텔(City Hotel) • 리조트호텔(Resort Hotel) • 공항호텔(Airport Hotel) • 터미널호텔(Terminal Hotel)
숙박목적		• 비즈니스호텔(Business Hotel) • 컨벤션호텔(Convention Hotel) • 카지노호텔(Casino Hotel) • 레지던스호텔(Residence Hote)
경영방식		• 독립경영호텔(Independent Hotel) • 위탁경영호텔(Management Contract Hotel) • 프랜차이즈경영호텔(Franchise Hotel) • 리스호텔(Lease Hotel)

1. 등급에 의한 분류

호텔을 등급별로 분류하는 이유는 고객에게 시설 · 서비스 수준에 대한 객관적인 기준을 제공해 선택과 신뢰를 돕고, 호텔에는 품질 개선과 경쟁 유도를 위한 지표 역할을 하기 때문이다. 호텔의 등급 분류는 일반적으로 법규적 분류와 마케팅적 분류의 두 가지 형태로 구분할 수 있다.

1) 법규에 의한 분류

한국의 호텔은 「관광진흥법」에 따라 문화체육관광부 장관이 정한 관광숙박업 등급심사 제도에 의해 별(★) 등급으로 구분된다. 등급은 시설, 서비스, 위생, 안전, 운영 관리 등 다양한 항목을 종합 평가하여 1성급에서 5성급까지 부여된다.

등급은 한국관광공사에서 3년마다 정기적으로 실시하는 현장 심사를 통해 결정되며, 호텔은 등급에 따라 표시를 의무화해야 한다. 이를 통해 소비자는 호텔 선택 시 객관적인 품질 기준을 확인할 수 있고, 호텔은 서비스 품질 향상을 유도 받게 된다.

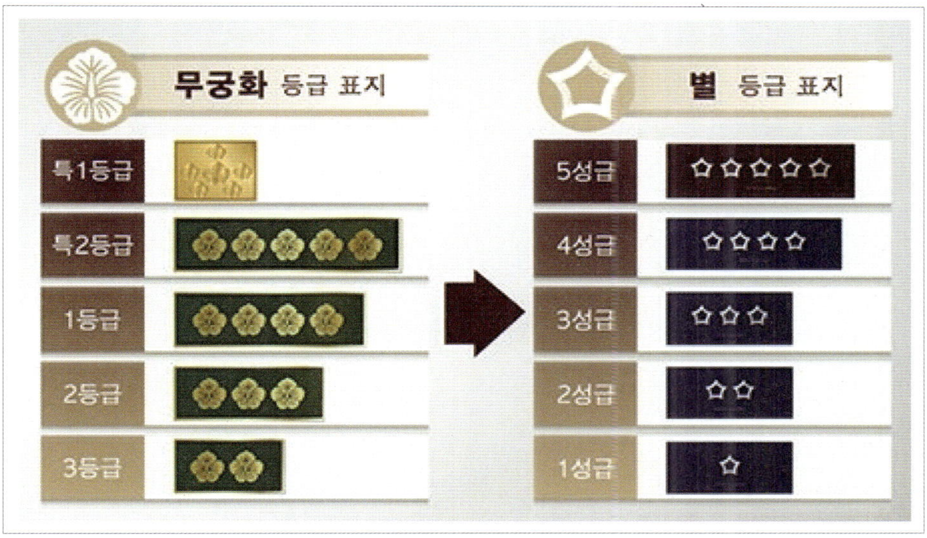

* 우리나라 호텔의 등급 표식은 2014년까지 무궁화 표식을 사용하였으나, 2015년부터 별 등급 표식을 사용하고 있다.

표 3-2 호텔 등급별 주요 기준

등 급	주요 기준
5성급	최고 수준의 시설과 서비스 제공, 다국어 서비스, 다양한 부대시설(레스토랑, 연회장, 피트니스센터 등), 국제적 수준의 운영
4성급	고급 시설과 서비스 제공, 품질 높은 부대시설 보유, 비즈니스 고객과 관광객 모두에게 적합
3성급	중급 수준의 시설과 서비스, 기본적인 편의시설 제공, 합리적인 요금
2성급	경제적인 숙박 중심, 최소한의 서비스와 시설 제공
1성급	가장 기본적인 숙박 기능만 제공, 부대시설 최소화

2) 시장세분화에 의한 분류

글로벌 호텔그룹들은 법규상의 등급과 별개로, 자사의 다양한 브랜드를 시장세분화상황에 따라 분류하고 있다. 호텔 구분은 시장 내 위치, 제공 서비스의 범위, 브랜드 성격에 따라 여러 기준으로 나뉜다. 이러한 분류는 단순히 가격대의 차이를 넘어 고객 경험, 운영 방식, 마케팅 전략 전반에 영향을 미친다. 대표적인 기준은 체인스케일(Chain Scale) 등급, 서비스 모델, 브랜드 유형의 세 축으로 구분할 수 있다.

(1) STR 체인스케일의 등급 분류

글로벌 호텔업계에서는 STR(Smith Travel Research: 전 세계 호텔 산업에서 가장 널리 사용되는 호텔 성과 지표 및 데이터 제공 기관)에서 제시한 체인스케일 기준을 표준적으로 활용한다.

- **Luxury**: 최고급 시설과 서비스를 제공하는 호텔로, 고급스러운 인테리어, 첨단 편의시설, 미쉐린급 레스토랑, 스파 · 웰니스센터 등 차별화된 상품을 갖추었다. 입지적으로는 랜드마크 위치(도심 중심, 해변 전망, 역사적 명소 인근)에 자리하고, 객실 요금은 시장 내 최고 수준이다. 대표 브랜드로는 Ritz-Carlton, Four Seasons, Park Hyatt, Shangri-La, Conrad 등이 있다.
- **Upper Upscale**: Marriott, Hilton, Hyatt Regency, Sheraton과 같이 국제적 신뢰성을 확보한 체인이 속하며, 대규모 회의 및 비즈니스 여행객을 중심으로 한다.

- **Upscale:** Moxy, Aloft 등과 같은 라이프스타일 브랜드가 속하며, 디자인과 젊은 감각을 강조한다.
- **Upper Midscale:** Holiday Inn Express, Fairfield 등이 대표적이며, 합리적인 가격대와 기본 서비스 제공이 특징이다.
- **Midscale:** Ibis Styles, Best Western 등 중저가 체인이 포함되며, 기능적 서비스와 접근성을 중시한다.
- **Economy:** Super 8, Motel 6 등 경제형 브랜드로, 최소한의 숙박 기능만 제공하는 형태이다.

힐튼 월드와이드의 브랜드 포트폴리오

(2) 서비스 모델 기준에 의한 분류

호텔을 서비스 모델 기준으로 분류하면, 제공하는 서비스의 범위와 수준에 따라 크게 다음과 같이 나눌 수 있다.

- **풀서비스 호텔(Full Service)**: 레스토랑, 라운지, 회의 시설, 피트니스센터, 스파 등 다양한 부대시설과 컨시어지, 버틀러 서비스 등을 제공한다.
- **셀렉트 서비스 호텔(Select–Service Hotel)**: 풀서비스와 리미티드 서비스의 중간 모델로서 레스토랑이나 라운지 1~2곳만 운영하며, 합리적인 가격대와 적정한 서비스를 제공한다.
- **리미티드 서비스 호텔(Select/Limited Service)**: 숙박과 조식, 기본 편의시설에 초점을 맞추며, 가성비를 추구하는 고객을 대상으로 한다.
- **익스텐디드 스테이 호텔(Extended Stay)**: 장기 투숙고객을 위한 주방 · 세탁시설을 갖춘 형태로, 비즈니스 출장객이나 가족 단위 고객이 주로 이용한다. Residence Inn by Marriott, Homewood Suites by Hilton, Hyatt House 등이 대표적이다.

(3) 브랜드 유형 기준에 의한 분류

브랜드 유형 기준은 호텔의 체인 소속 여부와 브랜드 전략 차이에 따라 구분되며, 이는 서비스 수준과 운영 방식에 직접적 영향을 미친다.

- **체인형 호텔(Chain Hotels)**: 글로벌 또는 지역 체인에 속하여 표준화된 서비스와 강력한 마케팅 · 예약 시스템을 갖춘 호텔이다.
- **라이프스타일/부티크 호텔(Lifestyle/Boutique Hotels)**: 디자인, 개성, 문화적 경험을 강조하며, 주로 젊은 세대와 도시형 고객을 대상으로 한다. Moxy Hotels, 25hours Hotels, Ace Hotel, Andaz 등이 대표적이다.
- **소프트 브랜드(Soft Brand/Collection)**: 독립 호텔이 자체 개성을 유지하면서 대형 체인의 플랫폼(예약 · 로열티)에 참여하는 형태로 Autograph Collection, Curio Collection 등이 있다.
- **독립호텔(Independent Hotels)**: 체인에 속하지 않고 독립적으로 운영되며, 지역성과 개성을 강조한다. 다만 마케팅 · 운영 인프라 측면에서는 한계가 있을 수 있다.

* 라이프스타일/부티크호텔은 디자인 · 지역성 · 개성을 지향한다. (좌) 1 Hotels 객실 전경(자연 · 지속 가능성 테마), (우) Moxy 객실 전경(콤팩트 객실 · 활기찬 퍼블릭 스페이스 테마)

2. 위치에 의한 분류

호텔을 위치(예: 도심, 공항, 고속도로, 리조트 등)에 따라 분류하는 이유는 고객의 목적과 기대에 맞는 최적의 선택을 돕기 위함이다. 예를 들어 도심지, 공항 인근, 휴양지 등 위치 특성별로 호텔을 분류하면, 고객은 자신의 여행 목적(비즈니스, 환승, 휴양 등)에 맞는 숙소를 쉽게 찾을 수 있고, 호텔은 타깃 시장을 명확히 설정하여 운영 전략을 최적화할 수 있다.

1) 도심형 호텔

도심형 호텔(City Hotel)은 대도시의 중심 업무지구나 교통 요충지에 위치하며, 주로 비즈니스 여행객과 단기 체류 고객을 주요 대상으로 하는 호텔을 말한다. 교통 접근성이 뛰어나고, 공항 · 기차역 · 관공서 · 기업 사무실과 가까워 출장객에게 적합하다. 이 호텔들은 회의실, 비즈니스센터, 고속인터넷 등 업무 지원 시설을 갖추고 있으며, 레스토랑, 피트니스센터 등 부대시설도 운영해 다양한 고객의 요구를 충족한다.

최근에는 도심형 호텔이 비즈니스 목적 외에도 관광객을 위한 문화 체험 프로그램과 로컬 연계 서비스를 강화해 복합적인 고객층을 유치하고 있다. 따라서 도심형 호텔은 비즈니스와 레저를 동시에 만족시키는 복합형 호텔로 진화하고 있다.

* 도심형 호텔: (좌) 광화문 인근에 자리한 고층 빌딩 형태의 포시즌스호텔서울, (우) 서울의 중심부인 시청역과 명동 인근에 위치한 롯데호텔서울

2) 리조트호텔

리조트호텔(Resort Hotel)은 해변, 산, 온천, 골프장 등 자연경관이 뛰어난 휴양지에 위치하는 것이 특징이다. 호텔에는 수영장, 스파, 골프장, 키즈클럽, 레스토랑 등 풍부한 레저시설을 보유하며, 고객이 호텔 내에서 대부분의 시간을 즐길 수 있도록 원스톱 서비스를 제공한다. 또한 가족 여행객과 단체 관광객뿐 아니라 웰니스 · 힐링을 추구하는 고객층에도 적합하다.

최근에는 친환경 설계와 지역 문화 체험을 접목한 리조트호텔이 증가하고 있으며, 일부 호텔은 MICE(회의 · 포상관광 · 컨벤션 · 전시) 기능을 강화해 비즈니스와 휴양을 동시에 제공하는 복합형 리조트로 발전하고 있다.

＊ 리조트호텔: (좌) 한강과 아차산에 둘러싸인 도심 속 자연 휴양지 호텔, 그랜드워커힐서울, (우) 인천 영종도에 위치한 동북아 최초의 복합리조트 파라다이스시티

3) 공항호텔

공항호텔(Airport Hotel)은 공항이나 그 주변에 위치하여 항공 여행객과 환승객을 주 대상으로 하는 호텔을 말한다. 짧은 체류 시간과 빠른 이동 편의를 중시하는 고객을 위해 24시간 체크인 · 체크아웃 서비스, 공항 셔틀버스, 신속한 예약 시스템 등을 갖추고 있다. 숙박 외에도 짧은 대기 시간을 활용할 수 있는 시간제 객실이나 라운지 서비스를 제공하기도 하며, 일부 호텔은 공항과 직접 연결된 형태로 운영되기도 한다. 미국의 사례를 살펴보면 공항 터미널에 호텔이 딸린 10개의 공항이 운영되고 있다.

＊ 공항호텔: (좌) JFK(뉴욕) 공항에 위치한 TWA호텔, (우) 독일 뮌헨 공항 내에 위치한 Hilton Garden Inn 호텔

4) 터미널호텔

터미널호텔(Terminal Hotel)은 대도시의 주요 교통 허브인 버스터미널, 기차역, 여객선 터미널 등과 인접하거나 연결된 위치에 있는 호텔을 말한다. 주로 이동이 잦은 비즈니스 여행객, 단기 체류객, 환승객을 주요 대상으로 하며, 접근성과 효율성을 중시한 운영이 특징이다.

이러한 호텔들은 합리적인 객실 요금과 기본적인 편의시설을 갖추고 있으며, 일부는 쇼핑몰이나 식음 시설과 함께 복합 단지 형태로 운영되기도 한다. 터미널과 직접 연결된 경우가 많아 이동 시간이 최소화되고, 대중교통 이용이 편리하다.

* 터미널호텔: (좌) 스페인 피레네산맥에 위치한 카니프랑크 철도호텔(5성급), (우) 태국 방콕의 고속철도역과 연결된 Grande Centre Point Hotel Terminal 21(5성급)

3. 숙박목적에 의한 분류

숙박목적별로 호텔을 분류하는 이유는 고객의 다양한 요구를 정확히 반영하기 위함이다. 목적에 따라 호텔의 위치, 시설, 서비스, 가격 설정이 달라지며, 이를 통해 고객은 자신에게 맞는 호텔을 쉽고 효율적으로 선택할 수 있다.

예를 들어 고객이 객실 예약 시에 숙박목적이 '비즈니스'인지 '여가' 목적인지를 파악하여, 휴양 목적이라면 수영장 · 스파가 있는 곳으로, 비즈니스 목적이라면 비즈니스센터 · 회의실 등이 갖춰진 곳으로 안내할 수 있다.

1) 비즈니스호텔

비즈니스호텔(Business Hotel)은 출장이나 업무 목적의 여행객을 주요 고객으로 하는 호텔로, 도심 중심지나 교통 접근성이 뛰어난 지역에 위치한다. 객실은 업무에 적합하도록 책상, 고속 인터넷, 충분한 전원 콘센트 등을 갖추고 있으며, 호텔 내에는 회의실, 비즈니스센터, 프린트 · 팩스 서비스 같은 업무 지원 시설이 마련되어 있다. 또한 조식 서비스, 간편한 체크인 · 체크아웃 셀프 세탁실 등 단기 체류객을 위한 실용적인 편의시설도 제공한다. 최근에는 출장고객뿐만 아니라 관광객의 수요도 증가하면서 피트니스센터, 레스토랑, 간단한 레저시설을 갖춘 복합형 비즈니스호텔도 등장하고 있다.

* 웨스틴조선은 경제전문지 '파이낸스아시아'가 4년 연속 '서울 최고의 비즈니스 호텔'로 선정하였다. (좌) 웨스틴조선서울 외관, (우) 웨스틴조선서울 이그제큐티브 객실

2) 컨벤션호텔

컨벤션호텔(Convention Hotel)은 대규모 회의, 학술대회, 전시회, 기업 행사 등 MICE 산업(Meeting, Incentive, Convention, Exhibition) 수요를 충족시키기 위해 특화된 호텔을 말한다. 도심 중심지나 국제공항 인근에 위치하며, 교통 접근성과 대규모 부대시설을 갖추고 있는 것이 특징이다. 이러한 호텔들은 수백~수천 명을 수용할 수 있는 대형 연회장과 다수의 중 · 소규모 회의실, 첨단 AV(음향 · 영상) 장

비를 갖추고 있으며, 전문 콘퍼런스 지원팀을 운영해 행사를 전담 관리한다.

최근에는 글로벌 비즈니스 행사뿐 아니라 지역축제, 대형웨딩, 복합이벤트까지 개최 가능한 복합형 컨벤션호텔이 증가하고 있으며, 스마트 회의 시스템과 하이브리드 행사(온 · 오프라인 병행) 지원 기능도 강화되고 있다.

* 인터컨티넨탈서울파르나스호텔은 한국종합무역센터(코엑스)와 코엑스도심공항터미널 인근에 위치하면서 호텔 자체적으로도 1,200명을 수용하는 대연회장부터 다양한 중소연회장을 갖춘 컨벤션형 호텔이다.

3) 카지노호텔

카지노호텔(Casino Hotel)은 숙박과 엔터테인먼트를 결합한 형태의 호텔로, 호텔 내에 합법적인 카지노 시설을 운영하여 고객에게 도박과 레저를 동시에 제공한다. 주로 관광객 유치를 목적으로 하며, 라스베이거스, 마카오와 같은 세계적인 관광 · 레저 도시에서 많이 발달하였다.

이러한 호텔들은 대규모 객실과 고급 레스토랑, 쇼핑센터, 공연장, 스파 등 다양한 부대시설을 갖추고 있어 종합 리조트 형태로 운영되는 경우가 많다. 고객은 숙박뿐만 아니라 카지노 게임, 쇼, 파인 다이닝 등 다양한 엔터테인먼트를 한 공간에서 즐길 수 있다.

* 마리나베이샌즈 싱가포르는 카지노를 기반으로 하는 세계적 규모의 복합리조트이다.

4) 레지던스호텔

레지던스호텔(Residences 또는 Extended-Stay Hotel)은 호텔과 아파트의 장점을 결합한 형태로, 장기 숙박객을 위해 설계된 호텔이다. 장기 투숙객을 주요 대상으로 하는 호텔로서 일반 호텔의 편의성과 주거 공간의 기능을 결합한 형태이다. 객실 내에는 침실 외에 주방, 세탁기, 거실 공간 등이 마련되어 있어 집과 같은 생활이 가능하도록 설계되어 있다.

이러한 호텔들은 출장이나 장기 프로젝트 참여자, 외국인 근로자, 가족 단위 여행객에게 적합하며, 일부 호텔은 주간 · 월간 단위의 요금제를 운영하여 장기 체류 고객에게 경제적인 숙박 옵션을 제공한다. 또한 하우스키핑, 보안 서비스, 피트니스센터, 비즈니스 라운지 등 일반 호텔 수준의 부대시설과 서비스를 제공한다.

* 레지던스호텔은 객실과 주방, 식사 공간이 갖춰져 장기 숙박에 최적화된 객실 환경을 제공한다: Residence Inn Los Angeles Glendale 객실 전경

4. 경영방식에 의한 분류

호텔을 경영방식에 따라 분류하는 것은 책임과 운영 주체를 분명히 하고, 각 방식의 장단점에 따라 맞춤 전략을 세울 수 있기 때문이다. 이러한 분류는 호텔의 운영 구조, 책임 소재, 브랜드 일관성, 그리고 효율적인 전략 수립을 가능하게 한다.

1) 독립경영 호텔

독립경영 호텔(Independent Hotel)은 글로벌 체인이나 프랜차이즈 시스템에 속하지 않고, 개인이나 법인 소유주가 직접 브랜드를 만들고 운영하는 호텔을 말한다. 자체적인 경영 전략과 서비스 기준을 갖추며, 지역적 특색과 개성을 살린 운영이 가능한 것이 특징이다.

이러한 호텔은 표준화된 서비스보다는 고객 맞춤형 서비스, 독창적인 인테리어, 지역 문화와 연계된 경험 등을 강조하는 경우가 많으며, 부티크 호텔, 디자인 호텔, 지역 특화 호텔 형태로 운영되기도 한다.

장점으로는 경영의 유연성과 차별화된 서비스 제공이 가능하다는 점이 있으며, 단점으로는 브랜드 인지도 부족, 예약 시스템 및 마케팅 경쟁력에서 체인 호텔에 비해 다소 불리할 수 있다. 이를 보완하기 위해 최근에는 독립 호텔들이 GDS(Global Distribution System) 또는 OTA(온라인 여행사)를 활용하거나, 소규모 연합 브랜드(예: SLH, Design Hotels)에 가입하여 경쟁력을 높이는 추세이다.

2) 체인호텔

체인호텔(Chain Hotel)은 동일한 브랜드와 운영 시스템을 공유하는 다수의 호텔이 중앙 본사의 관리와 지원을 받으며 운영되는 형태의 호텔을 말한다. 체인 본부는 통일된 서비스 기준, 마케팅 전략, 예약 시스템, 교육 프로그램을 제공해 각 호텔이 동일한 브랜드 이미지를 유지하도록 지원한다.

체인경영의 유형은 크게 직영체인, 위탁경영, 프랜차이즈 경영 방식으로 구분할 수 있다. 직영 체인호텔은 본사가 직접 소유 · 운영하며 서비스 품질이 매우 균일한 것이 특징이다. 반면, 위탁경영과 프랜차이즈 경영은 소유주가 본사의 브랜드와 시스템을 사용하고 로열티를 지불한다.

대표적인 체인 호텔 브랜드로는 메리어트, 힐튼, 하얏트, 아코르 등이 있으며, 이들은 글로벌 예약 네트워크와 강력한 마케팅을 통해 높은 브랜드 인지도를 확보한다. 이러한 체계 덕분에 체인 호텔은 고객에게 신뢰성과 일관된 서비스 경험을 제공할 수 있다.

3) 위탁경영 호텔

위탁경영 호텔(Management Contract Hotel)은 체인경영의 형태로 호텔 소유주가 직접 운영하지 않고, 전문 호텔 경영사(운영사)에 호텔 운영을 위탁하는 형태의 호텔을 말한다. 소유주는 부동산과 자본을 보유하고 있으며, 운영사는 호텔 운영, 인사관리, 마케팅, 서비스 품질 관리 등을 담당한다.

이러한 방식은 전문적인 운영 노하우와 브랜드 가치를 활용할 수 있다는 장점이 있다. 예를 들어, 부동산 개발사가 호텔 건물을 소유한 후 메리어트, 힐튼과 같은 글로벌 체인에 운영을 맡기면 해당 호텔은 체인의 브랜드와 운영 시스템을 그대로 적용받게 된다.

호텔 소유주는 안정적인 수익을 확보할 수 있고, 운영사는 위탁수수료와 성과 기반 인센티브를 통해 수익을 창출한다. 최근 대형 리조트와 도시형 호텔에서 많이 활용되는 형태이며, 투자 리스크는 낮추면서 브랜드 경쟁력을 확보할 수 있는 효율적인 호텔경영 모델로 자리 잡고 있다.

4) 프랜차이즈 호텔

프랜차이즈 호텔(Franchise Hotel)은 체인경영의 형태로 호텔 소유주가 본사의 브랜드와 운영 시스템을 사용하고, 로열티를 지급하는 형태로 운영되는 호텔을 말한다. 본사는 브랜드 관리, 표준 운영 매뉴얼, 교육, 예약 네트워크, 마케팅 지원을 제공하며, 호텔 소유주는 이를 활용해 독립적으로 호텔을 운영한다.

이러한 방식은 체인 호텔의 브랜드 신뢰성과 독립 호텔의 운영 자율성을 결합한 형태로 볼 수 있다. 소유주는 본사의 브랜드 가치와 글로벌 예약 시스템을 활용할 수 있어 초기 마케팅 부담을 줄이고, 본사는 로열티 수익을 확보할 수 있다.

대표적인 프랜차이즈 호텔로는 홀리데이 인(인터컨티넨탈 그룹), 코트야드 메리어트, 햄프턴 바이 힐튼 등이 있다. 프랜차이즈 호텔은 특히 중급 및 이코노미 시장에서 활발히 운영되며, 글로벌 호텔 네트워크에 속하면서도 일정 부분 독립성을 유지할 수 있다는 장점이 있다.

5) 리스호텔

리스호텔(Lease Hotel)은 호텔 소유주가 건물과 시설을 운영사(호텔경영회사)에 임대하고, 운영사가 호텔을 직접 운영하며 발생한 수익을 책임지는 형태의 호텔이다. 즉, 소유주는 임대료를 받고, 운영사는 호텔의 경영 위험과 수익을 모두 부담하는 구조다.

이러한 방식은 소유주 입장에서는 안정적인 임대 수익을 확보할 수 있고, 운영사 입장에서는 장기 계약을 통해 호텔을 독립적으로 운영할 수 있는 장점이 있다. 주로 중소형 호텔이나 장기 투숙형 호텔에서 활용되며, 부동산 투자자와 호텔 전문 운영사가 협력하는 형태로 이루어진다. 다만 운영사는 수익이 저조할 경우 손실을 직접 부담해야 하는 리스크가 있으며, 소유주는 호텔 운영의 세부 사항에 개입하기 어렵다.

제2절 객실의 분류

본 절에서는 객실의 유형을 침대 수, 형태 및 용도, 등급, 위치 등에 따라 세분화하여 살펴본다. 호텔 객실을 다양한 기준에 따라 세분화해서 분석하는 이유는 다층적인 고객 수요를 효율적으로 충족하고 운영 효율을 높이며, 마케팅 및 수익 측면에서도 이점을 얻기 때문이다.

표 3-3 객실의 분류 기준과 유형

분류 기준	객실의 유형
침대에 의한 분류	• 싱글베드 룸(Single Bed Room) • 트윈베드 룸(Twin Bed Room) • 트리플베드 룸(Triple Bed Room) • 쿼드 룸(Quad Room) • 더블베드 룸(Double Bed Room) • 싱글-더블베드 룸(Single Double Bed Room) • 더블-더블베드 룸(Double Double Bed Room)
형태와 용도에 의한 분류	• 커넥팅 룸(Connecting Room) • 어드조이닝 룸(Adjoining Room) • 스튜디오 베드 룸(Studio Bed Room) • 온돌 룸(Ondol Room) • 어세서블 룸(Accessible Room) • 캐릭터 룸(Character Room) • 여성 전용 룸(Women-Only Room) • 펫 프렌들리 룸(Pet-Friendly Room) • 풀 앤 스파룸(Pool & Spa Room)
등급에 의한 분류	• 스탠더드 룸(Standard Room) • 슈페리어 룸(Superior Room) • 디럭스 룸(Deluxe Room) • 프리미어 룸(Premier Room) • 이그제큐티브 룸(Executive Room) • 스위트 룸(Suite Room)

위치에 의한 분류	• 시티뷰(Room with City View) • 오션뷰(Room with Ocean View) • 마운틴뷰(Room with Mountain View) • 로우 플로어(Room on Lower Floor) • 하이 플로어(Room on Higher Floor) • 코너 룸(Corner Room) • 노 뷰(No View)

1. 침대에 의한 분류

호텔 객실을 침대에 따라 분류하는 이유는 투숙객의 숙박 형태와 편의를 충족하기 위함이다. 침대 구성은 객실 이용 인원, 여행 목적, 요금 책정과 직결되며 예약 과정에서 명확한 선택 기준을 제공해 고객 만족도를 높일 수 있다.

1) 싱글베드 룸(Single Bed Room)

- **구성:** 싱글베드 1개
- **수용인원:** 1인
- **특징:** 1인 투숙객을 위한 기본 객실로서 비즈니스호텔이나 이코노미급 호텔에서 많이 제공한다. 공간이 비교적 작고 경제적인 요금이 장점이다.

* 1인용 침대 1개가 놓인 객실

2) 트윈베드 룸(Twin Bed Room)

- **구성:** 싱글베드 2개
- **수용인원:** 1~2인
- **특징:** 친구, 동료, 가족 등 각자 독립된 침대를 원하는 투숙객에게 적합하다. 동료 직원이나 출장 파트너와 함께 투숙할 때 독립적인 침대를 사용하여 개인 공간을 보장하고, 한 객실을 공유하되 침대를 분리해 숙박비를 절감할 수 있는 장점이 있다.

* 1인용 침대 2개가 놓인 객실

3) 트리플베드 룸(Triple Bed Room)

- **구성:** 싱글베드 3개
- **수용인원:** 3인
- **특징:** 가족 여행객, 소규모 그룹 등 각자 독립된 침대를 원하는 이용객에 적합하다. 트윈베드 룸에 보조침대(엑스트라 베드)를 설치하는 경우도 있지만, 최근에는 보조침대의 설치시간과 추가 인원 투입 및 보조침대의 소음이나 쿠션 불량 등의 고객불평을 없애기 위해 아예 한 층을 트리플베드 룸으로 운영하는 호텔도 있다.

* 1인용 침대 3개가 놓인 객실

4) 쿼드 룸(Quad Room)

- **구성:** 싱글베드 4개
- **수용인원:** 4인
- **특징:** 가족 단위 여행객이나 학생단체 등에 적합한 객실로서 일반 호텔보다는 유스호스텔이나 리조트 객실 등에 적합하다. 4명이 한 객실을 이용하므로 객실당 숙박비를 분담해 비용이 절감되고, 소규모 그룹이 한 객실에서 함께 머물 수 있는 장점이 있다.

* 1인용 침대 4개가 놓여 있는 객실

5) 더블베드 룸(Double Bed Room)

- **구성:** 더블베드 1개 (퀸사이즈 또는 킹사이즈)
- **수용인원:** 1~2인
- **특징:** 부부나 커플 투숙객을 위한 객실로 침대 크기에 따라 더블, 퀸, 킹 등으로 세분하며, 일부 호텔은 고객의 요청 시 추가 노조 침대(어린이용 침대나 엑스트라 베드) 설치가 가능하다.

* 2인용 침대 1개가 놓인 객실

6) 싱글-더블베드 룸(Single Double Bed Room)

- **구성:** 싱글베드 1개 + 더블베드 1개
- **수용인원:** 2~3인
- **특징:** 싱글 침대와 더블 침대가 함께 있는 객실(예: 패밀리룸 또는 혼합형 객실)로 다양한 투숙객 구성 대응이 가능하다. 싱글베드와 더블베드의 조합으로 엑스트라 베드 설치 없이 효율적으로 공간을 운영할 수 있고 가족 단위 투숙객 유치에 유리해 객실 점유율과 만족도 향상에 기여한다.

* 1인용 침대 1개와 2인용 침대 1개가 놓인 객실

7) 더블-더블베드 룸(Double Double Bed Room)

- **수용인원:** 3~4인
- **특징:** 3~4인의 소규모 그룹이 한 객실에서 함께 숙박할 수 있어 편리성과 만족도가 높은 패밀리룸 스타일이다. 더블베드 2개로 침대 배치가 간단하고, 추가 침대 설치가 불필요해 운영과 관리가 편리하다. 호텔에 따라서는 어린이를 동반한 가족고객을 위해 더블베드와 2층(벙크) 침대를 배치하여 효율적인 공간 활용과 재미 요소를 제공하는 경우도 있다.

* (좌) 2인용 침대 2개가 놓인 객실, (우) 더블베드 1개와 2층 침대 1세트가 있는 객실

2. 형태와 용도에 의한 분류

객실을 형태와 용도별로 분류하면 고객이 목적에 맞는 객실을 선택할 수 있어 만족도가 높아지고, 호텔은 효율적 운영과 차별화된 마케팅을 통해 매출과 경쟁력을 강화할 수 있다.

1) 커넥팅 룸(Connecting Room)

- **특징:** 두 개의 객실이 내부 벽면에 연결 도어로 연결된 형태이다.
- **차이점:** 어드조이닝 룸과 달리 내부 도어로 직접 연결된다.
- **장점:** 가족이나 그룹이 객실을 자유롭게 오갈 수 있으며 프라이버시 유지와 동시에 원활한 소통이 가능하다. 특히 어린 자녀나 부모님을 동반한 투숙객에게 유리하다.

* 두 개의 객실이 내부 벽면에 연결 도어로 연결된 형태의 객실

2) 어드조이닝 룸(Adjoining Room)

- **특징:** 서로 인접해 있지만 내부 연결 도어가 없는 객실이다.
- **차이점:** 커넥팅 룸과 달리 객실 간 이동하려면 복도를 거쳐야 한다.
- **장점:** 단체나 가족 투숙객들이 가까운 위치에서 투숙할 수 있는 편리성과 프라

이버시 보장이 장점이다. 각자 독립된 공간이 필요하지만, 같은 층에서 가까이 머무르고 싶을 때 매우 실용적이다.

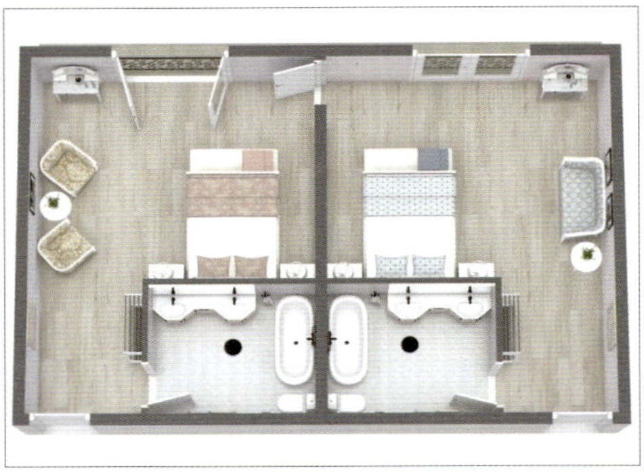

* 어드조이닝 룸은 서로 인접해 있지만 내부 연결 도어 없이 각자 복도로 나가는 입구 구성의 객실 구조이다.

3) 스튜디오 베드 룸(Studio Bed Room)

- **특징:** 침대와 거실 공간이 결합된 형태로, 소파베드 또는 Murphy Bed(접이식 벽 침대)를 활용해 공간을 다기능으로 활용하는 다목적 객실이다.
- **차이점:** 일반 객실보다 다목적 기능이 강조된다.
- **장점:** 낮에는 거실로 밤에는 침실로 활용 가능하다. Hilton, Disney, JW Marriott 등의 고급 호텔에서도 Murphy Bed를 활용해 공간 효율과 디자인을 동시에 추구하는 사례가 증가하고 있다.

* (좌) 소파가 포함된 Murphy Bed 제품으로 벽과 일체화된 객실 구조, (우) 침대가 벽에서 접히도록 설계된 옵션으로 낮에는 거실처럼, 밤에는 침실로 전환할 수 있는 객실 구조

4) 온돌 룸(Ondol Room)

- **특징:** 한국식 바닥 난방을 이용하며, 침대 대신 이불을 깔고 수면한다.
- **차이점:** 서양식 침대 객실 구조와 가구 배치가 다르다.
- **장점:** 한국 전통문화 체험이 가능하고, 어린 자녀나 노년층에게 안전하고 편리하다. 침대가 필요 없는 고객층(전통 선호)에 적합한 형태이다.

* 온돌 룸은 한국의 전통 문화를 체험하고자 하는 여행객들에게 특별한 경험을 제공한다.

5) 어세서블 룸(Accessible Room)

- **특징:** 장애인 전용 객실이라기보다 장애인 · 노약자 · 거동 불편 고객이 '접근 가능(Accessible)'하게 설계된 장벽 · 장애물이 없는 객실을 뜻한다. 휠체어 접근이 가능하며, 낮은 스위치, 넓은 출입구, 안전바 등을 설치한다.
- **차이점:** 일반 객실보다 공간이 넓고 설비가 보조적 기능 중심으로 구성되었다.
- **장점:** 장애인과 노약자를 위한 안전성과 편의성을 확보하고, 법적 기준에 따른 객실 운영으로 호텔 신뢰도가 향상된다. 장애인용 룸은 '장애인 편의시설 기준과 호텔업 등급 결정기관 등록 및 등급 결정에 관한 요령'에 장애인시설 설치 여부에 21점의 점수를 배정하고 있다. 서울 시내 5성급 호텔들은 휠체어 접근 가능 객실과 장애인 전용 주차 공간, 엘리베이터와 연계된 무장애 객실을 보유하고 있다.

* 어세서블 룸은 휠체어 접근성, 낮은 스위치, 넓은 출입구, 안전바 등의 안전 설비가 갖춰졌다.

6) 캐릭터 룸(Character Room)

- **특징:** 특정 캐릭터(예: 디즈니, 카카오프렌즈 등)를 테마로 디자인된 객실이다.
- **차이점:** 객실 인테리어, 침구, 가구, 어메니티까지 캐릭터 중심으로 구성한다.
- **장점:** 어린이를 동반한 가족 단위 마케팅 효과에 유리하고, 독특한 객실 경험으로 자연스러운 SNS 온라인 홍보 유도가 가능하다. 호텔 내 특별 상품으로 한정 운영되며 희소성이 높다.

* (좌) 롯데호텔제주 헬로키티 캐릭터룸: 글로벌 캐릭터 브랜드 산리오코리아와의 협업으로 '헬로키티'를 테마로 꾸민 객실, (우) 롯데호텔월드 브레드이발소 캐릭터룸: 인기 애니메이션 '브레드이발소'를 테마로 꾸민 객실

7) 여성 전용 룸(Women-Only Room)

- **특징:** 여성 고객 전용으로 운영되는 객실이다.

- **차이점:** 일반 객실과 서비스는 유사하나 보안 및 편의성이 강화되었다.
- **장점:** 여성 혼자 투숙하는 고객에게 심리적 안정감과 프라이버시를 제공하고, 보안 강화(전용층, 키 카드 이중 인증), 여성 맞춤형 어메니티 제공(뷰티 제품, 고데기 등) 등이 장점이다.

8) 펫 프렌들리 룸(Pet-Friendly Room)

- **특징:** 반려동물과 함께 투숙할 수 있도록 마련된 객실로, 전용 침구와 배변 패드, 물그릇 등 펫 어메니티를 제공하며 소음 · 위생 관리가 강화된 것이 특징이다.
- **차이점:** 투숙 가능 반려동물의 크기, 무게, 마릿수를 제한하는 경우가 많고, 청결 · 위생을 위해 보증금(Deposit)이나 추가 청소비용이 발생한다.
- **장점:** 고객에게 반려동물을 가족처럼 동반할 수 있는 안심 투숙을 제공하고, 호텔에는 펫팸족과 MZ세대 등 새로운 고객층 유치와 패키지 · 전용 서비스로 부가 수익 창출 효과가 있다. 또한 사회적으로는 반려동물 친화적 이미지를 강화하며 ESG와 웰빙 트렌드에도 부합한다. 메리어트 본보이(Marriott Bonvoy) 계열 브랜드인 'Aloft'와 'Element'에서 반려동물 동반 투숙이 보편화되어 있으며, 국내에서는 파라다이스 호텔 부산, 반얀트리 클럽 앤 스파 서울 등이 펫 동반 전용 패키지를 운영하고 있다.

* 펫프랜들리 객실: (좌) Mount Nelson 호텔, (우) The Plaza New York 호텔

9) 풀 앤 스파룸(Pool & Spa Room)

- **특징:** 객실 내 또는 전용 공간에 프라이빗 수영장과 스파 시설(자쿠지 · 월풀 욕조 등)을 함께 갖춘 고급 객실 유형이다.
- **차이점:** 풀룸은 전용 수영장, 스파룸은 스파 욕조만 제공되지만, 풀 앤 스파룸은 두 가지 시설을 모두 제공해 차별화된 럭셔리 경험을 제공한다.
- **장점:** 투숙객이 객실 안에서 휴양(수영)과 힐링(스파)을 동시에 즐길 수 있어 프라이버시 · 편의성 · 웰빙 체험을 극대화하며, 커플 · 허니문 · VIP 고객에게 특히 인기가 높다. 객실 요금이 일반 객실보다 상당히 비싼 편이다.

* (좌) 반얀트리클럽앤스파서울의 풀룸 객실, (우) 풀 앤 스파룸 이미지

3. 등급에 의한 분류

객실을 등급별로 분류하는 이유는 고객은 예산과 목적에 맞는 객실을 선택해 만족도가 높아지고, 호텔은 다양한 가격 정책으로 매출을 극대화할 수 있으며 등급별 마케팅 전략을 통해 경쟁력을 확보할 수 있다.

1) 스탠더드 룸(Standard Room)

- **특징:** 호텔의 기본형 객실, 객실 크기는 비교적 소형이며, 전망은 일반적이다.
- **대상:** 비즈니스 출장객, 1~2인 여행객, 합리적인 가격을 선호하는 고객

- **장점:** 스탠더드 룸은 합리적인 가격과 기본적인 서비스를 제공해 예산을 중시하는 고객에게 적합하다. 필요한 시설만을 제공하므로 효율적으로 숙박할 수 있고, 호텔의 기본적인 품질을 경험할 수 있는 보편적인 객실 유형이다. 따라서 고객 수요가 가장 많아 안정적인 객실 점유율 확보에 유리하다.

* 그랜드하얏트서울호텔의 스탠더드 룸(30㎡): (좌) 스탠더드 더블룸, (우) 스탠더드 트윈룸

2) 슈페리어 룸(Superior Room)

- **특징:** 스탠더드 룸보다 넓고 고급스러운 인테리어, 일부 객실은 전망이 좋거나 부가 서비스를 제공한다.
- **대상:** 중급 여행객, 장기 투숙객, 기본 이상의 쾌적함을 원하는 고객
- **장점:** 슈페리어 룸은 표준 객실보다 한 단계 높은 편안함을 제공한다. 넓은 공간과 쾌적한 환경은 장기 투숙객에게도 적합하며, 상대적으로 합리적인 가격으로 고품질의 숙박 경험을 누릴 수 있다.

* 그랜드하얏트서울호텔의 슈페리어 룸: (좌) 슈페리어 남산 전망, (우) 슈페리어 한강 전망

3) 디럭스룸(Deluxe Room)

- **특징:** 넓은 객실과 고급 가구 배치, 호텔 내 중상급 객실로 전망이 좋은 경우가 많다. 일부 호텔은 라운지 서비스를 제공한다.
- **대상:** 고급 여행객, 비즈니스 고객, 가족 단위 투숙객
- **장점:** 디럭스룸은 한층 고급스러운 객실과 서비스로 여유로운 숙박을 원하는 고객에게 알맞다. 품격 있는 인테리어와 전망, 그리고 세심한 편의시설은 고객에게 호텔의 차별화된 품질을 느끼게 한다.

* 그랜드하얏트서울호텔의 디럭스 룸(45㎡): 넓은 통창 앞에 마련된 소파베드를 통해 아름다운 남산 전망을 가까이에서 즐길 수 있다.

4) 프리미어 룸(Premier Room)

- **특징:** 디럭스룸보다 더 넓고 고급화된 객실, 호텔의 상위 카테고리에 속하며 특별한 혜택이 포함된다. 라운지, 무료 미니바 등 추가 서비스를 제공한다.
- **대상 고객:** 상위층 여행객, 기업 임원, 프리미엄 서비스 선호 고객
- **장점:** 프리미어 룸은 한층 더 세련된 공간과 서비스로 고객에게 특별한 만족을 제공한다. 객실 내 고급 가구와 세심한 부대 서비스는 프리미엄급 숙박 경험을 선사하며, 고객의 품격과 가치를 한층 높여준다.

* 그랜드하얏트서울호텔 프리미어 룸(82㎡): 사무공간 및 응접실 등을 갖춘 프리미엄 객실이다.

5) 이그제큐티브 룸(Executive Room)

- **특징:** 프리미어 룸에서 더욱 특화된 객실 형태로, 전용 이그제큐티브 라운지 이용 가능, 비즈니스 편의시설 강화(회의실, 고속 인터넷 등), 개인화된 컨시어지 서비스를 제공한다.
- **대상:** 비즈니스 임원, VIP 출장객
- **장점:** 이그제큐티브 룸은 비즈니스 고객에게 최적화된 공간과 서비스를 제공한다. 전용 라운지와 맞춤형 컨시어지 서비스는 고객의 비즈니스 생산성을 높이고 차별화된 프리미엄 혜택을 통해 만족도를 극대화한다.

* 그랜드하얏트서울호텔 이그제큐티브 스위트룸: 여유로운 침실과 대리석 욕실, 독립된 응접실 등으로 한층 업그레이드된 프리미엄 스위트 객실이다.

6) 스위트 룸(Suite Room)

- **특징:** 호텔의 최고 등급 객실로 침실과 거실이 분리되고 대형 평수와 고급 인테리어, 전용 집사(버틀러) 서비스, 전용 라운지, VIP 서비스를 제공한다.
- **대상:** VIP 고객, 특별한 경험을 원하는 고객
- **장점:** 스위트 룸은 최고급 시설과 서비스를 통해 호텔의 가치를 극대화한다. 개인화된 서비스와 넓은 공간은 고객에게 집과 같은 안락함과 특별한 품격을 동시에 제공하며, 고급 호텔의 브랜드 이미지를 대표하는 상징적인 객실이다.

* 그랜드하얏트서울호텔 프레지덴셜 스위트룸(325㎡): 한국을 방문하는 세계 최정상 VIP들이 즐겨 찾는 최고급 스위트 객실이다. 객실에는 개인 휘트니스룸 및 서재, 드레스룸과 주방, 다이닝룸 등 목적에 맞는 개별 공간을 갖추고 있다.

4. 위치에 의한 분류

객실을 위치에 따라 분류하는 이유는 전망과 접근성에 따른 가치를 세분화해 가격 차별화가 가능하고, 고객이 선호하는 위치를 선택할 수 있어 만족도가 높아지며 호텔의 마케팅과 운영 효율성을 강화할 수 있다.

1) 시티뷰(Room with City View)

- **특징:** 도심 전경을 조망할 수 있는 도심형 호텔 객실
- **대상:** 비즈니스 출장객, 도심 관광객
- **장점:** 시티뷰 객실은 도시의 야경과 스카이라인을 감상할 수 있어 특히 비즈니스 고객이나 도시 여행객에게 매력적이다. 합리적인 가격으로 쾌적한 전망을 제공하여 만족도를 높인다.

* (좌) 롯데호텔서울 객실의 시티뷰, (우) 포시즌스호텔뉴욕 객실의 시티뷰

2) 오션뷰(Room with Ocean View)

- **특징:** 바다 전망을 즐길 수 있는 해변형 호텔 객실
- **대상:** 휴양 목적 여행객, 커플, 가족 여행객
- **장점:** 오션뷰 객실은 탁 트인 바다 전망으로 휴식과 힐링을 제공하며, 리조트 호텔의 대표적인 프리미엄 상품이다. 높은 객실 요금에도 불구하고 고객 만족도와 재방문율이 높다.

* (좌) 롯데호텔부산 객실의 오션뷰, (우) 샹그릴라호텔홍콩 객실의 오션뷰

3) 마운틴뷰(Room with Mountain View)

- **특징:** 산이나 자연경관을 조망할 수 있는 산악형 리조트 객실
- **대상:** 휴양형 여행객, 자연 애호가
- **장점:** 마운틴뷰 객실은 자연 속의 조용한 휴식 공간을 제공하며, 계절에 따른 풍경 변화를 즐길 수 있어 만족도가 높다. 특히 힐링과 웰니스 여행객이 선호한다.

* (좌) 롯데호텔서울 객실 전망, (우) 롯데호텔제주 객실 전망

4) 로우 플로어(Room on Lower Floor)

- **특징:** 저층부에 위치한 객실
- **대상:** 빠른 이동을 선호하는 고객, 단기 투숙객

- **장점**: 로우 플로어 객실은 이동 동선이 짧고 편리하며, 엘리베이터 대기 시간을 줄일 수 있다. 또한 객실 요금이 상대적으로 저렴한 경우가 많아 경제성을 중시하는 고객에게 적합하다.

5) 하이 플로어(Room on Higher Floor)

- **특징**: 고층부에 위치한 객실
- **대상**: 전망을 중시하는 고객, 프리미엄 투숙객
- **장점**: 하이 플로어 객실은 소음이 적고 조망이 뛰어나며, 프라이버시가 높다. 고급 호텔에서는 고층 객실을 프리미엄 상품으로 분류해 부가 수익을 창출한다.

* (좌) 포시즌스호텔뉴욕의 객실에서 바라본 도심지 전경, (우) Ritz-Carlton Hong Kong은 세계에서 가장 높은 호텔 중 하나로, 103층 라운지와 117층 객실에서 하버 전경을 자랑한다.

6) 코너 룸(Corner Room)

- **특징**: 건물 끝 모서리 부분에 위치한 객실
- **대상**: 프라이버시를 중시하는 고객, 장기 투숙객
- **장점**: 코너 룸은 2면 이상의 창으로 넓은 전망과 독립성을 제공한다. 일반 객실보다 면적이 넓은 경우가 많아 고객 만족도가 높고, 프리미엄 마케팅 포인트가 된다.

7) 노 뷰(No View)

- **특징:** 객실은 창문이 없거나 전망이 없는 객실(내부형 객실)
- **대상:** 예산 중시 고객
- **장점:** 전망이 없는 만큼 요금이 낮아 예산을 중시하는 고객에게 적합하며, 단순 숙박 목적(단기 체류) 고객에게 효율적이다.

제3절 객실 만족도 결정요인

호텔 객실에서 고객이 중요하게 생각하는 요인은 청결, 편안한 침대와 수면 환경, 방음과 프라이버시, 객실 크기와 레이아웃, 편의시설 및 기술, 전망과 분위기 등이다. 이러한 요인들은 고객 만족과 재방문 의도를 결정짓는 핵심 기준으로 작용하며, 이를 살펴보면 다음과 같다.

1. 청결 및 위생 상태

객실의 청결은 고객 만족을 좌우하는 가장 기본이자 중요한 요인이다. 침구류가 깨끗하게 교체되어 있고, 욕실이 위생적으로 관리되어 있으며, 먼지나 곰팡이 없이 쾌적해야 한다. 청결은 단순한 미적 기준을 넘어 고객의 건강과 직결되며, 객실이 아무리 넓고 시설이 좋아도 청결이 부족하면 부정적 경험으로 이어진다. 따라서 호텔은 객실 청소 표준 절차(SOP)를 철저히 지켜야 한다.

2. 수면 품질(침대, 베개, 침구 등)

호텔 투숙의 본질은 '휴식'이므로, 침대의 품질과 수면 환경은 고객이 가장 중시하는 요인 중 하나이다. 매트리스의 탄력과 지지력, 포근한 침구, 다양한 베개 옵션은 숙면을 돕는다. 또한 객실의 방음 수준, 조명 조절 기능, 온도·습도 제어도 수면 품질에 큰 영향을 준다. 웨스틴의 'Heavenly Bed'처럼 호텔 브랜드가 자체 개발한 침대는 수면 경험을 차별화하는 대표적 사례이다.

3. 방음 및 프라이버시

객실은 고객에게 외부 세계로부터 분리된 사적 공간을 제공해야 한다. 따라서 방음 성능은 매우 중요한 요인이다. 옆 객실의 소음, 복도에서의 대화나 청소 소리, 외부 교통 소음은 투숙 경험을 크게 저하시킨다. 두꺼운 벽체, 이중창, 소음 차단 설계는 고객의 사생활 보호와 안정된 휴식을 보장한다. 특히 고급 호텔일수록 프라이버시와 정숙함을 핵심 가치로 강조한다.

4. 객실 크기와 레이아웃

객실의 면적과 가구 배치는 고객의 체감 만족도를 크게 좌우한다. 장기 체류 고객이나 가족 단위 투숙객은 충분한 공간과 효율적인 동선을 선호한다. 침대, 책상, 소파, 수납장 등이 합리적으로 배치되어야 하며, 화장실과 샤워 공간도 사용 편의성을 고려해야 한다. 공간이 협소하더라도 스마트 가구를 활용하거나 효율적인 인테리어 설계로 쾌적성을 높일 수 있다.

5. 편의시설과 기술적 요소

객실 내 제공되는 편의시설은 투숙객의 체류 경험을 풍부하게 만든다. 인터넷, 무료 Wi-Fi, 충전 포트, 스마트 TV, 커피 · 티 메이커, 미니바, 금고 등은 기본적 기대사항이다. 최근에는 IoT 기반 조명 · 냉난방 제어, 음성 비서, 모바일 키 등 스마트 기능이 도입되어 편리성이 강화되고 있다. 고객은 객실에서 업무 · 휴식 · 엔터테인먼트를 모두 해결하기 때문에, 기술적 편의성은 호텔 경쟁력을 높이는 중요 요인이다.

6. 전망과 분위기

객실에서 보이는 전망(View)과 내부 분위기(Ambience)는 고객의 감성적 만족에 큰 영향을 미친다. 같은 등급의 객실이라도 바다 · 산 · 도시 전경이 보이는 방은 더 높은 가치를 인정받는다. 또한 인테리어 스타일, 조명, 색채, 향기 등은 고객의 심리적 안정과 만족도를 높인다. 호텔은 객실의 전망을 세분화해 요금을 차등화하며, 이를 통해 고객은 자신의 취향과 목적에 맞는 객실을 선택한다. 전망과 분위기는 객실의 '추억 가치'를 결정하는 요인이라 할 수 있다.

7. 서비스 연결성

서비스 연결성(Service Connectivity)은 호텔 객실 운영의 핵심 요인 중 하나로, 고객이 요구하는 서비스를 얼마나 빠르고 원활하게 받을 수 있는지를 의미한다. 과거에는 객실 전화기를 통해 프런트데스크, 하우스키핑, 룸서비스와 연결하는 것이 일반적이었다. 하지만 최근에는 객실 내 태블릿이나 고객의 스마트폰 앱을 활용해 주문 · 요청 · 문의가 가능하도록 디지털화가 확산하고 있다. 예를 들어, 하우스키핑 요청, 추가 어메니티 신청, 룸서비스 메뉴 주문, 체크아웃 연장 신청 등을 앱이나 태블릿으로 즉시 처리할 수 있다. 이는 고객에게 편리성과 신속성을 제공하며, 호텔 입장에서도 업무 효율성과 서비스 품질을 동시에 높여준다.

Checkpoint

◆ 토론 주제 1

왜 호텔을 다양한 기준(등급 · 위치 · 숙박 목적 · 경영방식)으로 분류할 필요가 있을까?

• **참고**

– 등급: 서비스 품질과 가격대를 구분해 고객 기대치를 맞춘다
– 위치: 공항 근처 · 도심 · 휴양지 등 고객 목적에 따라 접근성이 달라진다.
– 숙박 목적: 비즈니스, 관광, 장기 체류 등 고객 니즈에 맞는 상품 제공이 가능하다.
– 경영 방식: 독립 호텔, 체인 호텔, 프랜차이즈 등 운영 특성에 따라 고객이 느끼는 신뢰도와 서비스 표준이 다르다.
– 호텔을 다양한 기준으로 분류하는 이유는 고객에게 맞춤형 선택지를 제공하고, 호텔이 시장을 세분화해 경쟁력을 높이기 위해서이다.

◆ 토론 주제 2

호텔 객실 경영에서 침대의 종류(싱글, 더블, 트윈, 킹 등)에 따라 객실을 다양하게 분류하는 이유는 무엇일까?

• **참고**

– 고객 유형(가족, 커플, 비즈니스 출장자 등)에 따라 필요로 하는 침대가 다르다.
– 침대 종류는 체류 목적 · 인원 수 · 편안함과 직접 연결된다.
– 객실 상품의 다양화는 고객 선택 폭 확대와 수익 극대화에 드움이 된다.
– 침대 종류별 객실을 운영하는 이유는 다양한 고객 요구를 충족하고, 맞춤형 상품을 제공하여 고객 만족과 수익성을 동시에 높이기 위함이다.

◆ 토론 주제 3

'좋은 객실'을 고르는 기준은 무엇인가? 여러분이 실제로 호텔을 예약한다고 가정하자. 청결, 침대/숙면, 방음, Wi-Fi, 전망 중 우선순위 3개를 고르고 이유를 말해보자.

• **참고**

– 객실 가치는 '숙면+청결'이 기본이며, 방음/프라이버시가 만족도를 크게 좌우한다.
– 목적에 따라 우선순위가 달라진다(업무: Wi-Fi · 책상 / 휴양: 전망 · 조명 / 가족: 공간 · 레이아웃).
– '기본(숙면 · 청결)이 안 되면 다른 장점이 묻힌다'가 핵심 포인트다.

전문용어

STR 체인스케일(Chain Scale) STR가 가격 · 브랜드 포지션으로 나눈 글로벌 등급 분류이다.

풀서비스 호텔(Full Service Hotel) 레스토랑 · 라운지 · 연회/회의 · 스파 · 컨시어지 등 '풀 라인업'을 제공하는 럭셔리호텔이다.

셀렉트 서비스 호텔(Select-Service Hotel) 핵심 서비스만 선별(보통 1~2개 F&B)해 합리적 가격을 제공하는 호텔이다.

익스텐디드 스테이(Extended Stay/Residence) 주방 · 세탁 등 장기 체류 기능을 갖춘 객실이다.

소프트 브랜드(Soft Brand/Collection) 독립호텔의 개성을 유지하며 대형 체인의 예약 · 로열티 플랫폼만 활용하는 호텔이다.

커넥팅룸(Connecting Room) 두 객실이 내부 도어로 직접 연결된 구조의 객실이다.

어세서블룸(Accessible Room) 휠체어 회전 반경, 넓은 출입구, 낮은 스위치, 안전바 등을 갖춘 '무장애' 객실이다.

제4장

호텔 객실의 역할 변화와 트렌드

제1절 객실의 역할 변화

제2절 객실의 트렌드와 신기술

제3절 고객의 호텔 선택 결정요인

제1절 객실의 역할 변화

호텔 객실 상품은 단순한 숙박 기능에서 벗어나 고객 경험 중심의 복합 서비스 상품으로 진화하고 있다. 과거에는 청결과 편안함이 가장 중요한 기준이었다면, 현대에는 고객의 라이프스타일과 기술 발전, 친환경 경영, 그리고 개별화된 서비스 요구가 객실상품 변화를 주도하고 있다. 호텔의 역할 변화를 과거, 현대, 미래로 구분하여 살펴보면 다음과 같다.

1. 과거 호텔 객실의 모습: 전통적 객실 상품 중심

과거 호텔 객실은 숙박이라는 본질적 기능에 초점을 맞추었다. 고객에게 제공되는 서비스는 주로 청결 유지와 기본적인 편의시설에 국한되었으며, 객실 내 침대, 욕실, 간단한 가구 등이 기본적인 구성 요소였다. 객실 디자인이나 인테리어보다는 기능성과 효율성이 우선시되었으며, 호텔 경영자들은 객실 수와 가동률 확대를 통한 수익 창출에 중점을 두었다. 이 시기 호텔은 고객 개별 경험보다는 표준화된 서비스 제공을 통해 운영 효율성을 높이는 데 주력했다.

객실 상품은 단순하고 기능적 성격이 강했으며, 고객의 편안함을 보장하는 최소한의 요소만 갖추었다. 프라이버시, 맞춤형 서비스, 엔터테인먼트 제공 등은 거의 고려되지 않았고, 객실 간 차별화보다는 동일한 객실 구성으로 운영되는 것이 일반적이었다. 또한 숙박 외의 부가 서비스보다는 객실 단가와 점유율을 중심으로 한 경제적 효율성이 경영 전략의 핵심이었다.

결과적으로 과거 호텔 객실은 단순한 숙박 상품으로서의 기능과 효율성에 집중되어 있었으며, 고객 개별 경험이나 맞춤형 서비스는 제한적이었다. 이러한 전통적 객실 상품 중심 운영은 현대 호텔산업에서 서비스 차별화와 경험 중심 경영으로 발전하는 기초적 배경을 제공했다.

* 1970~80년대의 미국 호텔 객실: 과거의 객실은 청결 유지와 기본적인 편의시설에 국한되었으며, 객실 내 침대, 욕실, 간단한 가구 등이 기본적인 구성 요소였다.

2. 현대 호텔 객실의 변화: 고객 경험 중심의 객실 상품

현대 호텔 객실은 체험과 맞춤형 서비스, 스마트 기술, 친환경 경영을 중심으로 설계되며, 숙박 이상의 가치를 제공한다. 호텔은 고객에게 단순히 잠을 자는 공간을 넘어서, 개인화되고 편리하며 지속 가능한 경험을 체험하는 곳이 되었다. 이러한 변화는 호텔산업이 경험 기반 서비스로 전환하고 있음을 보여주는 중요한 지표이다. 몇 가지 사례를 들어 살펴보면 다음과 같다.

1) 프리미엄화

- 럭셔리 브랜드 호텔은 객실을 단순한 숙박 공간이 아닌 체험 공간으로 설계한다.
- 전망, 인테리어, 객실 구조를 차별화하여 고급스러운 경험을 제공한다.
- 개인 맞춤형 프라이빗 서비스, 예를 들어 전용 버틀러, 맞춤형 어메니티, 특별 이벤트 연출 등을 통해 객실 체험 가치를 극대화한다.

2) 스마트화

- 모바일 체크인/체크아웃, IoT 기반 조명 · 온도 · 커튼 제어, AI 컨시어지 등 첨단 디지털 기술을 활용한다.

- 고객이 손쉬운 제어와 맞춤형 환경 설정을 경험하도록 설계하여 편의성과 만족도를 높인다.
- 데이터 기반 자동화 서비스가 객실 운영 효율성과 고객 경험을 동시에 강화한다.

3) 친환경화

- ESG 경영을 반영한 친환경 객실 운영이 중요하다.
- 에너지 절약형 조명 · 냉난방 설비, 친환경 침구, 재활용 가능 소재, 일회용 플라스틱 최소화 등 지속 가능성을 고려한다.
- 고객은 호텔에 머무르는 동안 환경적 책임과 웰빙을 동시에 경험할 수 있다.

4) 개인화 서비스

- 고객 데이터 분석을 기반으로 웰컴 서비스, 선호도를 기반으로 객실을 준비한다.
- 개인화 경험이 고객 만족과 재방문율을 높이는 핵심 요소로 작용한다.

* 현대의 호텔 객실은 고객 체험중심 공간의 특성이 있다. (좌) 1 Hotel Central Park: 바이오필릭 · 재생 소재를 활용한 자연주의 객실, (우) W Hotels: 대담한 컬러 · 조명으로 연출한 라이프스타일 럭셔리 객실

3. 미래 호텔 객실의 방향: 하이퍼 퍼스널라이제이션과 지속 가능성

미래 호텔 객실은 AI 기반 초개인화, 메타버스 · VR 활용, 지속 가능성, 복합 기능을 핵심으로 발전할 것으로 예상된다. 고객은 단순 숙박을 넘어 맞춤형 체험, 디지털 콘텐츠, 지속 가능한 환경, 다목적 공간 활용까지 경험하며, 호텔 산업은 기술과 환경친화적 경영을 통해 차별화된 경쟁력을 확보하게 될 것이다. 몇 가지 사례를 들어 살펴보면 다음과 같다.

1) 하이퍼 퍼스널라이제이션(Hyper-Personalization)

- AI와 빅데이터를 활용하여 고객의 선호와 행동을 분석하고, 객실 내 환경과 서비스를 자동으로 맞춤 조정한다.
- 예: 침대 높이, 온도, 조명, 음악, 미니바 구성 등 고객별 맞춤화를 적용한다.
- 고객에게 최적화된 개별 경험을 제공하여 재방문율과 고객 만족도가 향상한다.

2) 메타버스와 가상현실 활용

- 고객이 예약하기 전에 객실 가상 체험으로 객실 디자인과 편의시설을 미리 경험해볼 수 있다.
- 객실 내에서 VR 콘텐츠, 가상 회의, 엔터테인먼트를 활용할 수 있다.
- 기술 기반 경험이 객실 가치를 확장하고, 디지털 경험 중심 호텔로 진화 가능하다.

3) 지속 가능한 호텔 상품

- 재생에너지 활용, 친환경 인증 객실 확대, 무플라스틱 정책 등 ESG 기준을 강화한다.
- 고객은 머무는 동안 지속 가능성을 체험하며, 호텔 브랜드 이미지를 친환경 · 책임 경영으로 강화한다.

4) 복합형 객실 상품

- 숙박과 오피스 기능을 결합한 레지던스형 객실, 장기 투숙형 상품을 확대한다.
- 고객의 다양한 목적(출장, 장기 체류, 체험형 여행)에 맞춘 다기능 객실을 제공한다.
- 호텔은 공간 활용과 서비스 다각화를 통해 신규 수익모델을 확보할 수 있다.

* 미래형 호텔 객실의 이미지 사례: ①스마트 커넥티드 룸(IoT 제어 중심), ②AR 기반 룸(고객이 예약 전 객실을 미리 탐색할 수 있도록 가상화면 제공), ③지속 가능한 객실 디자인(자연 요소를 활용한 친환경 인테리어)

제2절 객실의 트렌드와 신기술

1. 휴먼터치 중심 서비스 강화

디지털 기술이 빠르게 확산하고 있는 호텔산업에서도 인간적인 접촉(Human Touch)은 여전히 핵심 가치로 남아 있다. 아무리 자동화 · 무인화 서비스가 발전하더라도 고객은 호텔에서 단순한 편의 이상의 따뜻한 환대 경험을 기대한다. 따라서 객실 서비스는 첨단 기술을 보조 수단으로 활용하되, 기본적으로 직원의 세심한 응대와 감성적 교류를 중심으로 운영해야 한다.

1) 개인화된 고객 응대

호텔은 고객의 개별적인 선호를 파악해 서비스에 반영한다. 객실 내에서 베개 종류를 선택할 수 있게 하거나, 고객이 선호하는 객실 온도 · 음료 · 어메니티를 미리 준비해두는 방식이다. 이러한 맞춤형 서비스는 고객에게 '특별히 배려받고 있다'는 인상을 주어 만족도와 충성도를 높인다.

- **서울신라호텔:** '베개 메뉴(Pillow Menu)'를 운영하여 숙면용, 저자극성, 경추 지지형 등 다양한 베개를 제공하고 고객이 직접 선택하도록 한다. 특히 VIP 및 장기 투숙고객에게 큰 호응을 얻고 있다.
- **포시즌스서울호텔:** 고객의 기념일이나 특별한 날을 기록해두었다가 재방문 시 꽃, 케이크, 맞춤형 와인 등을 준비하여 '기억되는 환대'를 실현한다.

2) 맞춤형 컨시어지

컨시어지는 단순히 관광 안내와 예약 업무를 처리하는 수준을 넘어, 고객의 라이프스타일과 목적에 맞춘 종합 솔루션을 제공하는 역할을 담당한다. 고객의 선호, 여행 목적, 일정 등을 고려하여 개인화된 서비스를 제안함으로써, 고객은 '나만을 위한 전담 서비스'를 받는 특별한 경험을 하게 된다.

- **리츠칼튼호텔그룹:** 고객의 취향을 세심히 기록해, 특정 고객이 클래식 음악을 좋아한다고 파악되면 객실에 관련 공연 정보와 티켓 예약을 함께 제안한다.
- **만다린 오리엔탈 도쿄:** 비즈니스 고객에게는 일정에 맞춰 헬리콥터 이동 서비스와 회의 전용 차량 예약을 제공하여 시간 효율을 극대화하였다.

3) 감성 서비스 유지

호텔 객실 운영에서 IoT, 모바일 키, 로봇 서비스 등 첨단 기술이 점점 확대되고 있지만, 고객의 마음에 깊은 인상을 남기는 것은 결국 사람의 따뜻한 환대와 교감이다. 체크인 시의 진심 어린 환영 인사, 고객 불편 상황에 대한 공감 어린 태도, 작은 배려가 담긴 손 편지와 같은 요소들은 기계가 대신할 수 없는 감성적 가치이다. 따라서 호텔은 디지털화와 자동화를 고객 편의를 위한 보조 수단으로 활용하되, 인간적인 접촉을 반드시 병행해야 고객 경험의 차별화를 이룰 수 있다.

- **리츠칼튼호텔(세계적 럭셔리 체인):** 고객 불편사항이 발생하면, 직원에게 일정 금액 한도의 즉시 보상 권한을 부여하여 현장에서 신속하고 공감 어린 문제 해결이 가능하도록 하고 있다. 이는 기계적 응답이 아닌 인간적 공감의 가치를 강조하는 대표적 사례이다.
- **만다린 오리엔탈 방콕:** 고객이 재방문했을 때, 과거에 선호했던 음료나 꽃을 객실에 준비해두는 등 기억 기반의 감성 서비스를 실천하고 있다.
- **일본 호시노야 리조트:** 직원들이 전통 의상을 입고 손님을 맞이하며, 고객의 문화적 배경에 맞춘 인사말과 작은 선물을 제공해 디지털 시대에도 인간적인 따뜻함을 유지한다.

2. 디지털 경험 강화

호텔 객실 운영은 급격히 디지털 전환(Digital Transformation)이 이루어지고 있다. 고객의 편의성과 효율성을 동시에 추구하기 위해 다양한 첨단 기술이 접목되며, 이는 단순한 숙박 공간을 넘어 스마트 생활 공간으로 진화하는 모습을 보여준다.

1) 스마트 객실

스마트 객실은 사물인터넷(IoT), AI, 모바일 기술을 활용하여 객실 내 환경을 고객이 원하는 대로 손쉽게 제어할 수 있도록 설계된 공간이다. 조명, 온도, 커튼, TV, 오디오 등 다양한 시설을 스마트폰 앱, 태블릿, 음성 명령을 통해 직관적으로 조절할 수 있다. 고객은 물리적 조작 없이도 자신의 라이프스타일에 맞춘 최적의 환경을 즉시 구현할 수 있으며, 이는 편리성과 혁신적인 체류 경험을 제공한다.

- **홍콩 페닌슐라 호텔:** 객실 내 태블릿으로 조명, 커튼, TV, 룸서비스까지 제어할 수 있는 스마트 시스템을 운영하여 '미래형 객실'을 구현하였다.
- **서울시그니엘호텔(롯데월드타워):** 객실 내 스마트 패드와 모바일 앱을 통해 조명, 냉난방, 커튼을 제어할 수 있으며, 룸서비스 주문과 호텔 정보 확인도 가능하다.

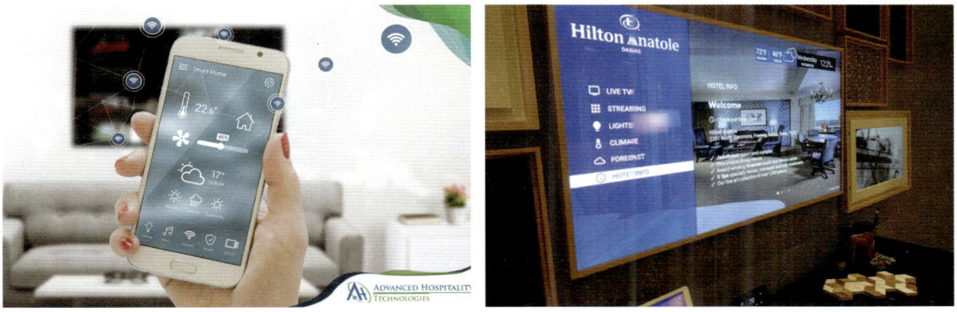

* 스마트객실: (좌) 힐튼 Connected Room의 모바일 앱 기반 조절 모습, (우) 힐튼의 TV 기반 인터페이스와 대표적인 스마트 TV 시스템

2) 데이터 기반 개인화

호텔은 고객의 이용 패턴과 선호도를 데이터로 분석하여 맞춤형 서비스를 제공한다. 예를 들어, 특정 고객이 이전 투숙에서 선호했던 객실 온도나 조명 밝기를 기록해 두었다가 재방문 시 자동으로 동일한 환경을 제공한다. 이러한 데이터 기반 개인화는 고객에게 '기억되고 배려받는다'는 경험을 제공한다.

- **메리어트 본보이(Marriott Bonvoy):** 글로벌 회원 프로그램을 통해 고객이 선호하는 객실 층수, 침구, 식음료 선택까지 기록하고, 재방문 시 동일하게 세팅하여 맞춤형 경험을 제공한다.
- **하얏트월드(World of Hyatt):** 장기 투숙객의 취향을 반영해 특정 고객에게는 웰니스 서비스(요가 매트, 아로마 오일)를, 또 다른 고객에게는 업무용 시설(프린터, 회의용 키트)을 준비해 준다.

3) AR/VR 활용

증강현실(AR)과 가상현실(VR) 기술은 호텔 객실을 단순한 숙박 공간에서 체험형 공간으로 변화시키는 혁신 요소이다. AR(증강현실)은 현실 세계 위에 디지털 정보를 덧입혀, 관광 안내 · 객실 메뉴 소개 · 호텔 시설 가이드 등을 직관적이고 생동감 있게 제공한다. VR(가상현실)은 고객이 객실 내에서 세계 관광지, 문화 콘텐츠, 엔터테인먼트를 가상으로 체험할 수 있도록 한다.

- **메리어트호텔의 'VR Postcards' 프로그램:** 고객이 객실에서 VR 기기를 통해 페루, 르완다 등 전 세계 여행지를 체험할 수 있도록 운영한다.
- **아코르호텔:** 일부 호텔에 AR 기반 관광 안내 서비스를 도입, 고객이 객실에서 AR 지도를 통해 주변 관광지를 탐색할 수 있다.
- **국내 제주 신화월드:** VR 테마파크와 연계한 객실 상품을 운영, 가족 단위 고객이 객실에서도 VR 콘텐츠를 즐길 수 있도록 제공한다.

* 미래의 호텔 객실 이미지: (좌) 한 사람이 호텔 방에서 VR 헤드셋을 착용하여 몰입형 서비스를 체험하고 있는 모습, (우) VR 장비를 사용하여 호텔 투숙 경험 또는 주변 명소 등을 사실적으로 탐색하는 고객 모습

4) 초고속 네트워크 환경

최근 호텔은 단순히 잠을 자는 숙박 공간을 넘어 업무와 휴가를 동시에 즐길 수 있는 워케이션(Work + Vacation) 공간으로 활용되고 있다. 이를 위해 호텔은 최신 네트워크 인프라(5G, Wi-Fi 6)를 객실과 공용 공간에 구축하여, 고객이 원격 근무 · 화상회의 · 온라인 학습 · 스트리밍 서비스를 끊김 없이 이용할 수 있도록 한다. 이러한 환경은 특히 비즈니스 여행객, 장기 체류 고객, 디지털 노마드에게 중요한 선택 기준이 된다.

- **서울드래곤시티:** 비즈니스 라운지와 객실에 Wi-Fi 6를 적용, 대규모 화상회의와 온라인 스트리밍도 무리 없이 가능하게 하였다.
- **하얏트호텔그룹:** 글로벌 지점에서 'Work from Hyatt' 패키지를 운영, 초고속 Wi-Fi와 전용 업무 공간을 제공하여 장기 체류 고객 유치에 성공하였다.

3. ESG 경영과 지속 가능성

최근 호텔 산업은 단순한 서비스 제공을 넘어 지속 가능한 경영(Sustainability)을 중요한 가치로 삼고 있다. 환경(Environment), 사회(Social), 지배구조(Governance)를 포괄하는 ESG 경영이 글로벌 기준으로 자리 잡으면서, 호텔 객실 역시 친환경과 웰빙 중심으로 변화하고 있다. 이는 환경적 책임을 다하는 동시에 고객의 건강과 행복을 고려하는 새로운 패러다임이다.

1) 친환경 운영

호텔의 친환경 운영은 에너지 절감 · 자원 절약 · 환경 보호를 목표로 한다. 객실 내 IoT 센서를 활용해 투숙객이 없을 때 자동으로 전력과 냉난방을 차단하거나 조절하고, 태양광 · 지열 등 재생에너지를 활용한다. 또한 일회용 플라스틱 어메니티를 축소하고, 재활용 · 생분해성 소재를 도입하여 환경 오염을 줄인다. 이러한 운영 방식은 단순한 비용 절감을 넘어, 고객에게 환경 보호에 동참한다는 인식을 제공한다.

- **힐튼 호텔:** 객실에 사람의 움직임을 감지하는 모션 센서를 설치하는 IoT 기반 에너지 관리 시스템을 적용해 10년 동안 9억 6,200만 달러 이상의 에너지 절감 효과를 보고 있다. 이러한 장치는 객실 사용 여부를 감지하여 조명, HVAC 시스템 및 기타 에너지 소모가 많은 작업을 조정하여 불필요한 에너지 사용을 줄이는 것이다. 모션 센서는 조명 에너지를 최대 24%, HVAC 에너지를 20~30%까지 절감할 수 있다. 이러한 접근 방식은 에너지 비용 절감과 친환경적인 고객 선호도 충족이라는 두 가지 핵심 과제를 해결한다.
- IHG(**인터컨티넨탈 호텔 그룹**)**:** 2030년까지 4,000개가 넘는 호텔에 욕실 미니어처를 대용량 편의시설로 교체하여 호텔그룹이 일회용 플라스틱 사용을 크게 줄일 계획이다. 품목은 핸드워시, 바디워시, 샴푸, 컨디셔너, 바디로션 등 다양한 풀사이즈 도브 제품을 공급한다. 도브는 다양한 크기의 팩을 공급하고, 모든 500ml 병은 리필 가능하다.

* (좌) 힐튼호텔은 IoT 기반 에너지 관리 시스템을 적용해 에너지를 절약하고 있다. (우) IHG는 일회용품 사용을 줄이기 위해 욕실에 대용량 제품 팩을 공급하고 있다.

2) 웰니스 객실

웰빙 트렌드가 확산하면서 호텔 객실은 단순한 숙박 공간을 넘어 건강과 회복(Wellness)을 지원하는 공간으로 발전하고 있다. 수면 리듬에 맞춘 최적화 조명, 공기질 관리 시스템, 객실 내 피트니스 기기, 요가 매트, 명상 콘텐츠 제공 등이 대표적이다. 이는 특히 장기 체류 고객과 고급 리조트 고객에게 차별화된 가치를 제공한다.

- **웨스틴 호텔**: 1999년 '천상의 잠자리'라는 콘셉트로 수면 특화 침대인 헤븐리 베드(Heavenly Bed)와 베딩을 출시하여 고객의 수면 경험을 웰니스 서비스로 확장하였다. 헤븐리 베드가 객실에 설치된 후 웨스틴 호텔의 고객 만족도와 객실 점유율은 꾸준히 증가했다.
- **EVEN Hotel Times Square**: 건강과 웰니스에 초점을 맞춘 호텔 브랜드로 요가 매트, 저항 밴드, 운동용 볼, 코어 슬라이더, 그리고 운동 루틴을 안내하는 피트니스 월(운동 안내판)이 모든 객실 내 'In-Room Fitness Zone'에 배치되어 있다. EVEN 호텔은 호텔 객실을 '개인 운동 공간'으로 활용한 선구적인 브랜드로서 건강 루틴을 유지하고 싶은 여행객에게 매력적인 선택지이다.

* (좌) 웨스틴호텔은 편안한 숙면을 위해 특별 맞춤 제작한 헤븐리 베드(Heavenly Bed)를 제공하였다. (우) EVEN Hotel의 객실에는 피트니스 장비가 갖춰져 있다.

3) ESG

전 세계 호텔 기업들은 더욱 지속 가능하고 사회적으로 영향력을 발휘하며, 윤리적인 기업으로 거듭나기 위해 노력하고 있다. 호텔산업은 본질적으로 환경 · 사회 · 지배구조(ESG) 요소와 밀접하게 얽혀 있으므로, ESG 경영을 피할 수 없는 구조적 이유가 있다.

2021년 힐튼그룹의 설문조사에서도 이를 증명하였다. 설문에 참여한 여행객의 81%가 내년에 지속 가능한 숙박 옵션을 선택할 계획이라고 답했으며, 설문조사가 실시된 지난 6년 동안 친환경적인 여행객의 비율은 꾸준히 증가해 왔다. 또한 투숙객 3분의 1이 예약 전에 호텔의 환경 및 사회적 관행을 조사했으며, 25세 미만의 투숙객 중 44%가 그렇게 했다고 밝히고 있다. 따라서 ESG 경영은 호텔의 선택적 트렌드가 아니라 생존과 성장을 위한 필수 전략인 것이다. 호텔의 ESG 경영구조를 살펴보면 다음과 같다.

(1) 환경(Environment)적 이유

• 에너지와 자원 다소비 산업

호텔은 난방 · 냉방, 조명, 세탁, 급수 등으로 막대한 에너지와 물을 소비한다. 따라서 에너지 효율화와 친환경 시스템 도입은 핵심 과제이다.

• 폐기물과 탄소 배출 문제

일회용 어메니티, 플라스틱 사용, 음식물 쓰레기 등은 지속적으로 규제 대상이 된다. 특히 글로벌 호텔은 탄소중립 목표(Net Zero)를 필수적으로 추진한다.

• 일회용품 사용 제한에 관한 법령 및 시행규칙의 제정

'자원의 절약과 재활용촉진에 관한 법률' 개정안이 2024년 3월 29일부터 본격 시행되면서 객실 수가 50실 이상인 숙박업소(호텔, 리조트, 콘도미니엄 포함)에서는 일회용 어메니티 제공이 금지된다.

(2) 사회(Social)적 이유

• **고객 수요 변화**

밀레니얼 · Z세대는 친환경, 윤리적 소비, 웰빙을 중요하게 생각하며, 호텔 선택 기준에 ESG 실천 여부를 포함한다.

• **지역사회와의 공존 필요**

호텔은 지역 관광, 문화, 일자리 창출에 영향을 미친다. 지역 생산품을 활용하거나 로컬 사회공헌을 강화하는 것은 사회적 책임(SR) 이행과 직결된다.

(3) 지배구조(Governance)적 이유

• **규제와 인증제 대응**

정부 및 국제기구의 친환경 법규, 호텔 등급제, 지속 가능성 인증(LEED, Green Key 등) 준수는 선택이 아닌 필수가 되었다.

• **위기관리와 리스크 감소**

ESG 경영은 단순히 이미지 관리가 아니라, 장기적 법적 리스크와 평판 리스크를 최소화하는 전략이다.

* 시카고 Kimpton Gray Hote의 지속 가능한 ESG 경영 사례: ①모든 객실과 복도에 LED 전구 사용, ②객실의 HVAC 시스템은 동작 감지 기능이 있어 불필요한 에너지 소비를 절약

4. 안전 · 보안 강화

호텔은 고객에게 안락한 휴식을 제공하는 동시에, 안전하고 신뢰할 수 있는 공간임을 보장해야 한다. 최근에는 무인 서비스 확산과 함께 객실 출입 보안 및 사이버 보안이 중요한 화두로 떠오르고 있다. 이는 고객 편의와 보안을 동시에 확보하기 위한 기술적 · 운영상의 노력이다.

1) 무인 서비스

무인 서비스는 디지털 기술을 활용해 고객과 직원 간의 직접 접촉을 최소화하면서, 고객이 스스로 편리하게 호텔 서비스를 이용할 수 있도록 지원하는 방식이다. 셀프 키오스크, 모바일 체크인, 로봇 서비스 등을 통해 비대면 · 자동화 서비스를 강화하며, 특히 위생 관리, 인건비 절감, 운영 효율성 향상 측면에서 큰 가치를 제공한다. 이는 특히 팬데믹 이후 위생과 효율성 측면에서 각광받고 있다.

- **노보텔 앰배서더 동대문:** 셀프 체크인 키오스크를 도입해 투숙객이 직접 객실 배정을 받고 키 카드를 발급받을 수 있도록 운영하고 있다.
- **한화호텔앤드리조트:** 로봇 룸서비스를 도입, 음식과 어메니티를 객실까지 자동 배송하여 위생성과 효율성을 강화하였다.

* 비대면 체크인 시스템을 운영하는 프런트데스크: 투숙객은 MOBILE CHECK-IN 키오스크를 통해 체크인 및 체크아웃, 디지털 키 발급, 결제까지 완료할 수 있다.

2) 출입 보안

객실 출입 시스템은 기존의 키 카드에서 발전해 모바일 키, 얼굴 인식, 지문 인식 등 생체인식 기술이 적용되고 있다. 이러한 기술은 분실 · 복제 위험을 최소화하고, 고객에게 더 높은 수준의 보안을 제공한다. 동시에 모바일 키는 스마트폰 앱과 연동되어 체크인 절차 간소화와 편의성 향상 효과를 준다.

- **메리어트호텔그룹:** 모바일 앱 기반 Mobile Key 서비스를 도입, 전 세계 4,000여 개 호텔에서 투숙객이 스마트폰만으로 객실에 출입할 수 있다.
- **하얏트호텔:** 디지털 키와 함께 Apple Wallet 연동 기능을 제공, 고객이 아이폰 · 애플워치로 객실 문을 열 수 있도록 지원한다

3) 데이터 보안

호텔은 예약 · 결제 · 멤버십 관리 등 과정에서 방대한 고객 데이터를 보유한다. 여기에는 개인정보, 신용카드 정보, 이용 패턴, 선호도 데이터가 포함되며, 이는 고객 경험 개선을 위한 중요한 자산인 동시에 해킹 · 유출 위험에 노출된 민감한 정보이기도 하다. 따라서 호텔은 데이터 암호화, 접근 권한 관리, 보안 시스템 강화를 통해 고객 정보를 안전하게 보호해야 한다.

- **메리어트 인터내셔널**(2018): 스타우드 계열 호텔 시스템에서 약 5억 명의 고객 정보가 유출되는 사건이 발생하였다. 여권 번호와 신용카드 정보까지 노출되며, 호텔업계 전반에 보안 강화 필요성을 각인시켰다.
- **하얏트 호텔**(2015): 카드 결제 시스템 해킹으로 50여 개국 250개 지점에서 고객 결제 정보가 유출되었다. 이후 결제 시스템을 전면 교체하고, 사이버 보안 전담팀을 운영하고 있다.

제3절 고객의 호텔 선택 결정요인

고객이 호텔을 선택할 때 고려하는 요인은 가격, 위치, 객실 품질, 청결과 위생, 서비스 수준, 부대시설, 후기와 평판, 특수 서비스 등 매우 다양하다. 이러한 요인들은 고객 만족도와 재방문 의사, 나아가 호텔의 수익성과 직결되기 때문에 중요하다. 호텔관광을 전공하거나 관련 업계에서 일하고자 하는 학생과 종사자는 고객의 의사결정 요인을 정확히 이해해야 한다. 이를 통해 고객의 기대를 충족시키는 상품과 서비스를 설계하고, 효과적인 마케팅 전략을 수립하며, 경쟁이 치열한 호텔 산업에서 차별화된 경쟁력을 확보할 수 있기 때문이다. 호텔 선택의 주요 요인을 살펴보면 다음과 같다.

1. 가격 및 비용 효율성

호텔 선택에서 가격(Price)은 직접적이고 중요한 요인이다. 고객은 우선적으로 자신의 예산에 부합하는지를 살피고, 같은 금액이라도 어떤 서비스를 포함하는지 비교한다. 단순히 객실 요금만이 아니라 가격 대비 가치(가성비)를 중요하게 고려하며, 이는 고객 만족과 재방문 의사에 큰 영향을 미친다. 호텔의 가격은 단순한 숙박비가 아니라 포함 서비스, 부대 요금, 시즌 요금까지 종합적으로 고려된 '총비용'으로 인식된다. 따라서 고객은 '얼마나 지불하고 무엇을 얻는가?'라는 관점에서 호텔을 선택한다.

2. 입지 및 접근성

위치(Location)는 호텔 선택에서 중요한 요인 중 하나이다. 고객은 관광명소와의 거리, 지하철 · 버스 · 공항 · 기차역 등 교통 접근성을 우선 고려하며, 이동의 편리함이 곧 여행의 만족도로 이어진다. 또한 호텔 주변의 안전성, 야간 치안, 소음 여부도 중요한 판단 기준이 된다. 더불어 편의점, 마트, 식당, 카페와 같은 생활 편의시설이 가까이 있으면 투숙객은 일상적 필요를 손쉽게 해결할 수 있어 만족도가 높아진다.

3. 청결과 위생 상태

청결 및 위생(Cleanliness)은 호텔 선택에서 가장 기본적이면서도 핵심적인 요소이다. 객실과 욕실, 침구, 카펫, 가구 등 투숙객이 직접 접하는 공간의 청결 상태가 만족도를 크게 좌우하며, 이는 곧 호텔의 신뢰성과 직결된다. 또한 로비, 복도, 엘리베이터 등 공용 공간의 위생 관리 수준은 호텔의 전반적인 품질을 보여주는 지표가 된다. 위생이 철저히 관리되는 호텔은 고객에게 신뢰감을 주고 불쾌감을 최소화하여 재방문 의사를 높이는 결정적 요인이 된다.

4. 서비스 수준

서비스(Service Quality)는 호텔 경쟁력을 결정짓는 중요 요인으로, 고객의 체감 만족도에 직접적인 영향을 미친다. 직원의 친절한 태도와 신속한 응대, 문제 상황에 대한 적극적인 해결 능력은 투숙객에게 신뢰와 만족을 준다. 컨시어지는 맞춤형 안내와 예약 서비스를 제공하며, 룸서비스는 신속하고 정확하게 음식과 편의를 지원한다. 하우스키핑 역시 객실 청결과 세심한 배려를 통해 고객이 편안하게 머물 수 있도록 보장한다. 이러한 전문적이고 차별화된 서비스는 고객의 재방문과 긍정적 평가로 이어진다.

5. 객실 내 시설 및 품질

객실 품질(Room Quality)은 고객이 호텔을 선택할 때 가장 직접적으로 체감하는 요인이다. 넓고 효율적인 객실 크기와 편안한 침대는 기본적인 숙면 환경을 보장하며, 방음 상태는 외부 소음을 차단해 휴식의 질을 높인다. 창문 밖 전망은 객실 만족도를 크게 좌우하는 요인으로, 바다 · 산 · 도시 전경 등 매력적인 뷰는 객실 가치를 높인다. 또한 최신 IoT 제어 시스템, 안정적인 Wi-Fi, 비즈니스용 책상 등 현대적 편의시설의 제공 여부 역시 객실 품질을 평가하는 중요한 기준이 되어 고객 경험을 풍부하게 만든다.

6. 부대시설 및 편의성

부대시설(Amenities & Facilities)은 호텔이 단순한 숙박 공간을 넘어 종합적인 생활 · 여가 공간으로 기능하게 만드는 요소이다. 수영장, 피트니스센터, 스파는 휴식과 건강 관리 욕구를 충족시키며, 고급 레스토랑과 라운지는 미식 경험을 제공한다. 비즈니스센터나 회의실은 출장 고객에게 업무 편의를 보장해준다. 이처럼 가족 여행객에게는 키즈클럽이나 수영장이, 커플에게는 스파와 레스토랑이, 비즈니스 여행객에게는 회의실과 비즈니스센터가 중요하게 작용한다. 따라서 고객의 여행 목적에 따라 부대시설의 가치와 우선순위가 달라진다.

7. 후기와 평판

후기와 평판(Review & Reputation)은 현대 고객의 호텔 선택 과정에서 결정적 역할을 한다. 온라인 예약 사이트(Booking.com, TripAdvisor), 포털 리뷰(네이버, 구글) 등은 실제 투숙객의 경험을 반영하여 신뢰도를 높여주며, 평점과 리뷰 내용은 호텔 품질을 가늠하는 중요한 기준이 된다. 또한 지인의 추천은 개인적 신뢰를 바탕으로 강력한 설득력을 가지며, 브랜드가 가진 전반적인 평판 역시 고객에게 안정감을 준다. 긍정적 리뷰와 탄탄한 브랜드 신뢰도는 새로운 고객을 유치하고 재방문을 이끌어내는 핵심 요인이다.

8. 개인 특수 요구사항

특수 고려 요소(Special Considerations)는 고객의 개인적 상황과 가치관에 따라 호텔 선택에 큰 영향을 미친다. 이동이 불편한 고객을 위한 어세서블룸(Accessible Room), 반려동물 동반이 가능한 펫프렌들리룸, 가족 단위 고객을 위한 키즈클럽이나 어린이 친화 시설은 고객 맞춤형 편의를 제공한다. 최근에는 ESG 경영, 플라스틱 사용 절감, 에너지 절약형 설비 도입 등 친환경 운영 여부가 중요한 선택 기준으로 부상하고 있다. 더불어 웰빙 · 힐링을 중시하는 고객층은 스파, 명상 프로그램, 건강식 레스토랑 등 심신을 치유할 수 있는 콘셉트 호텔을 선호한다.

Checkpoint

◆ **토론 주제 1**

호텔 만족도를 높이는 데 더 중요한 건 무엇일까? 둘 중에서 본인 기준으로 더 중요한 한 가지를 골라보고, 왜 중요한지 말해보자.

① 디지털 서비스 – 모바일 체크인, 객실 조명 · 온도 IoT, 챗봇 주문

② 사람의 서비스(휴먼터치) – 기념일 배려, 직원의 친절한 안내, 문제 해결

• **참고**

– 출장에는 디지털 서비스가 편리하고, 여행 · 휴양에는 사람의 따뜻한 서비스가 더 기억에 남는다.

◆ **토론 주제 2**

기계가 더 편할까, 사람이 더 좋을까? 모바일 체크인, 객실 태블릿, 로봇 배달이 있어도 직원 응대가 필요한 순간은 언제일까? 반대로 완전 비대면이 더 좋은 상황은 언제일까?

• **참고**

– 반복 업무(체크인, 온도 · 조명 제어, 룸서비스 주문)는 디지털이 빠르고 편하다.

– 예외 상황(불만 처리, 기념일 요청, 일정 변경)은 사람이 공감과 해결을 잘한다.

– 자주 · 단순 → 기계, 드물고 예외 · 감성 → 사람의 역할 나눔이 이해 포인트다.

◆ **토론 주제 3**

오늘 빈 객실, 내일로 넘길 수 없다면? 객실은 오늘 안 팔리면 끝이다. 이를 줄이기 위해 호텔이 쓸 수 있는 쉬운 방법 2~3가지를 떠올려 보자. (예: 평일 할인, 조식 포함, 늦은 체크아웃)

• **참고**

– 객실은 소멸성이라서 당일 미판매는 영구 손실이다.

– 쉬운 해법: 가격 조정(평일 · 비수기 할인), 패키지(조식 · 스파 포함), 채널 확대(자사 홈페이지 +OTA), 조기 예약/당일 특가 등이 있다.

– 목표는 빈 객실 줄이기 + 손님 만족 유지의 균형이다.

전문용어

IoT(Internet of Things, 사물인터넷) 다양한 기기를 인터넷으로 연결해 조명 · 온도 · 커튼 · TV 등을 원격 제어하거나 자동화하는 기술이다.

빅데이터(Big Data) 고객의 투숙 기록, 선호도, 예약 패턴 등을 대량으로 수집 · 분석해 맞춤형 서비스를 제공하는 데이터 기반 경영 방식이다.

VR(Virtual Reality, 가상현실) 전용 기기를 착용해 몰입형 3차원 체험을 제공하는 기술이다. 객실에서 관광지나 문화 콘텐츠를 체험하거나, 예약 전 객실 구조를 미리 둘러볼 수 있다.

AR(Augmented Reality, 증강현실) 현실 화면 위에 디지털 정보를 겹쳐 보여주는 기술이다. 객실 내에서 관광지 안내, 메뉴 설명 등을 AR로 제공해 직관적 체험이 가능하다.

AI(Artificial Intelligence, 인공지능) 고객 데이터를 분석해 맞춤형 추천을 제공하거나, 음성비서 · 챗봇을 활용해 자동 응대 서비스를 가능하게 하는 기술이다. 예: “조명 꺼줘” 명령으로 객실 조명을 제어.

휴먼터치(Human Touch) 디지털 기술이 발전해도 고객이 원하는 인간적 환대와 감성적 서비스를 의미한다. 진심 어린 인사, 공감 있는 문제 해결 등이 대표 사례이다.

웰니스 객실(Wellness Room) 건강과 휴식을 돕는 객실로, 특화된 침대 · 공기질 관리 · 요가매트 · 피트니스 기구 등이 마련되어 있다.

ESG 경영(Environment · Social · Governance) 친환경 · 사회적 책임 · 윤리적 경영을 강조하는 운영 방식이다. 객실에서는 친환경 어메니티, 재생에너지 설비, 지역사회 기여 등으로 나타난다.

제5장

호텔 객실 요금과 결정방법

제1절 객실 요금의 종류

호텔은 다양한 요금 유형을 설정해 수요 시기, 고객 유형, 예약 조건별로 최적의 가격과 혜택을 제공해 수익을 극대화할 수 있다. 이에 따라 본 절에서는 호텔 객실 요금의 다섯 가지 유형을 살펴본다.

1. 공표 요금

공표 요금은 호텔이 공식적으로 책정해 외부에 공시하는 정상 요금으로, 호텔의 홈페이지, 브로슈어, 예약 시스템 및 프런트에서 확인할 수 있다. 객실의 등급, 위치, 전망, 성수기와 비수기 등의 요인에 따라 차등 적용되며, 일반적으로는 실제 판매 요금보다 높게 책정되어 특별 요금이나 할인 요금의 기준이 된다. 이 요금은 호텔의 가격 정책을 설정하는 기본 틀이자 마케팅 및 수익관리의 기준이 되며, 고객에게 객실 가격의 표준을 제시하는 역할을 한다.

2. 할인 요금

호텔의 할인 요금은 객실 점유율을 높이고 다양한 고객층을 유치하기 위해 제공되는 특별요금 체계이다. 할인 요금의 종류는 다음과 같다.

1) 기업 계약 요금(Corporate Rate)

- **개념:** 특정 기업과의 계약을 통해 제공되는 할인 요금
- **특징:** 안정적인 객실 수요 확보, 정기적인 거래를 위한 전략적 요금

2) 단체 요금(Group Rate)

- **개념**: 여행사, 단체 관광객 또는 대규모 행사 고객에게 제공되는 할인 요금
- **특징**: 일정 인원 이상 예약 시 적용되며, 개별 예약보다 낮은 요금 책정

3) 회원 요금(Membership Rate)

- **개념**: 호텔 멤버십 회원이나 로열티 프로그램에 가입한 고객을 대상으로 한 할인 요금
- **특징**: 포인트 적립, 전용 할인, 무료 업그레이드 등의 혜택 포함

4) 프로모션 요금(Promotional Rate)

- **개념**: 특정 기간 한정으로 운영되는 마케팅 목적의 할인 요금
- **특징**: 비수기 할인, 오픈 기념 할인, 얼리버드 요금, 라스트미닛 요금

5) 여행사 요금(Travel Agent Rate)

- **개념**: 여행사 및 관련 업계 종사자에게 제공되는 특별 할인 요금
- **특징**: 호텔 홍보 및 장기적 거래 관계 형성을 위한 목적

6) 패키지 요금(Package Rate)

- **개념**: 객실과 식사, 스파, 투어 등 부가 서비스가 포함된 묶음 할인 요금
- **특징**: 개별 서비스 구매보다 합리적, 고객 편의성과 호텔 부가 매출 동시 확보

7) 롱스테이 요금(Long Stay Rate)

- **개념**: 장기 투숙객을 대상으로 제공되는 특별 할인 요금
- **특징**: 주간 또는 월간 단위 할인, 주방이 있는 레지던스형 호텔에서 많이 운영

3. 추가 요금

추가 요금이란 체크아웃 시간을 넘기거나 일정 변경 등으로 추가로 지불해야 하는 요금으로, 그 종류는 다음과 같다.

1) 초과 요금

(1) 얼리 체크인 차지

얼리 체크인 차지(Early check-in charge)란 정해진 체크인 시간보다 이른 시간에 객실에 들어가기 위해 추가로 지불하는 요금이다. 예를 들어 얼리 체크인에 대해 1시간당 20,000원의 추가 요금이 청구되거나, 오전 10시 이전 입실 시에는 1박 요금이 추가로 발생하는 경우이다. 얼리 체크인 요금은 호텔의 상황에 따라 다르고 허용하지 않을 수 있다.

(2) 레이트 체크아웃 차지

레이트 체크아웃 차지(Late check-out charge)란 정해진 체크아웃 시간보다 늦게 객실에서 퇴실할 경우 연장된 시간만큼 추가 요금을 징수하는 것이다. 호텔의 체크아웃 시간은 오전 11시나 정오인 경우가 대부분이다. 일반적으로 12~15시까지는 객실 요금의 30%, 15~18시까지는 객실 요금의 50%, 18시 이후는 객실 요금 전액이 추가로 적용된다. 하지만 비수기에는 체크아웃 시간보다 2시간 정도 연장해 주거나, 재구매 고객이나 특별 고객에게는 초과 요금을 부과하지 않는 경우도 있다. 비즈니스 플로어는 체크아웃 시간을 오후 3시나 4시까지 무료로 연장해 주기도 한다.

2) 추가 인원 요금

숙박업체는 '입실기준 인원'을 정해 해당 인원까지는 룸 요금에 포함하고, 추가 인원이 있을 경우 1인당 추가 요금을 부과하는 방식을 사용한다. 이유는 단순히 수요 때문만이 아니라, 추가 청소, 침구류 제공, 공공요금, 아침 식사 등의 비용 증가를 반영하기 때문이다. 예를 들어 2인 기준 객실에 추가 인원이 발생할 경우, 성인(중학생 이상) 1인당 30,000원, 어린이(12개월~초등학생) 1인당 20,000원의 추가 요금이 발생한다.

3) 취소 요금

취소 요금(Cancel charge)은 객실을 예약한 고객이 예약을 취소할 경우 부과하는 요금으로 호텔의 숙박약관에 따라 징수할 수 있다. 이러한 취소 요금(취소 수수료)은 호텔, 예약 유형, 조건에 따라 달라진다. 예를 들면 할인 요금 또는 사전 구매 요금의 경우 대부분 환불 불가가 적용된다. 즉 프로모션 요금은 예약과 동시에 전액 결제하며, 취소 시 환불이 불가능하다. 하지만 취소 가능 기간과 환불률 구간을 설정하여 이에 따라 취소 수수료를 적용하기도 한다. 예를 들면 체크인 4일 전까지 무료, 3일 전 20% 차감, 2일 전 40% 차감, 1일 전 60%, 당일 또는 노쇼는 환불 불가 등이다.

표 5-1 호텔의 취소요금 규정 사례

구 분	4일 전	3일 전	2일 전	1일 전	당일
FIT고객	전액 환불	객실 요금의 20% 부과	객실 요금의 40% 부과	객실 요금의 60% 부과	객실 요금의 100% 부과
Group (15명 이상)	전액 환불	객실 요금의 10% 부과	객실 요금의 30% 부과	객실 요금의 50% 부과	객실 요금의 100% 부과

* 취소 요금은 호텔이나 예약조건에 따라 다르게 적용된다.

4. 무료 요금

호텔 객실의 무료 요금(Complimentary Rate)은 호텔이 특정 목적이나 대상에게 객실을 무료로 제공하는 형태로, 주로 마케팅, 홍보, 서비스 차원에서 운영된다. 무료 요금의 종류는 다음과 같다.

1) VIP 무료 요금(VIP Complimentary Rate)

- **개념**: 호텔의 귀빈, 주요 협력사, 유명 인사 등에게 제공되는 무료 객실
- **특징**: 고객과의 관계 강화, 호텔 이미지 제고, 특별 서비스와 함께 제공되는 경우가 많다.

2) 하우스 요금(House Rate)

- **개념**: 호텔 임직원에게 제공되는 내부 무료 또는 초저가 요금
- **특징**: 직원 복지 및 교육 목적, 신규 직원 교육용 숙박 체험으로 활용되기도 한다.

3) 판촉용 무료 요금(Promotional Complimentary Rate)

- **개념**: 호텔 홍보나 마케팅을 위해 제공하는 무료 객실
- **특징**: 언론, 인플루언서, 여행사 관계자 등을 초청해 홍보 효과 극대화, 리뷰, 광고 노출을 조건으로 제공되기도 한다.

4) 보상용 무료 요금(Service Recovery Rate)

- **개념**: 불만족 고객을 위한 보상 차원의 무료 숙박 제공
- **특징**: 고객 불만 해소와 신뢰 회복, 객실 업그레이드와 함께 제공되는 경우가 많다.

5. 기타 요금

1) 워크인 요금(Walk-in Rate)

- **개념:** 예약 없이 호텔에 직접 방문한 고객에게 적용되는 요금
- **특징:** 당일 객실 상황에 따라 변동될 수 있지만, 일반적으로는 공표 요금에 근접하거나 약간의 할인이 적용되며, 비수기에는 특별 할인으로 고객을 유치하기도 한다.

2) 업그레이드 요금(Upgrade Rate)

- **개념:** 고객이 예약한 객실보다 한 단계 높은 등급의 객실을 이용할 때 추가로 지불하는 요금
- **특징:** 현장 프런트에서 제안하거나 고객 요청으로 발생한다. 호텔의 공실 상황에 따라 할인된 업그레이드, VIP나 멤버십 고객의 경우 무료 업그레이드 혜택을 제공할 수 있다.

3) 데이유즈 요금(Day-use Rate)

- **개념:** 숙박 없이 일정 시간 동안만 객실을 이용하는 요금
- **특징:** 주로 비즈니스 고객이나 장시간 환승객이 이용, 3~6시간 단위로 책정되는 경우가 많다.

6. 식사 포함 여부에 의한 요금

본 교재에서는 기존에 사용되던 식사 여부에 의한 요금 명칭(유러피언플랜, 컨티넨털플랜, 아메리칸플랜)을 사용하지 않고, 전 세계 호텔업에서 국제표준으로 통용되고 있는 약어(EP, BB, HB, FB) 명칭을 사용한다.

객실 요금 중 EP, BB, HB, FB는 식사 포함 여부를 명확히 구분해 고객이 필요에 맞게 선택할 수 있도록 하며, 호텔은 다양한 요금제를 운영하여 고객 만족과 매출을 동시에 높일 수 있다.

1) EP(European Plan)

- **개념**: 객실만 제공되는 요금 체계
- **특징**: 조식이나 식사가 포함되지 않아 가장 기본적인 형태, 비즈니스 출장객이나 외부 식사를 선호하는 고객에게 적합하며, 식사 비용은 별도 지불해야 한다.
- **장점**: 유연한 일정 운영 가능, 객실 요금이 가장 저렴하다.

2) BB(Bed & Breakfast)

- **개념**: 객실 요금에 조식이 포함된 형태
- **특징**: 대부분의 도시형 호텔에서 제공하는 가장 일반적인 요금으로, 투숙객이 아침 식사를 호텔에서 간편하게 해결할 수 있다.
- **장점**: 식사를 준비할 필요가 없고, 합리적인 가격으로 숙박과 조식을 동시에 제공받을 수 있다.

3) HB(Half Board)

- **개념**: 객실 요금에 조식과 석식이 포함된 형태
- **특징**: 주로 리조트나 장기 체류 고객을 대상으로 운영, 점심 식사는 제외되며 자유 일정에 따라 외부에서 해결할 수 있다.
- **장점**: 일정한 식사 제공으로 시간을 절약할 수 있으며 휴양형 여행객에게 적합하다.

4) FB(Full Board)

- **정의:** 객실 요금에 조식, 중식, 석식이 모두 포함된 형태
- **특징:** 올인클루시브(All-Inclusive) 개념과 유사하며, 리조트나 크루즈에서 많이 운영한다.
- **장점:** 모든 식사가 포함돼 추가 비용 부담이 없고 휴양객이나 가족 여행객에게 편리하다.

제2절 객실 요금 결정방법

1. 객실 요금 결정의 중요성

호텔 객실 요금은 호텔경영의 핵심 요소로, 수익성과 경쟁력, 시장 내 포지셔닝을 좌우한다. 객실 매출은 호텔 총수익의 가장 큰 비중을 차지하며, 성수기에는 적정 요금을 설정하여 수익을 극대화하고, 비수기에는 점유율을 높여 공실을 최소화하는 역할을 한다. 특히 객실은 하루가 지나면 판매 가치가 사라지는 비소멸성 특성이 있으므로, 수요와 시장 상황에 따라 요금을 유연하게 조정하는 것이 필수적이다.

예를 들어 특급호텔은 국제 행사 시 요금을 30% 이상 인상해 추가 수익을 창출하고, 비수기에는 패키지와 조식 포함 요금으로 점유율을 유지한다. 또한 객실 요금은 경쟁 호텔과의 가격 비교 기준이 되어 시장 내 경쟁력을 결정하며, 고객 세분화와 맞춤형 마케팅 전략의 기초가 된다.

글로벌 체인 호텔들은 기업 고객을 위한 계약 요금, 가족 여행객 대상 패밀리 패키지, 장기 투숙객을 위한 롱스테이 요금 등을 운영하여 고객 충성도를 높인다. 따라서 객실 요금은 단순 가격 책정이 아니라, 수익 최적화 · 고객 만족 · 브랜드 가치 제고를 위한 전략적 경영 활동이다.

2. 객실 요금 결정 시 고려사항

호텔 객실 요금 결정 시에는 수익성과 경쟁력 확보를 위해 다양한 요소를 종합적으로 고려해야 한다. 주요 고려사항은 다음과 같다.

1) 시장 수요와 공급

호텔 객실 운영에서 시장 수요와 공급 분석은 수익 극대화와 경쟁력 확보를 위해 필수적이다. 호텔은 성수기, 비수기, 주말, 주중 등 계절과 요일에 따른 수요 변동을 면밀히 분석하여 객실 요금과 프로모션 전략을 결정한다. 예를 들어, 해변 리조트 호텔은 여름 성수기에는 예약이 집중되므로 요금을 높게 책정하고, 겨울 비수기에는 패키지 상품과 조기 예약 할인 등으로 수요를 유도한다.

또한 경쟁 호텔의 객실 공급 현황과 점유율을 분석하여 자사 객실의 가격과 서비스 차별화를 전략적으로 조정한다. 서울 강남 지역의 비즈니스 호텔을 예로 들면, 인근 경쟁 호텔들의 점유율과 요금 정책을 실시간 모니터링하여 객실 점유율이 높은 주중에는 요금을 소폭 인상하거나, 주말에는 패키지 할인으로 경쟁력을 확보한다.

2) 호텔의 등급과 브랜드 이미지

호텔의 등급과 브랜드 이미지는 객실 요금 책정과 직접적으로 연관된다. 특급호텔은 최고급 시설, 맞춤형 서비스, 고급 식음료, 컨시어지 서비스 등 프리미엄 경험을 제공하며, 이를 반영해 높은 요금을 책정한다. 예를 들어, 서울의 롯데호텔, 서울 신라호텔과 같은 5성급 특급호텔은 객실 디자인, 뷰, 스위트룸 서비스, 레스토랑과 스파 이용권 등을 포함해 프리미엄 요금을 설정하며, 브랜드 이미지를 통해 고객에게 높은 가치를 제공한다. 반면, 중저가 호텔이나 비즈니스 호텔은 실속형 고객층을 대상으로 합리적인 가격과 기본 편의시설 중심의 서비스를 제공한다.

3) 객실의 위치와 전망

호텔 객실의 위치와 전망은 요금과 고객 만족도에 큰 영향을 미치는 중요한 요소이다. 고층 객실, 오션뷰, 코너룸 등은 탁월한 전망과 프라이버시, 쾌적한 환경을 제공하므로 추가 요금을 부과하여 차별화할 수 있다. 예를 들어, 제주도의 해변 리조트 호텔에서는 바다 전망 스위트룸이나 고층 객실을 일반 객실보다 높은 요금으로 제공하며, 고객은 전망과 객실 경험을 중시해 프리미엄 가격을 기꺼이 지불한다.

반면, 노 뷰 객실이나 저층 객실은 상대적으로 합리적인 가격으로 판매하여 객실 점유율을 높이고, 예산형 여행객이나 단기 투숙객을 유치한다. 예를 들어, 서울 강남 지역 비즈니스 호텔에서는 도심뷰가 없는 저층 객실을 합리적 요금으로 운영해 주중 점유율을 안정적으로 확보하며, 동시에 고층 전망 객실은 출장 고객이나 VIP 고객을 대상으로 프리미엄 요금을 적용한다.

4) 부대시설 및 서비스 포함 여부

호텔 객실 요금은 부대시설 및 서비스 포함 여부에 따라 크게 달라질 수 있으며, 이를 활용한 패키지 전략은 수익과 고객 만족도 모두에 영향을 준다. 예를 들어, 조식 포함 객실은 고객에게 편리함과 가치를 제공하므로 일반 객실보다 높은 요금을 책정할 수 있다.

서울지역의 특급호텔에서는 조식, 스파 이용권, 라운지 입장권, 공항 픽업 서비스 등을 포함한 패키지 객실을 구성해 프리미엄 요금을 설정하고, VIP 고객이나 장기 투숙 고객을 유치한다. 반대로, 패키지 구성없이 객실만 제공되는 경우 합리적인 가격으로 판매하여 일반 여행객이나 비즈니스 고객을 유치할 수 있다. 또한, 리조트나 관광형 호텔에서는 스파, 골프, 액티비티 등 부대시설을 포함한 패키지를 기획해 비수기에도 점유율을 높이고, 경쟁 호텔과 차별화된 경험을 제공한다.

5) 운영 비용과 목표 수익률

호텔 객실 요금 설정에서 운영 비용과 목표 수익률은 핵심 고려 요소이다. 객실을 운영하는 데는 청소와 침구 교체, 소모품 제공 등 하우스키핑 인건비, 전기 · 수도 · 난방 등 관리비, 시설 유지와 정기 리모델링 비용 등 다양한 고정 · 변동 비용이 발생한다. 따라서 호텔은 이러한 운영 비용을 반영해 적정 마진을 확보해야 하며, 객실당 기대 수익(Revenue per Available Room, RevPAR)을 기준으로 요금을 설계한다.

예를 들어, 서울의 특급호텔에서는 한 객실당 일일 유지 비용과 목표 수익률을 계산하여, 주중과 주말, 성수기와 비수기 요금을 차등 적용한다. 비수기에는 패키지 상품이나 프로모션을 활용해 점유율을 높이고, 성수기에는 프리미엄 요금을 적용해 수익성을 극대화한다.

6) 고객 세분화

호텔 객실 요금 책정에서는 고객 세분화가 중요한 전략적 요소이다. 고객 유형에 따라 요구사항과 지불 의사가 다르기 때문에, 기업 고객, 단체 고객, 장기 투숙객, 가족 여행객 등으로 세분화해 맞춤형 요금 정책을 설계해야 한다.

서울의 비즈니스 호텔에서는 기업 고객을 위해 장기 계약 요금과 조기 예약 할인 혜택을 제공하고, 단체 고객에게는 객실과 연회장, 식음료 서비스를 결합한 패키지 요금을 적용한다. 장기 투숙객에게는 주간 또는 월간 요금제를 설정해 장기 체류 유도를 강화하고, 가족 단위 고객에게는 조식 포함이나 키즈 프로그램 패키지를 제공하여 차별화된 가치를 제공한다. 또한, 멤버십 프로그램과 로열티 혜택을 연계해 충성 고객에게는 할인 또는 포인트 적립을 제공함으로써 재방문을 유도하고, 객실 판매를 극대화한다.

7) 경쟁호텔 분석

호텔 객실 요금 책정에서 경쟁호텔 분석은 필수적인 과정이다. 동일 지역 내 경쟁 호텔의 객실 가격, 프로모션, 등급, 패키지 구성 등을 체계적으로 비교함으로써 자사 호텔의 요금 전략을 최적화할 수 있다.

예를 들어, 서울 강남 지역의 특급호텔에서는 주변 경쟁 호텔이 성수기 주중 디럭스 룸을 30만 원에 제공할 경우, 자사 호텔은 유사 객실 기준 가격을 약간 상향 조정하면서 조식 포함, 스파 이용권 제공 등 부가가치를 더해 프리미엄 포지셔닝을 유지한다. 반대로, 비수기에는 경쟁 호텔이 제공하지 않는 패키지 할인이나 멤버십 혜택을 통해 점유율을 높인다.

3. 객실 요금 결정방법

호텔의 객실 요금 전략은 수요 · 경쟁 · 가치 분석을 통해 수익과 점유율을 극대화하고, 고객 만족도를 높이며, 브랜드 경쟁력을 유지할 수 있게 한다. 객실 요금의 다섯 가지 결정방법은 다음과 같다.

1) 원가 가산법

원가 가산법(Cost–Plus Pricing)은 호텔 객실 요금 책정에서 가장 기본적이면서도 직관적인 방법이다. 이 방식은 객실 1실을 운영하는 데 드는 총비용을 기준으로 하며, 여기에는 고정비(건물 임대료, 감가상각, 관리비 등)와 변동비(청소비, 세탁비, 소모품 등)가 모두 포함된다. 총비용에 호텔이 목표로 하는 이익률을 더해 최종 요금을 산정하기 때문에 계산이 명확하고 안정적인 장점이 있다.

그러나 경쟁 호텔의 가격이나 시장 수요를 충분히 반영하기 어렵고, 성수기 · 비수기 등 수요 변동에 유연하게 대응하기 어렵다는 단점이 있다. 예를 들어, 한 호텔의 객실 운영비가 1일 기준 8만 원이고, 목표 이익률을 30%로 설정하면, 객실 요금은 8만 원 × 1.3 = 10만 4천 원으로 책정된다. 이러한 방법은 특히 신규 호텔이나 시장 분석 데이터가 부족한 상황에서 초기 요금 설정의 기준으로 활용될 수 있으며, 이후 시장 반응과 경쟁 상황을 반영해 조정하는 방식과 결합하면 안정적이면서도 효율적인 요금 전략으로 발전시킬 수 있다.

- **개념**: 호텔이 객실 1실을 운영하는 데 드는 총비용(고정비 + 변동비)을 계산한 뒤 여기에 목표 이익률을 더해 요금을 산정하는 방식
- **특징**: 계산이 명확하고 안정적이지만, 경쟁 호텔 가격이나 시장 수요를 반영하기 어렵다.
- **사례**: 객실 운영비 8만 원 + 목표 이익 30% = 10만 4천 원으로 객실 요금을 책정한 경우

2) 경쟁 지향법

경쟁 지향법(Competitive Pricing)은 고객이 가격을 비교하여 선택하는 행동 패턴을 고려한 실무적 전략으로, 시장 점유율 확보와 신규 고객 유치에 효과적이다. 예를 들어 서울 강남 지역의 A호텔이 스탠더드 룸을 1박 15만 원에 판매하는 경우, 인근 B호텔은 비슷한 객실 유형과 서비스 수준을 제공하면서도 요금을 14만 5천 원으로 설정할 수 있다. 이렇게 하면 가격 민감도가 높은 고객층을 유치하고 상대적으로 경쟁력이 있는 선택지를 제공하게 된다.

그러나 이 전략은 독자적인 브랜드 가치와 차별화 요소를 충분히 반영하기 어렵다는 단점이 있다. 단순히 경쟁사보다 낮은 가격으로만 승부할 경우, 장기적으로 수익성을 해치거나 브랜드 프리미엄을 유지하기 어려울 수 있다. 따라서 경쟁 지향법은 종종 다른 전략과 결합해 활용되며, 객실 유형, 시즌, 프로모션, 패키지 구성 등 다양한 요소를 반영하여 요금 정책을 탄력적으로 운영하는 것이 중요하다.

- **개념**: 주변 경쟁호텔의 가격을 조사해 비슷하거나 약간 낮은 수준으로 요금을 책정하는 방법으로 실무적으로 많이 쓰이는 전략 중 하나
- **특징**: 가격 경쟁력을 확보할 수 있지만, 독자적인 브랜드 가치를 반영하기 어렵다.

- **사례:** 같은 지역의 A호텔이 스탠더드 룸을 15만 원에 판매하면, B호텔이 14만 5천 원으로 요금을 설정해 고객을 유치하는 경우

3) 수요 지향법

수요 지향법(Demand-Oriented Pricing)은 객실 점유율과 수익을 동시에 극대화하기 위해 사용되며, 성수기와 비수기, 주중과 주말, 이벤트 기간 등 시점별 수요 변화를 반영한다. 예를 들어, 서울 강남에 위치한 한 호텔은 주중 스탠더드 룸 요금을 1박 12만 원으로 설정하여 기본 점유율을 확보한다.

그러나 주말이나 명절, 연말 성수기에는 수요가 증가하는 것을 고려해 동일 객실을 1박 18만 원으로 조정한다. 이 과정에서 호텔은 객실 예약률과 경쟁호텔 요금, 행사 · 축제 일정, 고객 유형 등을 분석하여 최적 요금을 산출하며, 필요시 패키지 상품과 조기 예약 할인, 멤버십 혜택 등 다양한 전략을 병행한다.

수요 지향법의 장점은 성수기에는 높은 요금으로 수익을 극대화하고, 비수기에는 할인과 프로모션으로 점유율을 유지할 수 있다는 점이다. 그러나 단점으로는 수요 예측 실패 시 객실이 과다하게 남거나, 가격 변동이 과도하면 고객 신뢰도와 브랜드 이미지에 영향을 줄 수 있다는 점이 있다.

- **개념:** 성수기와 비수기, 주중과 주말, 또는 실시간 예약상황에 따라 가격이 변동되며, 고객의 수요와 지불 의사에 따라 요금을 탄력적으로 조정한다.
- **특징:** 성수기에는 수익 극대화, 비수기에는 할인으로 객실 점유율을 유지할 수 있다.
- **사례:** 서울의 한 호텔이 주중에는 스탠더드 룸을 12만 원에 판매하지만, 주말이나 성수기에는 18만 원으로 조정하여 판매하는 경우

4) 가치 지향법

가치 지향법(Value-Based Pricing)은 객실 요금을 산정할 때 단순한 비용이나 경쟁 가격이 아닌, 고객이 객실과 서비스에서 느끼는 지각된 가치를 기준으로 결정하

는 전략이다. 즉, 같은 객실 유형이라도 전망, 층수, 특화 서비스, 호텔 브랜드 가치 등에 따라 요금을 달리 책정할 수 있으며, 고객이 경험하는 편안함, 편의, 독창성, 서비스 품질 등 심리적 · 감성적 요소까지 반영된다.

예를 들어, 한 해변 리조트호텔에서는 일반 객실 대비 오션뷰 객실을 20% 높은 가격으로 판매하며, 스위트룸에는 전용 라운지 이용, 웰컴 어메니티, 프라이빗 체크인 등 부가 서비스를 포함해 프리미엄 요금으로 책정한다. 이를 통해 고객은 단순 숙박이 아닌 특별한 경험과 편의성을 구매한다고 인식하며, 호텔은 브랜드 가치와 고객 충성도를 동시에 강화할 수 있다.

장점으로는 호텔 브랜드 이미지 제고와 고객 만족도 향상이 있으며, 고객이 객실과 서비스에 대해 지각하는 가치가 높을수록 가격 수용력이 커진다. 단점은 가격 민감도가 높은 고객층에게는 부담으로 작용할 수 있어, 세분화된 고객 분석과 맞춤형 마케팅 전략이 필요하다.

- **개념:** 동일한 객실이라도 뷰, 특화 서비스, 호텔 브랜드 가치에 따라 가격이 달라질 수 있다.
- **특징:** 브랜드 이미지와 고객 만족도를 강화할 수 있지만, 가격에 민감한 고객에게는 부담될 수 있다.
- **사례:** 오션뷰 객실을 일반 객실보다 20% 비싸게 책정하거나, 스위트룸에 전용 라운지 이용 혜택을 포함해 프리미엄 요금으로 판매하는 경우

5) 혼합형 방법

혼합형 방법(Hybrid Pricing)은 다양한 객실 유형과 브랜드 포트폴리오를 가진 대형호텔이나 글로벌 체인 호텔에서 활용도가 높으며, 실무에서 유연하게 적용할 수 있는 전략적 요금 결정 방식으로 자리 잡고 있다. 이 방식은 단일 요금 산정 방법만으로는 시장 변화, 경쟁 상황, 고객 수요, 브랜드 가치 등을 모두 반영하기 어렵다는 현실적인 한계를 극복하기 위해 개발되었다.

예를 들어, 한 글로벌 체인 호텔은 스탠더드 룸의 경우 주변 경쟁호텔 가격과 비

슷한 수준으로 요금을 책정해 시장 점유율을 유지하고, 스위트룸이나 오션뷰 객실은 고객이 느끼는 지각 가치를 반영해 프리미엄 요금을 부과한다. 또한 성수기와 주말, 특별 이벤트 기간에는 수요 지향법을 활용해 요금을 동적으로 인상하고, 비수기에는 패키지 상품이나 프로모션을 통해 점유율을 극대화한다. 초기 최소 요금은 원가 가산법으로 산출해 손실 위험을 방지하고, 경쟁과 가치, 수요 요인을 순차적으로 반영함으로써 호텔은 수익성과 고객 만족도를 동시에 최적화할 수 있다.

- **개념:** 원가, 경쟁, 수요, 가치 기반 요금 산정 방식을 모두 결합해 상황에 맞게 적용하는 실무형 전략이다.
- **특징:** 원가 · 경쟁 · 수요 · 가치 기반 요금을 융합해 상황에 따라 최적 요금을 산정한다.
- **사례:** 글로벌 체인 호텔이 스탠더드 룸은 경쟁 호텔과 비슷한 수준으로 책정하고, 스위트룸은 가치 기반으로 프리미엄 요금 부과, 성수기에는 수요 기반으로 요금을 인상하는 경우

Checkpoint

◆ **토론 주제 1**

호텔은 왜 이렇게 다양한 요금(공표 요금, 할인 요금, 패키지 요금 등)을 운영할까?

• **참고**

– 고객마다 목적과 예산이 다르다.
– 성수기 · 비수기, 주말 · 평일 등 수요에 따라 요금을 달리해야 한다.
– 다양한 요금은 고객 만족과 동시에 호텔 수익 극대화를 가능하게 한다.
– 다양한 요금 체계는 고객 맞춤형 선택권 제공과 호텔의 수익 관리라는 두 가지 목적을 동시에 달성한다.

◆ **토론 주제 2**

내 여행 일정에는 어떤 요금제가 가장 적합할까?
① 도심 출장 1박 ② 리조트 휴양 2박 ③ 가족 관광 2박

• **참고**

– EP(객실만): 외부 식사 선호, 출장에 유리하다.
– BB(조식 포함): 가장 일반적, 도시 관광객이 선호한다.
– HB(조식+석식): 휴양 · 리조트 고객에게 편리하다.
– FB(3식 포함): 휴양 · 가족형 여행객에게 적합하다. – 여행 목적과 일정에 따라 가장 합리적인 요금제를 선택하는 것이 편리성과 비용 효율성을 동시에 높인다.

◆ **토론 주제 3**

왜 같은 객실인데 가격이 매일 다를까? 바가지일까, 전략일까?

• **참고**

– 수요 지향: 성수기 · 행사 때 요금을 인상하여 수익을 극대화한다.
– 경쟁 지향: 주변 호텔 가격에 맞춰 요금을 조정한다.
– 가치 지향: 전망 · 서비스 · 브랜드에 따라 프리미엄 요금을 부과한다.
– 혼합형: 실제 호텔은 여러 방법을 섞어 사용한다.– 가격 변동은 단순한 '바가지'가 아니라, 수요 · 경쟁 · 브랜드 가치를 반영한 합리적 수익 관리 전략이다.

전문용어

공표요금(Published/Rack Rate) 호텔이 공식 공시하는 기준 정상가격이다.

패키지 요금(Package Rate) 객실+식사/스파/액티비티 등을 묶어 판매하는 요금이다.

컴플리멘터리 레이트(Complimentary Rate) VIP · 프로모션 · 불만 보상 등 목적으로 무상 제공하는 객실이다.

워크인 요금(Walk-in Rate) 예약 없이 현장 방문 고객에게 적용하는 당일 요금이다.

식사 코드(EP/BB/HB/FB) EP=객실만 / BB=조식 포함 / HB=조 · 석식 / FB=조 · 중 · 석식 포함 요금이다.

제6장

호텔 객실부서의 조직체계와 직무

제1절 호텔의 주요 부서 및 업무 연계

1. 호텔의 주요 부서

1) 객실부서

객실부서는 호텔 운영의 중심이 되는 부서로서 고객의 숙박 경험을 직접적으로 책임지는 핵심 조직이다. 고객이 호텔을 이용하는 본질적 목적이 숙박이므로 객실부서의 역할은 호텔의 성패를 좌우한다. 주요 하위 부서는 프런트오피스, 예약팀, 하우스키핑으로 구분된다.

프런트오피스는 체크인 · 체크아웃, 객실 배정, 요금 정산, 안내 등 고객과의 첫 접점이자 마지막 접점을 담당하며, 프런트데스크, 유니폼 서비스, 부대 서비스로 세분된다. 예약팀은 OTA, 공식 웹사이트, 콜센터를 통해 객실 예약을 관리하고, 수요 변화에 맞춰 요금 정책을 조정해 점유율과 수익성을 극대화한다.

하우스키핑은 객실 청소와 침구 · 소모품 관리, 시설 점검을 통해 항상 청결하고 쾌적한 환경을 제공하며, 세탁 서비스와 분실물 관리, 친환경 운영까지 수행한다. 이처럼 객실부서는 고객 만족과 호텔의 수익성을 동시에 책임지는 핵심 부서라 할 수 있다.

2) 식음료부서

호텔 식음료부서는 고객에게 제공되는 모든 음식과 음료 서비스를 총괄하는 핵심 운영 부서이다. 이 부서는 레스토랑, 카페, 라운지, 바, 뷔페, 룸서비스 등 다양한 업장에서 고객의 식음료 경험을 책임진다. 조리팀은 신선한 재료로 고품질 메뉴를 개발하고, 서비스팀은 전문적이고 친절한 응대로 만족도를 높인다. 또한 연회 및 이벤트 부문과 협력하여 대규모 행사와 파티의 식음료를 기획 · 운영하며, 효율적인 원가 관리와 수익 창출에도 기여한다.

최근에는 건강식, 친환경 메뉴, 현지 특산품 활용 등 트렌드를 반영해 고객 맞춤형 서비스를 강화하고 있다. 식음료부서는 단순히 식사를 제공하는 차원을 넘어 호텔의 브랜드 이미지와 고객 만족도를 좌우하는 중요한 역할을 수행한다.

3) 세일즈마케팅 부서

세일즈마케팅 부서는 호텔의 브랜드 이미지 구축, 신규 고객 유치, 매출 증대를 담당하는 핵심 전략 부서이다. 단순히 영업만 수행하는 것이 아니라 시장 조사·분석, 광고와 홍보, 판촉 기획까지 종합적으로 담당하여 호텔의 장기적인 성장 기반을 마련한다.

고객의 요구와 시장 트렌드를 반영한 맞춤형 영업 활동을 전개하고, 차별화된 마케팅 전략을 통해 신규 고객을 확보하며 기존 고객의 충성도를 높인다. 이는 곧 호텔의 경쟁력 강화와 안정적인 수익 창출로 이어진다.

4) 조리부서

조리부서는 호텔 식음료 서비스의 중심 부서로, 고객에게 제공되는 모든 음식의 준비와 조리를 담당한다. 이 부서는 신선하고 고품질의 식재료를 사용하여 다양한 메뉴를 개발하고, 조리 과정에서 위생과 안전 기준을 철저히 준수한다. 또한 레스토랑, 뷔페, 룸서비스, 연회 등 여러 업장에서 일관된 맛과 품질을 유지하며, 고객의 기호와 트렌드에 맞는 새로운 메뉴를 창출한다.

조리부서는 단순히 음식을 제공하는 역할을 넘어 호텔의 브랜드 이미지와 고객 만족도에 직결되는 핵심적 기능을 수행하며, 식음료브서·연회부서와 긴밀히 협력해 성공적인 서비스 운영을 뒷받침한다.

5) 관리부서

관리부서는 호텔의 전반적인 운영과 자원 관리를 총괄하는 부서로, 인적 · 재무적 · 물적 자원을 효율적으로 운용하여 호텔의 안정적 운영을 지원한다. 단순한 지원 부서가 아니라, 비용 절감 · 효율 증대 · 위험 관리를 통해 조직의 지속 가능성과 경쟁력 강화를 책임지는 전략적 부서다.

(1) 주요 세부 업무

① **인사:** 직원 채용, 교육훈련, 인사 평가, 복지 제도 관리
② **재무 · 회계:** 예산 편성, 자금 운용, 회계 관리, 수익성 분석
③ **시설관리:** 건물 · 설비 유지 보수, 안전 점검, 에너지 관리
④ **보안:** 고객 및 자산 보호, 위기 상황 대응, 출입 통제
⑤ **구매:** 식음료 · 소모품 · 운영 자재의 적시 조달 및 비용 절감

2. 객실부서와 타 부서와의 업무 연계

호텔의 객실부서 업무는 단독으로 이루어지지 않고 호텔 내 다양한 부서와의 유기적인 협력을 통해 완성된다. 부서 간 원활한 연계는 고객 만족과 서비스 품질 향상, 그리고 호텔경영의 효율성 확보에 필수적이다.

1) 프런트데스크와 하우스키핑의 협력

프런트데스크와 하우스키핑 부서는 호텔 객실 운영의 양대 축으로서 체계적인 협력을 통해 효율적으로 운영하고 고객 만족을 실현한다. 체크인/체크아웃 연계 협력에서는 매일 오전 프런트데스크가 당일 체크아웃 예정 객실과 체크인 예약 현황을 하우스키핑에 전달한다.

- **사례 1:** 국제회의 참석자 100명이 오후 1시에 일괄 도착할 예정이라면, 프런트

데스크는 해당 층의 체크아웃 객실을 파악하여 하우스키핑에 우선 청소 순서를 지시한다. 하우스키핑은 오전 11시까지 해당 객실들을 완료하여 대기시간 없는 체크인을 보장한다.

- **사례 2:** 특별 서비스 협력에서는 VIP 고객이나 기념일 패키지 예약 시 프런트 데스크가 사전에 하우스키핑에 특별 어메니티 준비를 요청한다. 신혼부부 고객의 허니문 패키지의 경우, 침실 장미꽃잎 장식, 샴페인 세팅, 수건 아트 등을 체크인 2시간 전까지 완료한다.
- **사례 3:** 늦은 체크아웃 조정에서는 VIP 고객이 오후 3시 체크아웃을 요청할 경우, 프런트데스크가 하우스키핑과 공유하여 불필요한 청소 시도를 방지하고 다른 객실 청소를 우선 진행하도록 조정한다.

이러한 실시간 정보 공유와 협력 시스템은 객실 회전율을 극대화하고 고객에게 '준비된 호텔'이라는 신뢰감을 제공하여 서비스 품질과 만족도를 동시에 향상한다.

2) 객실부서와 식음료부서의 협력

객실부서와 식음료(F&B)부서는 서로 다른 기능을 수행하지만, 고객에게는 하나의 완성된 서비스를 제공하기 때문에 긴밀한 협력이 필요하다.

- **사례 1:** 장기 투숙 고객이 채식주의자라는 사실이 예약 단계에서 파악된다면, 객실부서는 해당 정보를 식음료부서에 전달한다. 이를 통해 조식 뷔페에 채식 코너를 보강하거나 룸서비스 메뉴에 채식 옵션을 마련하는 등 고객 맞춤형 서비스를 제공할 수 있다.
- **사례 2:** VIP 고객이 야간에 객실에서 샴페인과 과일을 즐기고 싶다고 요청한 경우, 객실부서는 이를 신속히 접수하여 식음료부서에 전달한다. 식음료부서는 즉시 상품을 준비해 정확한 시간에 룸서비스 형태로 제공하며, 결제 내역은 객실 계정과 연동되어 고객이 별도의 절차 없이 편리하게 이용할 수 있다.
- **사례 3:** 대규모 연회나 행사에서도 두 부서의 협업은 핵심적이다. 국제 학술대회가 호텔에서 열릴 때, 객실부서는 참가자들의 숙박 예약과 체크인을 담당하

고, 식음료부서는 연회장과 회의장에서 제공될 식음료를 준비한다. 행사 중 객실 변경이나 추가 예약이 발생하면 객실부서는 즉시 이를 식음료부서에 알려 좌석 배치와 식사 준비가 차질 없이 이루어지도록 한다.

이처럼 객실부서와 식음료부서 간의 원활한 정보 교류와 협력은 고객 만족도를 높이고 호텔 운영의 효율성을 강화하는 중요한 요인이다.

3) 객실부서와 마케팅부서의 협력

객실부서와 마케팅부서는 호텔의 핵심 목표인 매출 증대와 고객만족을 실현하기 위해 전략적으로 협력한다.

- **사례 1:** 어떤 호텔에서 비수기 객실 점유율이 낮아지는 상황을 가정해 보자. 객실부서는 최근 한 달간의 투숙객 데이터, 예약 취소율, 객실 선호 유형 등을 마케팅부서에 제공한다. 마케팅부서는 이를 기반으로 주말 가족 여행객을 타깃으로 한 '주말 패밀리 패키지'를 기획하고, 조식 포함 혜택이나 키즈 프로그램을 연계해 홍보한다. 이 과정에서 객실부서는 해당 패키지 전용 객실 블록을 사전에 확보해 예약을 원활히 처리하고, 프런트데스크 직원에게 상품 내용을 교육해 고객 문의 시 정확히 안내할 수 있도록 한다.
- **사례 2:** 마케팅부서가 SNS 캠페인을 통해 밸런타인데이 스페셜 프로모션을 진행하는 경우의 사례도 살펴본다. 마케팅팀은 숙박과 와인, 디너 코스를 결합한 로맨틱 상품을 기획하고, 객실부서는 커플 고객을 위한 객실 배정, 체크인 시 특별 장식, 레이트 체크아웃 옵션 등을 준비한다. 캠페인 진행 상황과 예약 현황은 실시간으로 두 부서 간 공유되어, 객실부서는 초과 예약이나 고객 불편이 발생하지 않도록 관리한다.

이처럼 객실부서와 마케팅부서의 유기적인 협력은 단순한 판촉을 넘어 호텔 브랜드 이미지를 강화하고 고객 충성도를 높이며, 궁극적으로 호텔의 수익성을 극대화하는 데 중요한 역할을 한다.

4) 객실부서와 재무 · 회계부서의 협력

객실부서와 재무 · 회계부서는 호텔의 운영 안정성과 재무 건전성을 유지하기 위해 필수적으로 협력한다.

- **사례 1:** 대형 호텔에서 주말 동안 객실이 만실이 된 상황을 가정해 보자. 객실부서는 체크인 · 체크아웃 과정에서 발생한 객실 요금, 추가 서비스(룸서비스, 미니바, 레이트 체크아웃 등) 이용 내역을 매일 정리해 재무 · 회계부서에 보고한다. 재무팀은 이 데이터를 근거로 일일 매출 보고서를 작성하고, 객실 점유율과 평균 객실 요금(ADR), 객실당 매출(RevPAR) 등을 분석해 경영진에 보고한다. 이를 통해 호텔은 특정 기간의 수익성을 정확히 파악하고, 향후 가격 정책이나 판촉 전략을 조정할 수 있다.
- **사례 2:** 단체 투숙객의 결제 방식에서도 협력은 필요하다. 예컨대 기업 연수단이 호텔에 숙박하는 경우, 객실부서는 단체 예약 내역과 객실 배정 현황을 재무부서에 공유한다. 숙박 요금이 일괄 청구되는 경우, 재무부서는 이를 기업 고객의 요청에 따라 세금계산서 형태로 발행하고, 추가 발생 비용(식음료, 연회 사용료 등)을 정확히 합산해 청구한다. 이 과정에서 객실부서가 투숙객별 이용 내역을 누락 없이 전달해야 재무부서가 투명하고 신뢰성 있는 정산을 할 수 있다.

이처럼 객실부서와 재무 · 회계부서의 긴밀한 소통은 단순한 매출 관리 차원을 넘어 예산 편성과 비용 절감, 수익 분석 등 경영 의사결정의 기초 자료를 제공한다. 결과적으로 두 부서의 협력은 호텔의 재무 안정성과 장기적 성장 전략 수립에 중요한 기반이 된다.

5) 객실부서와 시설 · 보안부서의 협력

객실부서와 시설 · 보안부서는 고객에게 안전하고 쾌적한 투숙 경험을 제공하기 위해 긴밀히 협력한다.

- **사례 1:** 한 호텔에서 투숙객이 객실 내 에어컨이 작동하지 않는다고 프런트데

스크에 신고하면, 객실부서는 즉시 시설부서에 이를 전달해 점검과 수리를 요청한다. 시설부서는 현장에 출동해 문제를 해결하고, 완료 여부를 다시 객실부서에 보고해 고객에게 안내한다. 이러한 신속한 대응은 고객 불편을 최소화하고 호텔 서비스의 신뢰도를 높인다.

- **사례 2:** 보안 측면에서도 협력은 필수적이다. 투숙객이 분실물을 프런트에 신고하면 객실부서는 보안부서와 협력해 CCTV 기록을 확인하거나, 하우스키핑 직원과의 확인 절차를 거쳐 신속하게 처리한다.
- **사례 3:** 비상 상황에서 두 부서는 유기적으로 움직인다. 화재 발생 시 객실부서는 투숙객의 투숙 현황을 파악해 대피를 돕고, 보안부서는 피난 안내와 질서 유지, 초기 진화 활동을 수행한다. 이 과정에서 상호 간 실시간 정보 공유가 이루어져야 혼란을 줄일 수 있다. 더 나아가 두 부서는 예방 활동에도 함께 참여한다. 정기적인 객실 안전 점검, 소방 훈련, 직원 대상 안전 교육 등을 공동으로 실시해 위기 상황에 대비한다.

이러한 협력은 단순한 문제 해결 차원을 넘어 고객 안전을 최우선으로 하는 호텔의 신뢰성과 브랜드 가치를 강화하는 기반이 된다.

제2절 호텔 객실부서의 조직과 직무

호텔의 객실부서는 크게 객실영업을 담당하는 프런트오피스와 객실정비를 담당하는 하우스키핑으로 구분한다. 프런트오피스와 하우스키핑은 객실을 판매하고 생산하는 상호보완적 관계로 객실부장의 지휘 아래 긴밀히 협력하며 운영된다.

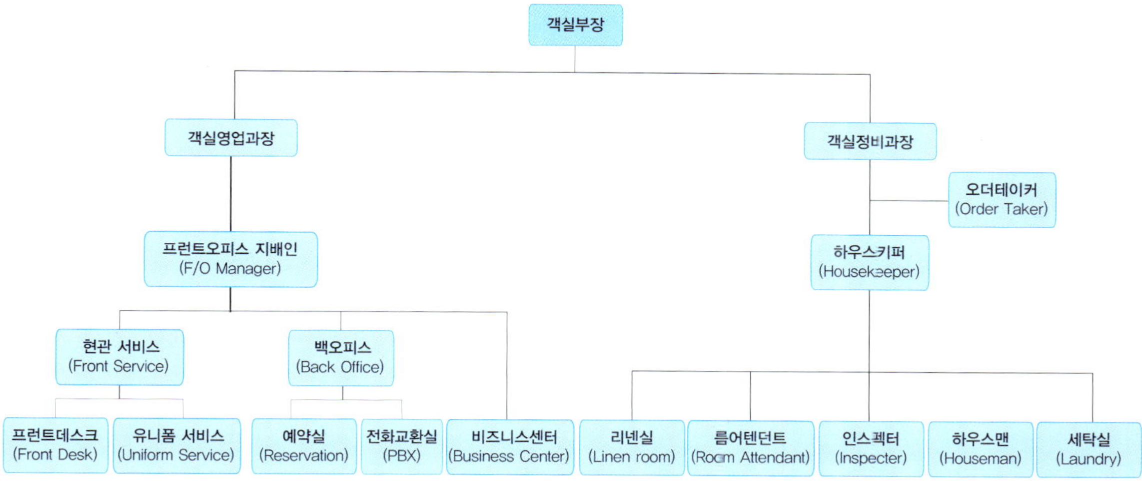

표 6-1 객실부서의 조직도

1. 호텔 객실부서의 조직

1) 프런트오피스

프런트오피스는 업무세분화에 따라 크게 객실 판매 및 예약 업무, 유니폼 서비스 업무, 부대 서비스 업무의 세 파트로 구분한다.

(1) 객실 판매 및 예약 업무

① 프런트데스크

프런트데스크는 호텔의 두뇌와 같은 핵심 부서로서 고객의 체크인 · 체크아웃, 예약 확인, 객실 배정, 요금 정산 등 기본 서비스를 담당한다. 고객 문의와 요청을 신속히 처리하며, 불만 상황에 대응해 고객 만족도를 높인다. 또한, 고객 정보를 관리하고, 호텔 내 다른 부서와 협력해 원활한 운영을 지원한다.

② 예약실

예약실은 호텔 객실 예약을 관리하는 부서로, 전화, 온라인, 여행사를 통해 들어오는 예약을 접수하고 조정한다. 고객 요구에 맞춰 객실을 배정하고 예약 현황을 실시간으로 관리해 객실 점유율을 최대화한다. 예약 변경과 취소를 처리하며, 마케팅과 협력해 프로모션을 지원한다. 객실부서와 긴밀히 협력해 수익 증대와 고객 만족에 기여한다.

③ 세일즈 마케팅팀

세일즈 마케팅팀의 주요 업무는 호텔 상품과 서비스의 홍보 및 판매 촉진이다. 세일즈 마케팅팀을 '판촉팀'으로 부르기도 하는데, 보통 객실판촉팀과 연회판촉팀으로 나뉘고 5~20명 정도로 구성된다. 객실판촉팀은 객실 판매를 집중 관리하며, 객실 점유율과 매출을 높이는 역할을 한다. 연회판촉팀은 연회 및 행사 상품 판매를 담당한다. 본 교재에서는 세일즈 마케팅팀을 제9장에서 별도로 설명하고 있다.

(2) 유니폼 서비스 업무

① 도어데스크

도어데스크는 호텔 출입구에서 고객을 가장 먼저 맞이하는 부서로, 도어맨이 배치된다. 고객의 차량 안내, 짐 운반, 택시 호출, 주차 지원 등의 서비스를 제공하며, 친절한 응대와 신속한 지원으로 호텔의 첫인상을 결정짓는다.

② 벨데스크

벨데스크는 호텔 로비에서 고객의 짐 운반과 보관을 담당하는 부서다. 벨맨이 배치되어 체크인 시 객실까지 짐을 운반하고, 체크아웃 시 짐을 회수해 고객 편의를 돕는다. 또한 택시 호출, 길 안내, 메시지 전달 등 다양한 서비스를 제공한다.

③ 컨시어지

컨시어지는 고객의 특별 요청을 신속히 처리하고, VIP 고객 응대와 맞춤형 서비스로 호텔의 품격을 강화한다. 일반적으로 레스토랑 예약, 교통편 안내, 티켓 예매, 관광 정보 제공 등을 담당한다.

(3) 부대 서비스 업무

① 비즈니스센터

비즈니스센터는 비즈니스 고객을 위한 전용 공간으로, 회의실과 컴퓨터, 프린터, 복사기 등의 사무 장비를 제공한다. 문서 출력, 인터넷 사용, 화상회의 지원과 함께 번역, 우편물 관리 등 부가 서비스를 통해 고객의 업무 편의를 돕는다.

② 전화교환실

전화교환실은 호텔 내외부의 전화 연결과 통신 서비스를 담당하는 부서다. 객실에서 걸려오는 요청 전화를 관련 부서로 신속히 전달하고 외부 전화 연결도 지원한다. 또한 모닝콜 서비스, 메시지 전달, 비상 상황 시 안내 방송 등도 수행한다.

③ 피트니스센터

피트니스센터는 호텔 투숙객과 회원에게 건강과 운동 서비스를 제공하는 공간이다. 최신 운동 장비와 트레이닝 프로그램을 갖추고 있으며, 전문 트레이너가 체계적인 운동 지도를 지원한다. 또한 헬스장, 사우나, 수영장, 실내 골프연습장 등이 있다.

2) 하우스키핑

하우스키핑 부서는 객실의 청소와 유지관리를 담당하는 부서다. 업무에 따라 오피스 부문, 플로어 부문, 퍼블릭 부문으로 세분한다. 각 부문은 유기적으로 협력해 호텔 전체의 청결과 쾌적함을 유지한다.

(1) 오피스 부문

오피스 부문은 하우스키핑 부서의 행정과 관리 업무를 담당한다. 부서장과 부부서장, 사무직원이 속하며, 인력 배치, 예산 관리, 물품 구매 및 재고 관리, 기록 유지, 직원 교육 등 행정 업무를 담당한다.

(2) 플로어 부문

플로어 부문은 각 층의 객실 청소와 정비를 담당하는 하우스키핑 부서의 핵심 부문이다. 플로어 슈퍼바이저가 팀을 이끌고 룸 어텐던트가 객실 청소, 침구 교체, 비품 보충 등을 수행한다. 고객 요청에 신속히 대응하며 객실의 청결과 쾌적함을 유지해 고객 만족도를 높인다.

(3) 퍼블릭 부문

퍼블릭 부문은 호텔의 로비, 복도, 화장실 등 공용 공간의 청결과 관리를 담당한다. 하우스맨이 주요 업무를 수행하며, 쓰레기 수거, 바닥 청소, 장비 관리 등을 맡는다. 고객이 이용하는 공용 구역의 쾌적한 환경 유지와 안전 확보를 위해 중요한 역할을 하며, 다른 부서와 협력해 원활한 운영을 지원한다.

2. 호텔 객실부서의 직급과 업무

호텔의 직급과 업무는 호텔별 조직 구조와 상황에 따라 조금씩 다를 수 있으며 일반적으로 다음과 같이 구분한다.

1) 총지배인

총지배인(General Manager, GM)은 호텔의 최고 경영 책임자로서 호텔의 전반적인 운영을 총괄하며, 각 부서의 업무를 조정하고 경영 목표를 달성하기 위한 전략을 수립 · 실행하는 핵심적인 역할을 담당한다.

2) 객실부장

객실부장(Rooms Division Manager)은 객실부서를 총괄하며 프런트, 예약, 하우스키핑 등 업무를 관리한다. 객실 점유율과 수익을 분석해 운영 전략을 수립하고, 서비스 품질을 유지해 고객 만족도를 높인다.

3) 객실과장

객실과장(Assistant Rooms Manager)은 객실부장을 보좌하며 프런트와 하우스키핑의 실무를 관리한다. 직원 스케줄 조정과 서비스 품질 점검, 고객 불만 처리를 담당하며, 체크인 · 체크아웃 업무를 지원한다. 직원 교육과 팀 관리로 고객 만족도와 운영 효율성을 높인다.

4) 객실대리/슈퍼바이저

객실대리/슈퍼바이저(Supervisor)는 객실부서의 현장 관리와 직원 감독을 담당한다. 객실 청소상태를 점검하고 고객 요청과 불만을 해결하며 서비스 품질을 유지한다. 또한 근무 스케줄 조정, 신입 직원 교육, 부서 보고와 협력 업무를 수행해 원활한 객실 운영을 지원한다.

5) 객실주임/선임 직원

객실주임/선임 직원(Senior Staff/Senior Clerk)은 객실부서의 실무 리더로서 현장 업무를 주도하고 직원들을 지원한다. 체크인 · 체크아웃 등 프런트 업무를 관리하며, 고객 요청과 불만을 신속히 처리한다. 신입 직원 교육과 업무 분배를 담당하고, 상급자에게 보고하며 객실 운영의 효율성을 높인다.

6) 객실사원/클럭

객실사원/클럭(Staff/Clerk)은 객실부서의 기본 실무를 담당하는 직원으로, 체크인 · 체크아웃, 예약 확인, 객실 배정 등 고객 응대 업무를 수행한다. 또한 고객 문의와 요청을 처리하고, 서비스 품질을 유지하며 상급자의 지시에 다라 업무를 지원해 원활한 부서 운영에 기여한다.

7) 파트 타이머/임시직원

파트 타이머/임시직원(Part-timer/Temporary Staff)은 일정 기간 근무하며 기본적인 실무를 지원한다. 체크인 보조, 짐 운반, 객실 비품 보충 등 보조 업무를 수행하고 상급자의 지시에 따라 업무를 진행한다. 성수기나 특별 이벤트 시 인력 부족을 보완해 원활한 운영에 기여한다.

8) 실습생/인턴

실습생/인턴(Trainee/Intern)은 호텔 객실부서에서 현장 경험을 쌓으며 실무를 배우는 교육생이다. 체크인 보조, 고객 안내, 객실 점검 지원 등 기본 업무를 수행하며 상급자의 지도를 받는다. 이를 통해 호텔 운영과 서비스 절차를 익히고 향후 정식 직원으로 성장할 수 있는 기반을 마련한다.

Checkpoint

◆ 토론 주제 1

호텔 객실부서는 왜 '호텔의 심장'이라 불릴까? 프런트, 예약, 하우스키핑 중 가장 중요하다고 생각하는 부서는 무엇이며, 이유는 무엇일까?

• 참고

– 객실부서는 고객의 숙박 경험을 직접 책임진다.
– 프런트: 첫인상 · 마지막 인상을 담당한다.
– 예약: 객실 판매와 수익이 직결된다.
– 하우스키핑: 청결과 쾌적함으로 만족도가 결정된다.
– 세 부서 모두 필수, 유기적 협력이 핵심이다.

◆ 토론 주제 2

객실부서가 다른 부서와 협력하지 않으면 어떤 문제가 생길까? 식음료, 마케팅, 재무, 시설 · 보안과 협력이 끊어졌을 때의 문제를 상상해보자.

• 참고

– 식음료 협력 단절 → 채식 고객의 요구를 반영할 수 없다.
– 마케팅 협력 단절 → 프로모션 객실의 블록 운영이 실패한다
– 재무 협력 단절 → 매출 보고와 정산에 오류가 생긴다.
– 시설 · 보안 협력 단절 → 고장 · 안전 문제 대응이 지연된다.
– 따라서 객실부서는 호텔 전체와 연결된 허브이다.

◆ 토론 주제 3

호텔 직원의 직급(총지배인~인턴)은 왜 단계별로 나뉘어 있을까? 여러분이 호텔에서 일한다고 생각했을 때, 경력 경로는 어떻게 그려질까?

• 참고

– 직급별로 역할 · 책임 · 권한이 명확하다.
– 인턴/사원 → 경험 축적 → 슈퍼바이저 → 관리자 → 부장/총지배인으로 성장한다.
– 호텔 직업은 단순 아르바이트가 아니라 경력 발전 경로가 있는 전문직임을 이해하는 것이 중요하다.

PART 2

객실영업부서의 이해

제7장

프런트데스크, 예약실

제1절 프런트데스크

제2절 예약실

호텔의 객실부서(Room Division)는 호텔경영의 핵심 부서로서 크게 두 가지 영역으로 구분된다. 첫째는 객실의 판매 및 운영을 담당하는 프런트오피스(Front Office) 부서이고, 둘째는 객실의 청결과 정비를 전담하는 하우스키핑(Housekeeping) 부서이다.

본 교재에서는 프런트오피스의 중요성을 고려하여 프런트오피스를 다시 세 가지 영역으로 나누어 제7장, 제8장, 제9장에서 체계적으로 살펴본다. 제7장에서는 객실 판매 및 운영과 관련된 프런트데스크와 예약실에 대해 살펴보고, 제8장에서는 유니폼서비스 업무로서 도어데스크, 벨데스크, 컨시어지, 당직데스크에 대해 살펴본다. 제9장에서는 부대 서비스 업무를 담당하는 비즈니스센터, 교환실, 피트니스센터에 대해 살펴본다. 프런트오피스의 조직구성을 살펴보면 〈표 7-1〉과 같다.

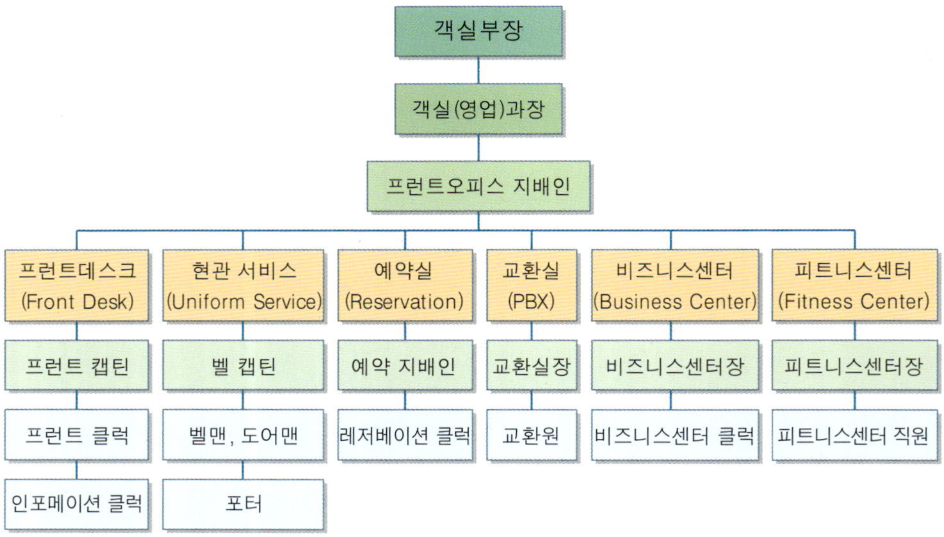

표 7-1 **프런트오피스 조직 구성**

* 그랜드하얏트서울호텔의 프런트데스크 전경

제1절 프런트데스크

본 절에서는 프런트데스크의 4가지 주요 업무에 해당하는 체크인 업무, 체크아웃 업무, EFL 업무, 나이트클럭 업무에 대해 살펴본다.

1. 프런트데스크의 업무 구조

객실부서에서 프런트데스크는 호텔의 얼굴이자 고객과의 첫 접점으로 호텔 이미지와 서비스 품질을 좌우하는 핵심 부서다. 주요 업무로는 체크인 · 체크아웃 절차를 관리하며 객실 배정, 키 발급, 요금 정산을 처리한다. 또한 예약 확인과 변경을 지원하고, 고객 문의와 불만을 신속히 해결하며 관광 안내 등 다양한 서비스를 제공한다.

이와 같은 업무를 위해 프런트데스크의 조직 구조는 크게 룸 클럭 업무, 인포메이션 업무, 캐셔 업무의 세 파트로 구분된다. 호텔의 규모와 상황에 따라 업장 운영 방식이 다를 수 있지만 일반적인 조직 구조는 〈표 7-2〉와 같다.

- **룸 클럭(Room Clerk)**: 체크인 · 체크아웃, 객실 배정, 키 발급, 예약 확인 등 객실 관련 업무를 담당하며 고객 응대의 최전선에서 호텔 이미지를 형성한다.
- **인포메이션 클럭(Information Clerk)**: 고객 문의 응대, 관광 안내, 호텔 내 시설 정보 제공 등 안내 서비스를 담당하며, 고객 편의를 지원한다.
- **캐셔(Cashier)**: 객실 요금 및 부대비용 정산을 담당하며, 결제 관리와 정확한 회계 처리를 수행해 재무적 신뢰성을 확보한다.

* 프런트데스크: 프런트데스크는 호텔의 두뇌와 같은 곳으로 호텔의 얼굴이자 서비스 품질을 좌우하는 핵심 부서이다.

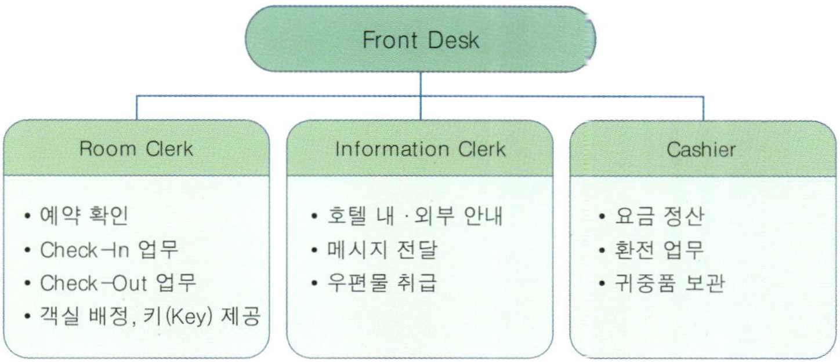

표 7-2 프런트데스크의 주요 기능

2. 체크인 업무

프런트데스크의 핵심 기능으로는 체크인과 체크아웃 업무를 꼽을 수 있으며, 고객 서비스의 첫인상과 마지막 경험을 좌우하는 중요한 업무이다. 그중 체크인 업무는 고객 예약 확인과 신원 인증을 거쳐 객실 배정, 키 발급, 요금 안내 등을 신속하고 정확하게 처리하는 과정이다. 체크인 업무 과정을 순서대로 살펴보면 다음과 같다.

1) 고객 예약 확인 및 신원 확인

고객 예약 확인 및 신원 확인은 체크인 과정의 첫 단계로, 예약 정보를 확인하고 고객의 신원을 인증하는 절차다. 예약번호, 이름, 투숙 일자 등을 확인하며, 신분증이나 여권을 통해 본인 여부를 검증한다. 이를 통해 객실 배정의 정확성과 보안을 확보하고 원활한 체크인 업무를 지원한다.

- **목적:** 객실 배정의 정확성 확보, 보안 유지, 불법 투숙 방지, 원활한 체크인 진행
- **예약 확인:** 예약번호, 이름, 투숙 일자, 객실 유형 등을 예약 시스템(PMS)에서 조회한다.
- **신원 확인:** 고객이 제시한 신분증(내국인), 여권(외국인), 또는 기타 공적 신분증을 통해 본인 여부를 확인한다.

☑ 사례 1: 단체 예약 고객

여행사에서 단체 투숙을 예약한 경우, 대표자가 체크인 시 예약 내역을 확인하고, 개별 투숙객의 여권 또는 신분증을 대조한다. 이 과정을 통해 예약 오류 방지 및 객실 배정의 신속화가 가능하다.

☑ 사례 2: VIP 고객

VIP 고객의 경우, 신분 확인과 동시에 특별 요청사항(예: 고층 객실, 특정 베개 타입 등)을 함께 점검한다. 이를 통해 맞춤형 서비스를 제공하고, 고객 만족도를 높일 수 있다.

2) 숙박 등록카드 작성

숙박 등록카드 작성은 고객이 호텔에 체크인할 때 반드시 거쳐야 하는 법적·행정적 절차이다. 이는 단순히 고객의 정보를 기록하는 것에 그치지 않고, 호텔의 운영 효율성과 보안을 확보하는 중요한 단계다.

- **기재 항목:** 고객 성명, 국적, 주소, 연락처, 투숙 기간, 동반자 여부, 결제 방식, 여권번호(외국인) 등

- **고객 서명:** 이용 조건 및 개인정보 제공 · 활용에 대한 동의를 확인한다.
- **보안 강화:** 신원 확인을 통해 불법 투숙 방지, 분실물 발생 시 고객 연락 및 사건 대응에 신속히 활용한다.
- **법적 사항:** 각국의 관광진흥법, 숙박업 관련 규정에 따라 일정 기간 보관 의무가 있다.

☑ 사례 1: 외국인 고객 투숙

외국인 고객은 여권 사본과 함께 숙박카드에 서명을 남기며, 이는 법적으로 출입국 관리나 관광 통계 작성에 활용된다.

☑ 사례 2: 장기 투숙 고객

장기 투숙객의 경우, 체크인 시 카드에 상세 주소와 비상 연락망을 기재해 호텔 측이 긴급 상황에 대비할 수 있다.

* 체크인: (좌) 예약을 확인하는 직원, (우) 숙박 등록카드를 작성하는 고객

HOTEL

123 HOTEL ST., CITY, STATE 12345 • TEL; 123-456-7890

REGISTRATION CARD

NAME	HONG GIL DONG	
NATIONALITY	KOREA	M ☒
SEX	1990-01-01	
PASSPORT NO.	M12345678	
CONTACT NO.	+82-10-1234-5678	
E-MAIL	GUEST@EMAIL.COM	
ADDRESS	서울특별시 ○○구 ○○동	
CHECK-IN DATE	2025-09-04	2025-09-06
ROOM NO.	1205	NO. OF GUESTS
PURPOSE OF STAY	☐ BUSINESS ☒ OTHER	☒ TOURISM ☐ OTHER
METHOD OF PAYMENT	☐ CASH ☐ CREDIT CARD ☐ OTHER	
SIGNATURE	Hong Gil Dong	

* 숙박 등록카드 기재 항목과 작성 사례

3) 객실 배정과 업셀링

프런트데스크 업무 중 객실 배정과 업셀링 전략은 호텔 매출 증대와 고객 만족을 동시에 달성하는 중요한 업무 스킬이다. 이 두 가지를 효과적으로 운영하면 고객 만족도와 호텔 수익을 동시에 향상할 수 있다.

① 객실 배정(Room Assignment)

객실 배정은 고객의 예약 내역, 선호도, 객실 현황을 종합적으로 고려하여 최적의 객실을 지정하는 절차다.

- **고려 요소:** 예약 유형, 투숙 목적, 객실 청소상태, 고객의 이전 투숙 이력
- VIP 고객이나 장기 투숙객에게 전망 좋은 객실, 코너룸 등 특별 배정을 하여 만족도를 높인다.

② 업셀링(Upselling) 전략

업셀링은 체크인 과정에서 고객에게 상위 등급 객실이나 추가 서비스를 제안하여 매출을 증대하는 방법이다.

- **제안 대상:** 일반 객실 예약 고객에게 스위트룸 업그레이드 추천, 장기 투숙객에게 조식 패키지나 스파 바우처 제공
- **전략 포인트**
  - 고객 니즈 파악: 가족 고객에게 연결 객실, 비즈니스 고객에게 라운지 이용권 제안
  - 혜택 강조: "조식 포함 시 개별 구매보다 30% 절약됩니다"
  - 친절하고 자연스러운 설명: 강압적 판매가 아닌, 선택지를 제시하는 태도

☑ **사례 1: 주말 투숙고객**

"오늘은 전망 좋은 디럭스 룸이 준비되어 있는데, 소정의 추가 금액으로 이용 가능합니다" → 고객은 더 나은 경험을 얻고 호텔은 추가 수익을 확보한다.

☑ **사례 2: 비즈니스 출장고객**

"이그제큐티브 라운지 이용권을 추가하시면 조용한 업무 공간에서 간단한 다과를 즐기실 수 있습니다" → 고객은 업무 효율 향상, 호텔은 서비스 매출을 확대한다.

* (좌) 체크인 과정에서 상품설명과 함께 업셀링을 진행하는 직원, (우) 레스토랑에서 메뉴 설명과 함께 업셀링을 진행하는 직원

4) 객실 키 발급

객실 키 발급은 객실 배정과 고객 신원 확인을 마친 후 이뤄지는 절차로, 고객이 객실을 안전하고 편리하게 이용할 수 있도록 하는 핵심 과정이다. 호텔은 보안을 위해 키 발급 및 사용 이력을 철저히 관리하며, 분실 시 즉시 재발급이 가능하도록 운영한다. 객실 키의 종류는 다음과 같다.

① 메탈 키(Metal Key)
– 전통적인 열쇠 형태
– 저가형 호텔이나 소규모 숙박업소에서 여전히 사용
– 분실 시 복제 및 보안 취약

② 마그네틱 키 카드(Magnetic Card Key)
– 마그네틱 키를 이용해 객실 문을 열 수 있음
– 제작 및 교체 비용이 저렴하나, 자기 손상에 취약

③ RFID 키 카드(Radio Frequency Identification Key)
– 비접촉식 카드로, 리더기에 가까이 대면 개폐 가능
– 분실 시 빠른 비활성화 및 재발급 가능
– 현재 가장 널리 사용되는 형태

④ 모바일 키(Mobile Key)
– 스마트폰 앱이나 블루투스, NFC 기능을 통해 객실 출입
– 비대면 서비스 강화, 체크인 간소화에 효과적
– 최근 글로벌 체인 호텔에서 도입 확대

⑤ 마스터키(Master Key)
– 호텔 직원이나 관리자용으로 모든 객실 출입 가능
– 분실 시 큰 보안 위험 → 철저한 관리 필요

☑ **사례 1:** 고객이 키 카드를 분실했을 때, 기존 키를 즉시 비활성화하고 새 키를 재발급하여 보안 사고를 예방한다.

☑ **사례 2:** 비즈니스 호텔에서 모바일 키를 도입해, 고객이 앱에서 온라인 체크인 후 바로 객실에 입실할 수 있다. → 대기 시간이 단축되고 고객 만족이 향상한다.

5) 숙박 요금 및 보증금 안내

숙박 요금 및 보증금 안내(Room Rate & Deposit Information)는 체크인 시 고객에게 숙박 비용과 결제 조건을 명확히 설명하는 절차다. 이는 고객과 호텔 간의 신뢰를 형성하고, 추후 발생할 수 있는 요금 관련 분쟁을 예방하는 데 중요하다.

① 숙박 요금 안내

- **예약 확인:** 예약 시 확정된 객실 요금을 고객과 함께 확인한다.
- **포함 항목:** 조식 포함 여부, 세금 및 봉사료 포함 여부를 명확히 안내한다.
- **추가 비용:** 부대시설 이용료(수영장, 피트니스, 스파), 주차 요금, 인터넷 사용료 등이 발생할 수 있음을 설명한다.

☑ **사례:** 고객이 OTA(온라인 여행사)로 예약했으나 세금이 별도였을 경우, 체크인 시 추가 안내로 불필요한 불만 방지

② 보증금(Deposit) 안내

- **목적:** 룸서비스, 미니바, 레스토랑 이용 등 추가 비용 보장, 객실 내 시설물 파손 등 예상치 못한 손해에 대비한다.
- **결제 방식**
  - 현금 보증금: 일정 금액 선결제 후, 체크아웃 시 정산 후 환불
  - 신용카드 프리-어소라이즈(Pre-authorization): 실제 결제는 아니지만, 한도 금액을 일정 기간 홀드

☑ **사례:** 고객이 체크아웃 시 룸서비스 이용이 확인되면 보증금에서 차감, 이용 내역이 없을 경우 전액 환불

6) VIP 및 고객 응대

프런트데스크의 VIP 및 특별 고객 응대(VIP & Special Guest Service)는 호텔의 서비스 품질과 브랜드 가치를 직접적으로 반영하는 핵심 업무이다. 단순한 투숙 서비스가 아니라, VIP 고객 개개인의 특성과 요구를 반영한 맞춤 서비스를 통해 고객 충성도와 재방문율을 높인다. 주요 서비스 방식은 다음과 같다.

* (좌) 호텔입구에서 VIP 고객을 맞이하는 직원, (우) VIP 고객의 전담 컨시어지가 체크인을 진행하는 모습

① 맞춤 서비스 제공

- VIP 고객의 예약 단계에서부터 취향과 요청을 기록하고 과거 투숙 이력을 분석해 선호사항 등을 미리 반영한다.
- VIP는 보통 전용 체크인 구역이나 전용 입구에서 맞이하며, 대기줄 없이 빠르고 개인화된 체크인을 진행한다.
- 객실 업그레이드, 웰컴 어메니티(과일 바구니, 와인), 전용 라운지 이용권을 제공한다.

② 개인별 세심한 배려

- 고객의 선호(음료, 침구, 위치 등)에 기반한 객실 세팅과 어메니티 준비가 이루어지고, 객실은 'Do Not Move' 상태로 설정되는 경우도 있다.
- 생일, 결혼기념일 등 특별한 날에 케이크, 카드, 꽃, 선물을 제공한다.
- 요청사항(특정 베개, 식단, 조용한 객실)을 즉시 반영해 신속하게 처리한다.

- 체크인 후 총지배인이나 Guest Relations 담당자가 인사 전화를 통해 만족도를 확인하고 맞춤 응대를 한다.

③ 전담 직원 지정

- VIP 고객 전담 컨시어지 또는 프런트 직원을 배치한다.
- 공항 픽업부터 체크인 · 체크아웃까지 일대일 맞춤형 관리를 제공한다.

④ 효과 및 의의

- 브랜드 이미지 제고: VIP를 대상으로 한 세심한 응대는 호텔의 품격을 상징한다.
- 재방문율 상승: 차별화된 경험 제공으로 장기적 고객 충성도를 확보한다.

☑ **사례 1**: 해외 유명 인사가 투숙할 때, 체크인 전에 객실을 사전 점검하고, 맞춤형 환영 선물을 준비하여 호텔 이미지가 상승한다

☑ **사례 2**: 장기 VIP 투숙객에게 전담 직원이 배정되어, 투숙 중 발생하는 문제를 즉시 해결하고 전용 라운지 혜택을 추가 제공해 높은 만족도를 달성한다.

7) 안내 업무

프런트데스크의 안내 업무는 호텔을 이용하는 고객에게 호텔 내 시설과 부대서비스, 주변 관광지 정보를 제공하고, 필요시 예약을 지원하는 역할을 한다. 이는 고객의 편의를 높이고, 호텔 서비스 경험을 풍부하게 하여 고객 만족과 재방문 의도를 증대시키는 핵심 업무다.

* 프런트는 고객에게 시설 안내 및 관광 안내 등 다양한 안내 업무를 제공한다.

① 호텔 내 시설 안내

- **객실:** 체크인 · 체크아웃 시간, 하우스키핑 서비스를 안내한다.
- **레스토랑 및 바:** 위치, 운영 시간, 조식 · 중식 · 석식 제공 여부, 예약을 지원한다.
- **피트니스센터 · 수영장 · 스파:** 운영 시간, 드레스코드, 안전규정을 안내한다.
- **부대 서비스:** 룸서비스, 세탁 서비스, 비즈니스센터 사용법을 안내한다.

② 호텔 서비스 안내

- **룸서비스 주문 방법:** 전화, 앱, QR코드 주문 방식을 안내한다.
- **세탁 서비스:** 세탁물 수거 및 배달 시간, 요금을 안내한다.
- **비즈니스센터:** 회의실 예약, 프린트 · 팩스 등 사무 지원 서비스를 안내한다.

③ 지역 관광 및 교통 안내

- **관광지 정보:** 주요 명소, 박물관, 공연, 지역 축제 일정을 안내한다.
- **쇼핑센터:** 대형 몰, 면세점, 전통시장 등 고객 성향에 맞게 추천한다.
- **교통편 안내:** 택시, 대중교통 이용 방법, 공항 리무진 예약, 렌터카를 안내한다.

3. 체크아웃 업무

체크아웃 업무는 객실 요금과 부대비용을 정산하고 결제를 처리하는 절차다. 체크아웃 업무를 살펴보면 다음과 같다.

1) 객실 키 회수 및 이용 내역 확인

객실 키 회수 및 이용 내역 확인은 체크아웃 과정의 핵심 절차로, 고객이 사용한 객실 키를 반드시 반환받고 숙박 기간에 발생한 이용 내역을 확인하는 과정이다. 이는 호텔의 요금 정산 정확성과 보안 관리를 동시에 달성하기 위해 필요하다.

① 객실 키 회수

- **목적:** 분실 및 무단 사용을 방지한다.
- **방법:** 체크아웃 시 고객으로부터 키 카드 또는 메탈 키를 반납받는다.
- **특징**
  - RFID 키 카드나 모바일 키는 시스템에서 자동 비활성화
  - 메탈 키는 물리적 회수 필수 → 분실 시 보증금 차감 또는 별도 비용 청구

② 이용 내역 확인

- **확인 항목**
  - 숙박 요금(객실료, 세금, 봉사료)
  - 부대시설 사용료(레스토랑, 스파, 피트니스, 주차 등)
  - 객실 내 소비(미니바, 룸서비스)
- **방법:** PMS(Property Management System)를 통해 고객의 사용 내역을 자동 집계한다.
- **절차:** 고객 앞에서 최종 명세서를 출력하여 확인 및 동의 후 결제를 진행한다.

☑ **사례 1:** 고객이 키 카드를 반납하지 않고 퇴실한 경우, 호텔은 시스템에서 해당 키 카드를 즉시 비활성화해 보완을 유지한다.

☑ **사례 2:** 미니바 사용 내역이 누락되었으나 체크아웃 전 최종 확인 과정에서 발견하여 정확히 정산했다.

2) 결제 처리 및 영수증 발급

체크아웃 시 결제 처리와 영수증 발급(Payment Processing & Receipt Issuance)은 고객 투숙 종료 절차의 마지막 단계로, 호텔과 고객 간의 거래를 투명하게 마무리하는 중요한 과정이다. 객실 요금뿐 아니라 투숙 중 발생한 각종 브대 비용까지 정확히 정산하고, 결제 완료 후 공식 영수증을 제공해 신뢰를 높인다.

① 결제 처리 절차

- **이용 내역 확인**
  - PMS(Property Management System)를 통해 객실 요금, 식음료, 룸서비스, 전화, 스파, 주차 등 부대 이용 내역 확인
  - 고객 앞에서 명세서를 출력해 투숙객과 함께 최종 검토
- **결제 방식 선택**
  - 현금 결제: 현금 수납 후 영수증 발급
  - 신용/체크카드 결제: 카드 단말기 승인 후 자동 정산
  - 모바일 결제: 앱 결제, QR코드, 간편 결제 서비스 지원
  - 보증금 정산: 고객이 체크인 시 맡긴 보증금을 차감 · 환불 처리
- **결제 진행**
  - 고객 동의 후 결제 진행
  - 환전 서비스(외국인 고객) 지원 가능

② 영수증 발급

- **종이 영수증:** 결제 완료 후 고객에게 직접 전달한다.
- **전자 영수증:** 이메일, 모바일 앱을 통해 발급한다.

☑ **사례 1:** 외국인 고객이 카드로 결제 시, 자동으로 환율을 적용하고 영문 영수증을 발급한다.

☑ **사례 2:** 장기 투숙객이 보증금에서 추가 비용 차감 후 잔액만 환불받아 간단하게 체크아웃을 완료한다.

* 체크아웃하는 고객을 맞아 키 카드를 회수하고, 결제 처리 후 영수증을 발급해주는 캐셔의 모습.

3) 고객 피드백 청취

고객 피드백 청취는 고객의 투숙 경험과 서비스 만족도를 확인하기 위해 체크아웃 시 의견을 듣는 과정이다. 긍정적 평가뿐 아니라 불만 사항이나 개선 요청을 수집해 서비스 품질 향상에 반영한다. 이는 고객 충성도 증진과 호텔 이미지 제고에 중요한 역할을 한다. 피드백 청취의 주요 내용은 다음과 같다.

① 긍정적 피드백 수집

- 투숙 중 만족스러웠던 부분을 확인한다. (예: 객실 청결, 직원 친절, 조식 서비스)
- 고객의 칭찬을 기록해 해당 직원이나 부서에 공유하여 서비스 동기를 부여한다.

② 불만 사항 및 개선 요청 청취

- 객실 소음, 시설 불편, 예약 오류 등 불만 요소를 경청한다.
- 고객에게 즉시 사과와 개선 의지를 표명한다.
- 필요시 사후 보상(할인 쿠폰, 포인트 적립)을 제공한다.

③ 피드백 수집 방법

- 대면 인터뷰: 체크아웃 카운터에서 직원이 직접 질문한다.
- 설문지 제공: 간단한 체크리스트 형식으로 진행한다.
- 디지털 피드백: 이메일 · 앱을 통한 온라인 만족드 조사를 실시한다.

☑ **사례 1:** 체크아웃 시 '룸서비스가 늦게 도착했다'는 불만을 접수했다면, 호텔은 즉시 프로세스를 개선하고 고객에게 사과 메일과 보상을 제공한다.

☑ **사례 2:** '직원이 매우 친절했다'는 긍정적 피드백을 받았다면, → 해당 직원의 우수 서비스 사례를 전 직원 교육에 활용한다.

4) 교통편 안내 및 후속 서비스 제공

교통편 안내 및 후속 서비스 제공은 고객이 호텔을 떠날 때 편리하고 안전하게 이동할 수 있도록 지원하는 업무다. 체크아웃 이후에도 고객의 여정을 배려하는 서비스로, 호텔에 긍정적인 최종 인상을 남겨 재방문 의사와 브랜드 충성도를 높인다.

① 교통편 안내

- **택시 호출:** 목적지 · 예상 요금 · 소요시간 안내, 영수증 요청 여부 확인
- **대중교통 정보:** 가장 빠른 노선, 환승 포인트, 첫차/막차 시간, 교통카드 구매 · 충전 방법
- **공항 이동:** 공항 리무진/셔틀 시간표, 픽업 지점, 소요 시간 버퍼 제안(출국 2–3시간 전 도착 권고)
- **렌터카 · 차량 공유:** 제휴 데스크 연결, 국제운전허가증 및 보험 확인 안내
- **특별 배려:** 유아 동반 카시트, 휠체어 탑승 가능한 차량, 대형 수화물 차량 예약

② 후속 서비스

- **수하물 보관:** 보관증 발급, 보관 시간/요금/파손 · 분실 책임 범위 고지
- **벨데스크 지원:** 포터 서비스, 차량까지 동행, 우천 시 우산 대여
- **다음 예약 연계:** 다음 호텔/레스토랑/투어 예약 대행, 확인서(바우처) 전달
- **항공 · 열차 체크인 보조:** 온라인 체크인 링크 안내, 좌석/수하물 규정 확인
- **문자 · 이메일로 안내 요약:** 지도 링크, 시간표, 예약 확인번호 발송

▣ 표준 응대 스크립트(예시)

"공항 리무진 버스 6002번이 15분 뒤 도착합니다. 소요 시간은 약 70분이라 지금 출발을 권해요. 택시를 원하시면 즉시 호출해 드릴게요"

"짐은 저희 보관실에 맡기고 시내 관광 다녀오세요. 저녁 7시 이전에 찾으시면 되고, 영수증은 여기 있습니다"

"다음 숙소로 이동하신다면 택시 정액요금과 지하철 경로 두 가지를 비교해드릴게요. 선호하시는 방식이 있을까요?"

☑ **사례 1:** 외국인 고객에게 공항 리무진 시간표와 버스 정류장 위치를 지도에 표시해 주어 안전한 귀국을 지원한다.

☑ **사례 2:** 장기 투숙 후 퇴실하는 고객의 짐을 공항까지 배송해주어 편리성과 감동을 제공한다.

4. EFL 업무

최근 프런트데스크의 주요 역할 중 하나는 이그제큐티브 플로어 라운지(EFL: Executive Floor Lounge) 운영 업무다. EFL은 주로 비즈니스 고객을 대상으로 운영되는 전용 공간으로, '호텔 속의 호텔'이라 불리며 차별화된 서비스와 프라이버시를 제공한다. 프런트 직원 중 외국어에 능통한 클럭이 EFL에 파견되어, 체크인 · 체크아웃 업무, 예약 지원, 관광 안내, 컨시어지 서비스까지 수행한다. 따라서 EFL 직원은 단순한 리셉션이 아니라 고객의 비서 역할을 겸하는 전문성이 요구된다.

EFL을 운영하는 호텔에서는 일반적으로 전용 체크인 · 체크아웃, 컨시어지 서비스 등의 프리미엄 서비스가 제공되고, 이 외에도 조식 뷔페와 차와 음료를 하루 종일 즐길 수 있으며, 이브닝 칵테일 시간에는 칵테일과 엄선된 와인, 주류, 핑거푸드, 스낵 등이 무료로 제공되고 있다. EFL의 주요 업무와 효과 등을 살펴보면 다음과 같다.

* 인터컨티넨탈 서울 파르나스 호텔의 이그제큐티브 플로어 라운지(EFL)

1) 주요 업무

(1) 리셉션 업무(Reception Service)

- **체크인 · 체크아웃 전담**
  - EFL(Executive Floor Lounge) 투숙고객은 별도의 전용 리셉션에서 체크인과 체크아웃을 진행한다. 대기 시간을 단축하고, 프라이빗하고 차별화된 서비스를 제공한다.
- **예약 확인 및 객실 키 발급**
  - 사전 예약 내역을 확인한 후 객실 배정을 완료하고, 객실 키를 직접 발급 · 안내한다. 이 과정에서 고객의 특별 요청(베개 종류, Late Check-out, VIP 편의 요청 등)을 확인하여 관련 부서와 공유한다.
- **투숙 관련 문의 응대**
  - 투숙 중 발생하는 문의(레스토랑 예약, 비즈니스 서비스, 교통 안내 등)에 신속히 대응한다. 일반 프런트보다 세밀한 고객 맞춤형 안내가 요구된다.

(2) 컨시어지 서비스(Concierge Service)

- **항공권 · 레스토랑 · 교통편 예약**
  - 고객의 요청에 따라 항공권 발권 지원, 인기 레스토랑 예약, 공항 픽업 및 리무진, 택시, 대중교통 등 교통편을 연결한다.
- **관광지 안내 및 비즈니스 일정 지원**
  - 현지 명소와 문화 체험을 추천하고 시티 투어, 공연 티켓, 전시회 예약 등을 제공한다. 또한 고객의 비즈니스 일정(회의실 예약, 통역, 서류 출력 · 전달 등)도 지원한다.
- **맞춤형 서비스 제공**
  - 고객 개개인의 취향과 필요에 맞춘 개인화 서비스를 제공한다.(예: 기념일 이벤트 준비, 쇼핑 어시스트, 웰니스 프로그램 안내 등)

(3) 라운지 운영 관리(Lounge Operation Management)

- **조식 · 애프터눈 티 · 해피아워 등 식음 서비스 제공 및 관리**
  - 라운지 투숙객 전용으로 조식 뷔페, 애프터눈 티, 해피아워 칵테일 등 차별화된 식음 서비스를 운영한다. 메뉴 품질, 위생, 서비스 속도, 직원 친절도 등을 종합적으로 관리해야 한다.
- **라운지 공간의 쾌적한 환경 유지**
  - 청결 · 정돈 · 분위기(조명, 음악, 온도)를 관리하여 고객이 편안하게 휴식하거나 비즈니스를 진행할 수 있는 환경을 조성한다. 가구 배치 · 잡지/신문 구비 · Wi-Fi 점검 등도 포함된다.
- **VIP 고객 전용 서비스 관리**
  - VIP 고객에게 맞춤형 서비스를 제공한다.(예: 프라이빗 미팅룸 예약, 특별 이벤트 준비, 고객 선호 음료 · 다과 세팅, 생일/기념일 축하 서비스 등)

2) EFL 운영의 효과

(1) 호텔 측 효과(Hotel Benefits)

- **안정적 수익원 확보**
  - 비즈니스 고객은 출장이나 회의 등 목적이 뚜렷해 성수기 · 비수기와 관계없이 투숙 수요가 유지된다. 또한 가격에 상대적으로 덜 민감하므로 호텔에 꾸준한 수익을 제공한다.
- **호텔 이미지 및 브랜드 가치 제고**
  - 전용 라운지와 맞춤형 서비스를 제공함으로써 고급스러운 브랜드 이미지를 강화할 수 있다. 이는 고객 충성도 향상, 긍정적 구전 효과, 장기적인 시장 경쟁력 확보로 이어진다.

(2) 고객 측 효과(Guest Benefits)

- **프라이버시 보장**
  - 일반 투숙객과 구분된 전용 공간을 이용할 수 있어, 조용하고 쾌적한 환경을 누릴 수 있다. 이는 특히 고위 임원, 연예인, VIP 고객에게 중요한 가치이다.
- **업무 효율성 제고**
  - 맞춤형 비즈니스 지원 서비스(프린트, 팩스, 회의실 예약, 통역, 교통편 연결 등)를 제공하여 출장 및 업무 수행 효율성을 높인다.
- **차별화된 편의와 혜택 경험**
  - 전용층과 라운지에서 제공되는 조식, 애프터눈 티, 해피아워 칵테일, 프리미엄 어메니티, 맞춤형 컨시어지 서비스 등을 통해 일반 고객과는 차별화된 가치를 경험한다.

(3) 일반 고객의 이용(Non-EFL Guest Access)

- **유료 이용 가능**
  - 일반 투숙객도 별도의 요금을 지불하면 EFL 라운지 서비스를 이용할 수 있다. 보통 일일 이용권(Day Pass) 혹은 객실 요금 업그레이드 방식으로 제공된다.

• **프리미엄 서비스 체험 기회**

– 조식, 애프터눈 티, 해피아워 칵테일, 프리미엄 컨시어지 지원 등 고급 서비스를 경험할 수 있어, 일반 고객에게도 특별한 체류 가치를 제공한다.

• **호텔의 추가 매출 창출**

– 프리미엄 서비스 경험을 원하는 일반 고객을 대상으로 부가 매출을 올릴 수 있으며, 이를 통해 라운지 운영의 수익성을 강화할 수 있다.

CLUB INTERCONTINENTAL BENEFITS

▣ 영업시간

- 운영 시간 06:00 – 22:00
- 클럽 조식 06:30 – 10:30
- 애프터눈 티 14:30 – 16:30
- 칵테일 아워 18:00 – 20:30

▣ 혜택

① 조식 뷔페, A La Carte 메뉴를 이용 ② 리프레시먼트: 간단한 커피와 스낵을 이용
③ 애프터눈 티 세트를 이용 ④ 칵테일 아워 등을 무료로 이용

▣ 기타 혜택

- 전용 Check-in, Check-out 서비스
- 클럽라운지 내 회의 공간 최대 2시간 무료(단, 사전 예약 필요)
- 유/무선 인터넷 무료 이용
- 투숙 기간 중 차량 주차(객실당 1대)
- 비즈니스 업무 가능(PC, 스캔, 팩스 등)
- 무료 다림질 서비스(최대 2점)

* 그랜드 인터컨티넨탈 파르나스 서울의 EFL 운영 현황

5. 나이트클럭 업무

프런트데스크 업무 중 하나는 그날의 영업성과를 작성하고 보고하는 업무이다. 호텔은 하루 24시간 내내 중단 없이 계속해서 영업을 지속해야 하므로 그날의 영업 보고서를 밤늦게 종결한다. 영업보고서 작성은 프런트데스크 야간 근무자인 '나이트 클럭(Night Clerk)'의 중요한 업무이다. 나이트클럭이 작성하는 영업성과 측정과 보고서의 종류를 살펴보면 다음과 같다.

- **일일 룸 리포트(Room Report):** 객실매출액, 객실점유율, ADR, RevPAR 등 객실 영업 상황을 작성한 리포트
- **일일 그룹 리포트(Group Report):** 여행사 등의 단체 판매현황 리포트
- 당일 투숙한 VIP 고객리스트
- 특별 요금 및 무료 요금(Complimentary) 현황 리포트 등

1) 객실점유율

객실점유율(Occupancy Rate)은 호텔의 영업성과를 보여주는 가장 기본적이면서 중요한 지표 중 하나이다. 호텔이 보유한 총 객실 수 대비 실제로 판매된 객실 수의 비율을 의미한다.

참고해야 할 점은 100%에 가까울수록 객실 판매를 잘했다는 뜻이지만, 항상 무조건 높은 점유율이 좋은 것만은 아니다. 예를 들어 낮은 요금으로 100%를 채우는 것보다, 적정 요금으로 80~90%를 채워 매출총이익(RevPAR, ADR 등)을 극대화하는 것이 더 중요할 수도 있다. 객실점유율을 구하는 공식은 다음과 같다.

- **객실점유율 공식**

$$\text{Occupancy Rate}(\%) = \frac{\text{판매된 객실 수(Sold Rooms)}}{\text{판매 가능한 총 객실 수(Available Rooms)}} \times 100$$

• **예시**

– 호텔 총 객실 수: 200실

– 특정일 실제 판매된 객실 수: 160실

$$\text{객실점유율} = \frac{160}{200} \times 100 = 80\%$$

즉, 이날 호텔의 객실점유율은 80%이며, 전체 객실의 80%를 판매했다는 의미이다.

2) 객실 평균 판매단가(ADR)

객실 평균 판매단가(ADR: Average Daily Rate)는 객실을 얼마에 판매하였는가를 측정하는 방식이다. 즉 ADR은 말 그대로 판매된 객실 1실당 평균 판매가격을 보여주는 지표이다. ADR이 높을수록 객실을 더 좋은 가격으로 판매했다는 의미이다. 단, ADR은 점유율(Occupancy)과 함께 해석해야 좋다. 예를 들어 ADR이 높아도 점유율이 낮으면 매출은 기대 이하일 수 있다. ADR을 구하는 공식은 다음과 같다.

$$\text{ADR} = \frac{\text{객실 매출액}}{\text{판매된 객실 수}}$$

• **예시**

– 특정일 총 객실 매출액: 16,000,000원

– 판매된 객실 수: 200실

$$\text{ADR} = \frac{16{,}000{,}000}{200} = 80{,}000\text{원}$$

즉, 호텔은 이날 평균적으로 한 객실을 8만 원에 판매한 셈이다.

3) 레파(RevPAR)

RevPAR(Revenue Per Available Room)는 '객실당 평균 매출액'이다. 다른 말로는 '일드(Yield)'라고 한다. RevPAR는 객실점유율(Occupancy Rate)과 객실 평균 판매단가(ADR)를 함께 고려하는 지표라서 호텔의 종합적인 영업성과를 평가할 때 가장 많이 사용하는 방식이다.

과거에는 호텔의 Occupancy나 ADR이 높을수록 경영성과가 좋은 것으로 판단하였다. 그러나 현재는 어느 한쪽만을 측정하지 않고 Occupancy나 ADR 두 가지를 모두 측정하는 RevPAR 방식을 적용하고 있다. 즉 RevPAR가 높은 호텔이 낮은 호텔보다 객실 영업을 더 성공적으로 판매하는 것이다. RevPAR를 구하는 공식은 다음과 같다.

- RevPAR **공식**: RevPAR는 두 가지 공식으로 계산할 수 있다.

① 총 객실 매출 기준

$$\text{RevPAR} = \frac{\text{총 객실 매출액}}{\text{판매 가능한 총 객실 수}}$$

② ADR과 Occupancy를 활용한 방식

$$\text{RevPAR} = \text{ADR} \times \text{Occupancy Rate}$$

- **예시**

– 총 객실 수: 200실

– 특정일 판매 객실 수: 160실

– 총 객실 매출액: 16,000,000원

① ADR 계산

$$\text{ADR} = \frac{16{,}000{,}000}{160} = 100{,}000\text{원}$$

② Occupancy 계산

$$\text{Occupancy Rate} = \frac{160}{200} \times 100 = 80\%$$

③ RevPAR 계산

$$\text{RevPAR} = \text{ADR} \times \text{Occupancy Rate} = 100{,}000 \times 0.8 = 80{,}000\text{원}$$

즉, 이 호텔은 판매 가능 객실 1실당 평균 8만 원의 매출을 올렸다는 의미이다.

제2절 예약실

예약실은 호텔의 규모와 상황에 따라 소속이 달라질 수 있는데, 중 · 소형 호텔에서는 객실부에 소속되지만, 대형호텔은 세일즈마케팅 부서에 소속되기도 한다. 본 교재에서는 프런트데스크와의 업무 연관성 측면을 고려하여 객실부서의 프런트오피스 소속하에 살펴본다.

1. 예약실의 개요

호텔 예약실은 고객의 숙박 예약을 접수하고 관리하는 부서로, 호텔 운영과 수익 관리에 핵심적인 역할을 수행한다. 예약실은 객실 점유율을 극대화하고 수익을 향상시키기 위해 다양한 예약 채널(전화, 이메일, 호텔 홈페이지, 온라인 여행사(OTA), 여행사 등)을 통해 접수된 예약 요청을 신속하고 정확하게 처리한다. 고객의 요청사항, 선호사항, 요금 조건 등을 세밀하게 파악하여 고객 맞춤형 서비스를 제공하며, 예약 변경, 취소, 특별 요청사항 반영 등 유연한 대처가 요구된다.

또한 성수기와 비수기의 수요 예측, 객실 요금 전략 수립, 업셀링 기획 등을 통해 호텔의 객실 운영 효율을 극대화하는 역할도 한다. 이 외에도 예약 정보의 정확한 전달을 위해 프런트오피스, 하우스키핑, 세일즈 · 마케팅 부서와 긴밀히 협업하며, 고객 접점의 최전선에서 호텔 이미지 형성과 고객 만족에 직접적으로 영향을 미치는 부서이다.

2. 예약실 직원의 사전 숙지사항

호텔 예약실 직원은 객실 유형, 요금 정책, 예약 시스템, 취소 및 변경 규정 등 기본 정보를 사전에 숙지해야 한다. 이를 통해 예약 오류를 방지하고 고객 문의에 신속하고 정확하게 대응할 수 있다. 예약실 직원이 사전에 숙지해야 할 내용을 정리하여 살펴보면 다음과 같다.

- **호텔 기본 정보:** 객실 종류, 요금, 부대시설, 체크인 · 체크아웃 시간, 경쟁호텔과의 장단점 비교, 주변 관광지 등
- **예약 시스템 사용법:** PMS, OTA, GDS 등 시스템 이해 및 예약 처리 방법
- **요금 및 프로모션 정책:** 기본요금, 시즌 요금, 할인 및 패키지 상품
- **예약 절차 및 규정:** 예약 접수, 변경 · 취소, No-show 및 오버부킹 대응
- **고객 응대 역량:** 전화 및 이메일 응대, 외국어 기본 표현, 불만 처리
- **부서 간 협조:** 프런트, 하우스키핑, 세일즈 등과 원활한 정보 공유

3. 객실 고객의 유형

호텔 객실 고객의 유형은 예약 방식과 요구사항이 다르기 때문에, 고객의 유형별 특성을 파악하고 그에 맞는 정확한 응대를 준비해야 한다.

1) 개별 자유여행객(FIT: Free Independent Traveler)

- 개인 또는 소규모로 자유롭게 여행 일정을 계획하는 고객이다.
- OTA, 앱, 호텔 홈페이지 등으로 직접 예약하며, 스스로 정보를 비교해 합리적인 선택을 한다.
- 젊은 층과 외국인 관광객에서 많고 가격과 후기, 위치를 중요하게 여긴다.

2) 레저 고객(Leisure Guest)

- 관광, 휴양, 가족여행, 데이트 등을 목적으로 예약하는 고객이다.
- 주로 주말이나 성수기에 집중되며 가격, 위치, 부대시설을 중요하게 여긴다.

3) 비즈니스 고객(Business Guest)

- 출장, 회의, 세미나 등 업무 목적의 고객이다.
- 주로 주중에 이용하고 위치, 와이파이, 조용한 환경, 빠른 체크인/아웃을 선호한다.

4) 단체 고객(Group Guest)

- 수학여행, 기업 세미나, 관광단체 등 다수의 인원이 함께 예약하는 고객이다.
- 여행사나 기업을 통해 예약되며, 대량 예약으로 가격 할인과 특별 요청이 많다.

5) 장기 투숙 고객(Long-stay Guest)

- 7일 이상 장기 체류하는 고객으로, 주거 대체 목적이나 외국인 근로자, 공사 관계자 등이 포함된다.
- 세탁, 주방, 정기 청소 등 실용적 편의시설과 요금 할인 조건을 중시한다.

6) VIP 및 VVIP 고객

- 연예인, 정치인, 고위 임원, 재력가 등 특별 관리가 필요한 고객이다.
- 프라이버시 보호, 보안, 맞춤형 서비스, 고급 시설 등을 요구하며, 호텔에서는 전담 응대가 이뤄진다.

7) OTA 및 모바일 앱 사용자 고객

- Booking.com, 야놀자, 여기어때 등 온라인 플랫폼을 통해 예약하는 고객이다.
- 비교적 젊은 층이 많고, 후기, 가격, 실시간 예약 편의성을 중시한다.

8) 기업 제휴 고객(Corporate Client)

- 기업과의 계약을 통해 정해진 조건(연간 협약, 고정 요금 적용)으로 예약하는 고객이다.
- 기업 제휴 고객은 예약실과 세일즈 부서의 협력이 중요한 유형으로, 일정한 수익과 객실 점유율을 보장해주는 핵심 고객군이다.
- 객실 운영팀과 기업 담당자가 협력해 예약 관리한다.
- 예: 글로벌 IT기업 직원 출장, 항공사 승무원 숙소 계약, 기업 연수 및 워크숍, 건설사 장기 프로젝트 인력 숙소, 영화 제작사 · 방송사 촬영팀 숙소 등

4. 객실 예약의 경로

호텔 예약의 경로는 고객이 호텔에 숙박을 요청하는 방식에 따라 여러 가지로 나뉘며 주요 경로는 다음과 같다. 예약실 직원은 각 방법의 특성과 처리 절차를 정확히 이해하고 있어야 고객 만족을 높이고, 실수 없이 예약을 관리할 수 있다.

1) 전화 예약

- 고객이 호텔에 직접 전화해 직원과 상담하며 예약하는 방식이다.
- 객실 정보, 요금, 혜택 등을 직접 문의할 수 있다.
- 긴급 예약이나 특별 요청사항이 있을 때 유용, 고객 응대 능력이 중요하다.

2) 이메일 예약

- 고객이 호텔 공식 이메일로 예약 요청을 보내는 방식이다.
- 일정이나 요청사항을 상세히 남길 수 있어 단체나 외국인 고객에게 적합하다.
- 처리 속도는 전화나 온라인 예약보다 느릴 수 있다.

3) 방문 예약

- 고객이 호텔에 직접 방문해 예약하는 방식이다.
- 현장에서 객실을 확인하고 예약할 수 있다.
- 일반적으로 드문 방식이지만, 일부 고령 고객이나 급한 경우 사용한다.

4) 판촉팀 예약

- 판촉팀은 호텔 자체 또는 그룹 내에서 운영하는 예약팀으로, 단체 예약이나 VIP고객 예약을 전담한다.
- 고객 요구사항에 맞춘 복잡한 일정 조율 및 특별 요청사항을 관리한다.
- 예약 관리와 고객 응대의 전문성을 높일 수 있다.

5) 호텔 공식 홈페이지 예약

- 호텔 웹사이트에서 실시간으로 객실을 확인하고 직접 예약하는 방식이다.

- 신뢰도가 높고, OTA 수수료가 없어 호텔에 유리하다.
- 종종 공식 홈페이지 전용 프로모션을 제공한다.

6) 여행사 및 GDS 예약

- 여행사가 고객을 대신해 호텔을 예약하는 방식이다.
- 특히 단체, 외국인, 항공+숙박 패키지 등에 활용한다.
- GDS는 전 세계 여행사가 사용하는 예약 시스템으로, 기업 고객이나 항공사와 연결된 경우에 주로 사용된다.

7) OTA(Online Travel Agency) 예약

- OTA는 전 세계 숙소를 포함한 종합 여행 플랫폼으로, 목적이 해외여행이거나 다양한 비교를 원한다면 OTA 예약이 더 적합하다.
- Booking.com, Agoda, Expedia, Hotels.com 등
- 고객이 다양한 호텔을 비교하고 손쉽게 예약 가능하다.
- 리뷰, 가격 비교, 할인 혜택 등으로 인기가 높다.
- 호텔은 수수료(15~25%)를 OTA에 지불한다. 과다한 수수료가 단점이다.

8) 모바일 앱 예약

- 모바일 앱은 국내 지역 기반으로 국내 숙소(모텔, 펜션 포함)를 예약하려면 모바일 앱 사용이 더 적합하다.
- 여기어때, 야놀자, 쿠팡 트래블 등 국내 앱을 통한 예약 방식이다.
- 간단한 조작으로 실시간 예약 확인 및 변경 가능하다.
- 쿠폰이나 즉시 할인 혜택, 리뷰 및 평점을 제공하고 다른 고객의 후기를 참고할 수 있다.
- 어디서나 스마트폰으로 빠르게 예약할 수 있고 젊은 고객층에 적합하다.

표 7-3 OTA와 모바일 앱의 차이점

구분	OTA(온라인 여행사)	모바일 앱
운영주체	글로벌 또는 국내 여행사 플랫폼 (예: Booking.com, Agoda, Expedia 등)	앱 기반 플랫폼 (예: 여기어때, 야놀자, 쿠팡트래블 등)
접근방식	웹사이트 또는 앱으로 접속 가능	주로 스마트폰 앱으로 사용
예약대상	국내외 호텔, 항공, 렌터카, 패키지 등 종합 여행 상품	국내 숙박(호텔, 모텔, 펜션 등)에 특화, 일부 해외 숙소 제공
검색범위	전 세계 다양한 숙소와 조건 검색 가능	국내 중심이며, 사용자는 지역 기반으로 빠르게 검색
할인혜택	멤버십, 카드 할인, 마일리지 적립 등 다양	즉시 할인, 쿠폰, 타임세일 등 실속 혜택 중심
특화기능	외국어 다국어 지원, 환율 변환 등 해외 이용자에 적합	한국어 중심, 지역 기반 서비스(찜질방, 모텔 등) 다양

이처럼 호텔 예약 방법은 다양하며 각각 장단점과 적합한 고객층이 다르다. 예약실 직원은 각 방법의 특성과 처리 절차를 정확히 이해하고 있어야 고객 만족을 높이고, 실수 없이 예약을 관리할 수 있다.

5. 객실 예약 절차

호텔 객실 예약 절차는 고객이 원하는 객실을 효과적으로 배정하고, 호텔의 객실 운영을 원활하게 하기 위한 일련의 과정이다. 일반적인 예약 절차는 다음과 같다.

1) 예약 요청 접수

- 고객이 전화, 이메일, OTA, 홈페이지, 모바일 앱 등 다양한 경로를 통해 예약을 요청한다.
- 투숙일, 숙박 인원, 객실 유형, 특수 요청사항 등을 확인한다.

2) 예약 가능 여부 확인

- PMS(호텔 예약 시스템)를 통해 해당 날짜의 객실 보유 현황을 조회한다.
- 객실 배정 가능 여부와 요금, 조건 등을 검토한다.

3) 예약 조건 안내 및 요금 제시

- 예약 가능한 객실 유형, 요금, 취소 및 환불 정책, 포함 서비스(조식 등)를 고객에게 안내한다.
- 고객의 선택을 유도하거나 업셀링을 시도할 수도 있다.

4) 고객 정보 입력 및 예약 등록

- 고객 이름, 연락처, 결제 정보, 요청사항 등을 시스템에 정확히 입력한다.
- 예약번호를 생성하고 객실을 잠정 배정한다.

5) 예약 확인서 발송

- 예약 내역과 조건을 고객에게 이메일 또는 문자 등으로 전달한다.
- 확인서에는 예약번호, 투숙일, 객실 유형, 요금, 체크인/체크아웃 시간 등을 포함한다.

6) 예약 사후 관리

- 투숙 전 리마인드 연락을 하여 예약 변경 · 취소 요청 처리를 반영한다.
- VIP, 단체, 장기 투숙 등 특수 예약은 관련 부서와 사전에 공유하고 준비한다.

6. 객실 예약 시스템의 유형

호텔에서 사용하는 예약 시스템은 객실 예약의 효율성과 정확성을 높이기 위한 핵심 도구다. 예약시스템의 유형은 PMS, CRS 두 가지가 있다. PMS는 호텔 내부 예약 및 고객 관리를 위한 실무 시스템이고, CRS는 외부 채널과의 연계를 포함한 중앙 통합 예약 시스템이다. 두 시스템은 연동되어 객실 판매의 정확성과 운영 효율을 극대화하는 데 필수적이며, 각각의 활용 사례를 살펴보면 다음과 같다.

1) PMS

PMS(Property Management System)는 호텔 운영의 핵심 전산 시스템으로, 객실 예약부터 체크인 · 체크아웃, 요금 정산, 하우스키핑 관리, 고객 데이터 관리까지 호텔 운영 전반을 통합적으로 지원하는 관리 프로그램이다. 호텔의 '두뇌' 역할을 하며, 효율적 운영과 서비스 품질 향상에 필수적이다. PMS의 주요 기능은 다음과 같다.

- **예약 관리(Reservation Management)**
  - 개별/단체 예약 등록 및 확인
  - OTA(Online Travel Agency)와 연동
  - 예약 취소, 변경, 업셀링 관리
- **프런트오피스 운영(Front Office Operations)**
  - 체크인 · 체크아웃 처리
  - 객실 배정, 키 발급 관리
  - VIP 고객 정보 확인
- **객실 관리(Room Management)**
  - 객실 상태(투숙, 비어 있음, 청소 필요) 실시간 확인
  - 하우스키핑과 연동해 청소 요청 · 완료 처리

- **회계 및 정산(Billing & Accounting)**
  - 숙박 요금 및 부대비용 자동 집계
  - 보증금 정산, 환불 처리
  - 영수증 발급 및 회계 보고
- **고객 데이터 관리(Guest Profile Management)**
  - 고객 투숙 이력 기록
  - 선호 객실, 서비스 요청사항 저장 → 맞춤형 서비스 제공

(1) 의의

- 호텔 운영 효율화: 업무 자동화로 인적 오류 감소
- 고객 만족도 향상: 신속한 서비스와 개인화된 응대 가능
- 수익 관리 최적화: 객실 점유율, 평균 객실 요금(ADR), 매출 통계 분석 지원
- 부서 간 협업 강화: 프런트, 하우스키핑, 회계팀이 동일 시스템에서 데이터 공유

☑ **사례 1:** 고객이 체크인 전 도착했을 때, PMS에서 빈 객실 상태를 즉시 확인 후 조기 입실 가능 여부를 안내한다.

☑ **사례 2:** 장기 투숙고객의 미니바 사용 내역이 자동으로 PMS에 기록해두어 체크아웃 시 요금을 정확하게 정산한다.

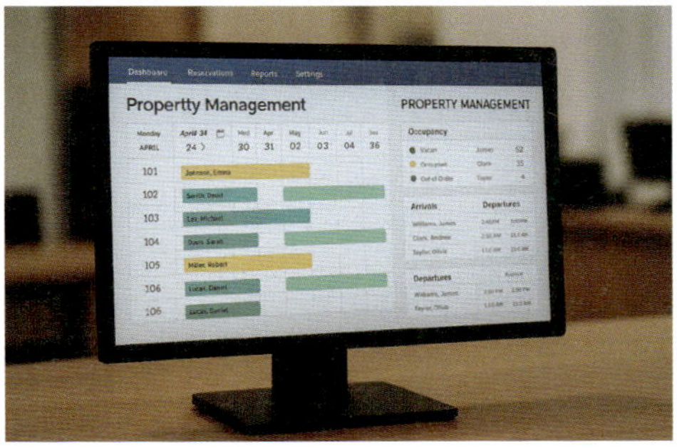

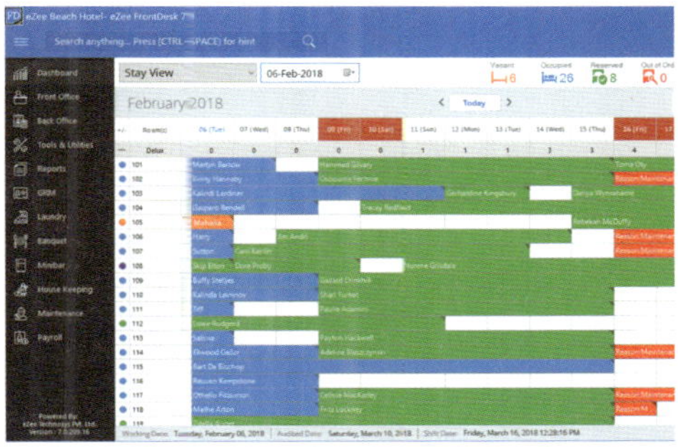

* PMS는 호텔 운영의 핵심 전산 시스템으로 호텔 운영 전반을 통합적으로 지원하는 관리 프로그램이다.

2) CRS

CRS(Central Reservation System)는 중앙예약시스템으로, 호텔 본사나 체인호텔에서 여러 지점의 예약을 통합적으로 관리하는 시스템이다. 개별 호텔의 PMS와 연결되어 객실 판매 현황을 실시간으로 반영하며, 다양한 예약 채널(호텔 공식 홈페이지, 콜센터, OTA, GDS 등)을 하나의 플랫폼에서 통합 관리한다. CRS의 주요 기능은 다음과 같다.

- **예약 통합 관리**
  - 체인 전체 호텔의 객실 재고(Inventory)와 요금을 실시간 관리
  - 온라인/오프라인 예약 정보를 즉시 업데이트
- **채널 관리**(Channel Management)
  - OTA(Booking.com, Expedia 등), GDS(Global Distribution System), 호텔 자체 웹사이트와 연동
  - 오버부킹(Overbooking) 방지 및 효율적 판매 지원
- **요금 및 프로모션 관리**
  - 시즌별 · 고객별 요금 정책 설정
  - 패키지 상품, 프로모션 요금 실시간 반영
- **데이터 및 분석**
  - 지점별 예약 현황과 매출 데이터 집계
  - 고객 예약 패턴 분석 → 마케팅 전략 활용

(1) 의의

- **호텔 측 장점**
  - 객실 판매 극대화: 전 세계 다양한 예약 채널과 즉시 연동
  - 인적 오류 감소: 예약 정보가 자동으로 PMS에 반영
  - 수익 관리: 요금 조정과 판매 전략을 체계적으로 운영

- **고객 측 장점**
  - 실시간 객실 확인 및 예약 가능
  - 글로벌 네트워크를 통한 편리한 예약 경험
  - 객실 요금과 조건을 투명하게 비교 가능

☑ **사례 1:** 글로벌 체인 호텔에서 CRS를 통해 전 세계 지점의 예약을 한 곳에서 관리한다. 예를 들어, 고객이 뉴욕에서 예약한 정보가 서울 지점 PMS에 즉시 반영된다.

☑ **사례 2:** OTA와 CRS 연동으로, 고객이 온라인에서 예약하자마자 객실 재고가 자동으로 차감되어 오버부킹을 방지한다.

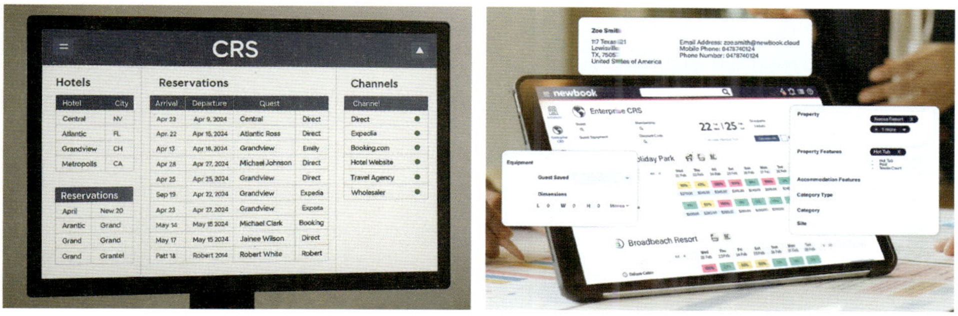

* CRS는 중앙예약시스템으로, 호텔의 예약을 통합적으로 관리하는 시스템이다.

Checkpoint

◆ **토론 주제 1**

체크인에서 가장 중요한 단계는 무엇일까? 신원 확인, 객실 배정, 업셀링 제안, 키 발급, 요금 · 보증금 안내 중에서 가장 중요하다고 생각하는 단계를 하나 고르고 이유를 말해보자.

• **참고**

– 신원 확인은 보안과 정확성의 출발점이다. (예약 오류, 대리 투숙 방지)
– 객실 배정은 만족도를 좌우한다. (층수, 전망, 소음)
– 업셀링은 호텔 수익과 고객 경험을 향상한다. (합리적 혜택 제시가 핵심)
– 키 발급 · 요금 안내는 안전 · 분쟁 예방과 직결된다.
– '하나만' 정한다면 보편적으로 신원 확인 → 모든 단계의 기반이 된다.

◆ **토론 주제 2**

동일 고객이라도 '프런트데스크' vs 'EFL(이그제큐티브 라운지)' 체크인의 차이는 무엇이 좋을까? 빠른 전용 체크인, 프라이버시, 라운지 혜택, 업무지원 등을 기준으로 비교해 보자.

• **참고**

– EFL은 전용 리셉션 · 라운지 · 조식 · 해피아워 등으로 프라이버시 · 비즈니스 편의가 뛰어나다.
– 일반 프런트는 동선이 익숙하고 인력 · 창구가 많아 일처리가 유연한 것이 강점이다.
– 출장 · 장기체류 · 중요 미팅이 있으면 EFL 선호, 가족 · 관광 중심이면 일반 프런트도 충분하다.
– 목적이 '업무 · 프라이버시'면 EFL, '일반 관광 · 합리성'이면 프런트도 괜찮다.

◆ **토론 주제 3**

체크아웃 시 '빠른 퇴실'과 '정확한 정산' 중 무엇을 우선할까? 피크 시간대(오전 11시 전후) 상황을 가정해, 호텔과 고객 입장에서 각각 우선순위를 정해보자.

• **참고**

– 고객은 시간 절약을 선호한다. (모바일 결제 · 전자영수증 · 키 드롭박스)
– 호텔은 정확한 정산이 핵심이다. (미니바 · 룸서비스 누락 방지, 보증금 정산)
– 해법: 전날 야간에 예비 정산(프리빌)을 하고, 모바일 익스프레스 체크아웃으로 속도를 확보한다. + 이용내역 자동연동(PMS)으로 정확성을 담보한다.
– 프로세스 · 시스템으로 '둘 다' 잡는 것이 해법이다. (속도는 디지털, 정확성은 데이터)

전문용어

룸 클럭(Room Clerk) 체크인/아웃, 객실 배정, 예약 확인 등 객실 관련 실무를 담당하는 직원이다.

인포메이션 클럭(Information Clerk) 호텔 시설 · 지역 관광 · 교통 등을 안내하는 직원이다.

캐셔(Cashier) 객실료와 부대비용을 정확하게 정산 · 영수 처리하는 직원이다.

업셀링(Upselling) 체크인 등 접점에서 상위 객실 · 추가 혜택을 가치 중심으로 제안해 매출과 만족을 동시에 높이는 판매 기법이다.

숙박등록카드(Registration Card) 투숙객 신원 · 연락처 · 투숙정보를 기록하는 서류(전자 서명 포함). 법적 보관 대상이다.

보증금(Deposit) 호텔에서 고객이 투숙 중 발생할 수 있는 추가 비용(미니바, 룸서비스, 전화요금 등)이나 시설 파손 · 분실에 대비하여 미리 확보해 두는 금액이다.

EFL(Executive Floor Lounge) 비즈니스 고객 전용의 전용층 · 라운지로서, 전용 체크인, 조식, 미팅, 컨시어지 등 차별화 서비스를 제공한다.

PMS(Property Management System) 예약 · 체크인/아웃 · 객실상태 · 요금정산 · 고객이력 등을 통합 관리하는 호텔 운영의 '두뇌' 시스템이다.

CRS(Central Reservation System) 체인 본사 차원에서 다지점 재고 · 요금을 통합 관리하고 OTA · GDS · 공식웹과 연동하는 중앙예약시스템이다.

OTA(Online Travel Agency) Booking.com, Agoda 등 온라인 여행사. 전 세계 숙소를 비교 · 예약할 수 있는 플랫폼이다.

GDS(Global Distribution System) 전 세계 여행사 · 항공사 · 호텔 재고를 연결하는 B2B 예약 네트워크이다.

No-show(노쇼) 예약 후 사전 취소 없이 나타나지 않는 경우이다.

오버부킹(Overbooking) 일부 노쇼를 예상해 초과 판매하는 전략이다.

FIT(Free Independent Traveler) 개인 자유여행객으로 OTA · 앱을 통해 스스로 비교 · 예약하는 경향이 많다.

제8장

도어데스크, 벨데스크, 컨시어지, 당직데스크

호텔 프런트오피스 부서 중 '현관 로비'는 고객이 호텔에 도착해 처음 마주하는 공간으로, 도어맨, 벨맨, 컨시어지가 핵심 역할을 수행한다. 특히 도어맨, 벨맨, 컨시어지 등의 유니폼은 프런트오피스의 대표적인 유니폼 직군으로, 타 부서와 달리 모자를 착용하는 등 독특한 차림을 하고 있다는 점에서 이들의 서비스를 '유니폼 서비스'라고 부른다.

본 장에서는 유니폼 서비스에 대해 제1절에서 도어데스크, 제2절에서 벨데스크, 제3절에서 컨시어지에 대해 순차적으로 살펴보고, 제4절에서는 당직데스크에 대해서도 추가적으로 살펴본다.

* 호텔 유니폼 서비스의 대표 직군은 도어맨, 벨맨, 컨시어지이다.

제1절 도어데스크

1. 도어맨의 개요

도어맨은 호텔 도어데스크(Door Desk) 소속의 대표적인 직무로, 호텔 현관에서 고객을 가장 먼저 맞이하는 프런트오피스의 최전방 직원이자 호텔의 얼굴이다. 도어맨은 고객이 도착한 순간부터 환영 인사를 건네고 차량 문을 열어주는 등 호텔의 첫인상을 결정짓는 역할을 한다. 도어맨은 벨맨과 연계하여 수하물 서비스를 지원하고 택시 호출, 발렛파킹 안내, 우천 시 우산 제공 등 세심한 환대 서비스를 제공한다. 외부인의 출입을 자연스럽게 통제함으로써 기본적인 보안 기능도 수행한다.

도어맨의 단정한 유니폼과 친절한 태도는 고객에게 신뢰감과 고급스러운 이미지를 전달하며, 호텔 전반의 서비스 품질을 상징한다. 처음과 마지막 인상을 책임지는 도어맨의 숙련된 고객 응대도 단순한 안내를 넘어 호텔 브랜드의 품격과 고객 만족도를 높이는 데 중요한 역할을 한다.

* 고객에게 반갑게 환영 인사를 건네고 발렛파킹을 진행하는 도어맨의 업두

2. 도어맨의 주요 업무

1) 고객 환영 및 인사

호텔 입구에서 도어맨은 고객을 정중하고 친절하게 맞이하며, 밝은 표정과 명확한 언어로 인사를 건넨다. 특히 VIP 고객이나 단체 고객은 사전에 식별하여 맞춤형 응대를 준비하고 필요한 특별 서비스나 안내를 제공한다. 이러한 세심한 환영 태도는 고객에게 환대받는 느낌을 주어 호텔에 대한 신뢰와 만족도를 높인다. 첫 만남에서의 긍정적인 인상은 전체 숙박 경험에 큰 영향을 미치므로 도어맨의 역할이 매우 중요하다.

2) 차량 안내 서비스

도어맨은 고객 차량이 도착하면 즉시 나가 차량을 맞이하고 문을 열어 정중히 인사한다. 출발 시에는 고객이 안전하게 차량에 탑승할 수 있도록 돕고, 필요시 택시를 호출하거나 차량 대기를 안내한다. 발렛파킹 직원과 긴밀히 협조하여 차량 이동을 원활히 하고, 호텔 입구의 교통 흐름을 조절해 혼잡을 방지한다. 이러한 응대는 고객 편의를 높이는 동시에 호텔의 품격을 유지하는 중요한 역할이다.

3) VIP 응대 서비스

VIP 고객 응대는 사전 준비와 세심한 태도가 핵심이다. 먼저 고객의 이름, 도착시간, 차량 번호, 선호사항을 숙지하고 이를 프런트 · 컨시어지 · 발렛 직원과 공유해 일관된 대응 체계를 갖춘다. 특히 차량 번호를 외워 멀리서부터 식별해 대기하다가 고객이 도착하기 전에 차량에 접근해 이름을 부르며 문을 열고 정중히 맞이하면 특별한 환대 경험을 줄 수 있다. 또한 "○○ 고객님, 환영합니다. 준비해 두었습니다"와 같은 맞춤 인사와 함께 우산 제공, 짐 안내, 전용 입구 안내 등 배려 깊은 서비스를 더하면 고객은 차별화된 품격과 감동을 체감하며 호텔에 대한 신뢰와 만족도가 크게 높아진다.

4) 발렛파킹 업무

발렛파킹(Valet Parking)은 고객이 호텔에 도착하여 차량을 주차 요원에게 맡기면 대신 주차하고, 출차 시 다시 차량을 가져다주는 서비스이다. 차량 인수 시 차량 상태를 확인하고 차량 키와 함께 인수증을 발급하며, 인계 시 고객 확인 후 차량을 안전하게 전달한다. 최근에는 인건비와 운영비 증가로 발렛파킹을 유료 서비스로 전환하는 호텔이 늘고 있으며, 고급 서비스 유지와 수익 창출을 동시에 고려하고 있다.

(1) 차량 인수 시(고객 도착 시)

- **인사 및 안내:** 고객 도착 시 정중히 인사하고 발렛파킹 여부를 확인한다.
- **차량 상태 확인:** 외관 손상, 연료 잔량, 귀중품 여부 등을 고객 앞에서 확인한다.
- **발렛 티켓 발급:** 차량 번호와 고객 정보를 기록한 발렛 티켓을 고객에게 전달한다.
- **주차 위치 확인 및 이동:** 주차장 상황을 고려해 안전하게 차량을 이동한다.
- **차량 키 보관:** 차량 키는 분실 위험이 없도록 보안된 장소에 안전하게 보관한다.

(2) 차량 인계 시(고객 출발 시)

- **발렛 티켓 확인:** 고객이 제시한 티켓과 보관 중인 정보가 일치하는지 확인한다.
- **차량 회수 및 출입구로 이동:** 신속하게 차량을 회수하여 고객에게 인도한다.
- **차량 상태 재확인:** 인도 전에 차량 외관 손상 여부를 재확인한다.
- **고객 응대:** 문 열기, 수하물 적재 등 출발 지원과 정중한 작별 인사를 한다.
- **차량 키 인도:** 고객에게 차량 키를 직접 전달하며 서비스를 종료한다.

5) 고급차 배치 이미지 마케팅

럭셔리호텔은 호텔 앞쪽에 고급 차량을 의도적으로 배치하여 시각적으로 호텔의 품격과 고급 이미지를 강조하는 마케팅 전략을 활용한다. 명품 세단이나 스포츠카 등이 눈에 띄게 주차되면 방문객들에게 호텔의 럭셔리 이미지를 전달하고, 고객의 기대감을 높인다. 발렛파킹 직원이 고급 차량을 세심하게 관리하며 VIP 차량을 우선 배치해 전문성을 보여준다. 이러한 전략은 고객에게 차별화된 서비스 경험을 제공하고, 호텔 브랜드의 가치를 자연스럽게 홍보하는 효과적인 방법이다.

6) 수하물 안내 연계

도어맨은 고객이 도착하면 수하물을 신속히 확인하고 벨맨에게 전달하여 객실까지 안전하게 운반되도록 안내를 협조한다. 벨맨이 부재중일 경우 직접 수하물을 보관 장소로 이동시키거나 임시로 보관을 안내하기도 한다.

특히 우천 시에는 고객에게 우산을 제공하고 짐이 젖지 않도록 보호하는 등 세심하게 배려하여 고객의 불편을 최소화한다. 이러한 서비스는 고객 만족도를 높이고 호텔 서비스의 섬세함을 보여주는 중요한 요소이다.

7) 보안 및 이미지 관리

도어맨은 호텔 출입구에 상시 위치하며 외부인의 출입을 자연스럽게 모니터링함으로써 기본적인 보안을 유지한다. 이상 상황이나 의심스러운 인물은 즉시 프런트 또는 보안팀에 전달하여 사고를 예방한다. 또한 단정한 유니폼 착용과 바른 자세, 정중한 언행으로 고객에게 신뢰감과 고급스러운 이미지를 전달한다. 도어맨의 존재 자체가 호텔의 품격과 안전을 상징하며, 전반적인 브랜드 이미지를 유지하는 데 기여한다.

8) 고객 환송 업무

도어맨의 환송 업무는 고객이 호텔을 떠나는 순간까지 마지막 인상을 책임지는 중요한 역할을 한다. 체크아웃 후 호텔 현관에서 고객을 정중히 배웅하며, 감사의 인사와 함께 안전한 귀가를 기원하는 의례적 서비스를 제공한다. 이는 고객의 전체 숙박 경험을 긍정적으로 마무리하는 핵심 접점이다. 주요 환송 업무는 다음과 같다.

(1) 출차 준비 지원

- 고객이 체크아웃을 마치면 차량을 호출하거나 발렛파킹 직원에게 인계를 요청한다.
- 고객의 수하물을 옮기고 벨맨과 협조하여 차량에 신속히 적재한다.

(2) 정중한 작별 인사

- "좋은 하루 보내십시오", "다음에 또 뵙겠습니다" 등 밝고 품위 있게 인사한다.
- 단골 고객, VIP 고객일 경우 이름을 부르며 감사 인사를 한다.

(3) 차량 탑승 보조

- 고객이 안전하게 탑승하도록 도와주고 차량 문을 닫아주는 세심한 서비스를 제공한다.
- 우천 시에는 우산을 제공하고 비 피해가 없도록 조치한다.

(4) 마지막 이미지 관리

- 단정한 유니폼, 예의 바른 태도를 끝까지 유지하여 호텔의 품격을 강조한다.
- 고객의 부정적 피드백이 남지 않도록 응대 전 과정을 마무리한다.

제2절 벨데스크

1. 벨맨의 개요

벨맨은 호텔 벨데스크(Bell Desk) 소속의 대표적인 직무이자, 유니폼 서비스의 핵심 서비스 인력이다. 로비에 들어선 고객을 프런트데스크로 안내하여 신속한 체크인을 도와주고, 고객을 객실까지 안내하며 호텔 내 주요 시설이나 서비스를 간단히 안내하는 역할도 수행한다. 벨맨은 고객과 호텔 간의 첫 접점 중 하나로서, 친절한 태도와 프로페셔널한 서비스가 호텔의 이미지와 고객 만족도를 좌우한다.

벨맨의 정돈된 유니폼과 단정한 외모는 호텔의 품격을 나타내며, 신뢰감과 편안함을 제공한다. 더불어, 고객이 호텔을 떠날 때 수하물을 안전하게 전달하는 환송 업무도 수행하여 고객 경험의 시작과 마무리를 책임진다. 벨맨의 역할은 고객 서비스의 질을 높이고, 재방문 의사에 긍정적인 영향을 미치기 때문에 호텔 운영에 매우 중요한 위치를 차지한다.

* 고객의 신속한 체크인을 도와주고 고객의 짐을 객실까지 운반하는 벨맨의 업무

2. 벨맨의 주요 업무

1) 고객 도착 인지 및 환영

고객 도착 인지와 환영은 벨맨 서비스의 첫 단계로, 호텔 경험의 시작을 결정짓는 중요한 순간이다. 고객 차량이 호텔 입구에 접근하면 벨맨은 도어맨과 협력해 미리 대기하며 차량 문을 열고 밝은 미소와 정중한 인사로 환영한다. 이때 고객이 내리는 동안 자연스럽게 수하물 상태를 확인하고, 친절하게 짐을 받아 안전하게 운반할 준비를 한다. 이러한 절차는 고객에게 세심한 배려와 품격 있는 서비스를 제공해 호텔의 첫인상을 긍정적으로 만든다.

2) 수하물 취급 및 태그 부착

수하물 취급은 고객 서비스의 기본이자 호텔 운영의 효율성을 높이는 중요한 절차다. 벨맨은 먼저 고객의 수하물 개수와 상태를 확인하고, 호텔 전용 태그를 하나 하나 부착한다. 태그에는 고객 이름, 객실 번호, 일련번호를 기재해 분실을 방지하고, 운반과 보관 과정에서 신속하게 식별할 수 있도록 한다. 특히 고가품이나 깨지기 쉬운 물품은 태그에 별도로 표시하여 특별 관리 대상으로 분류하며, 보관과 운반 시 각별한 주의를 기울인다. 이를 통해 고객은 안전하고 체계적인 서비스를 경험하고, 호텔은 서비스 신뢰도를 높일 수 있다.

3) 카트에 짐 적재 및 운반 준비

태그가 부착된 수하물을 짐 운반용 카트에 적재하여 운반을 준비한다. 운반 카트(Luggage Cart)는 수하물 운반에 필요한 도구이다. 짐은 과적을 피하고, 무겁고 큰 것은 아래쪽에, 가벼운 것은 위쪽에 쌓아 무게 중심을 잘 맞추고 끈으로 고정한다. 엘리베이터 이용 시에는 문에 끼이지 않도록 주의하고, 고객과 다른 직원의 안전을 항상 살펴야 한다. 카트는 항상 깨끗하게 관리해 호텔 이미지에 신경 써야 한다.

4) 프런트데스크 안내 및 지원

고객이 체크인을 편리하게 할 수 있도록 돕는다. 고객과 짐을 동반해 프런트로 안내한다. 이동 중 호텔 로비 내 시설 위치나 간단한 서비스 정보를 소개하며, 체크인 과정이 지연되지 않도록 프런트 직원과 긴밀히 협조한다. 고객이 불편함 없이 절차를 마치도록 주의를 기울인다.

5) 객실 동행 및 짐 운반

고객을 객실까지 안전하게 안내하고 짐을 운반한다. 프런트에서 룸키를 받아 고객과 함께 이동한다. 엘리베이터나 복도에서 고객이 편안하도록 문을 열어주고, 먼저 이동할 수 있게 배려한다. 객실에 도착하면 문을 열고 고객을 우선 입장시키며, 짐을 적절한 위치에 정돈하여 편안한 공간을 제공한다.

- **객실 입장 시:** 벨맨이 문을 열어주고 고객이 먼저 들어가는 것이 일반적인 매너이다. 이는 고객에게 예의를 갖추고 편안함을 제공하기 위한 배려이다.
- **퇴실 시:** 고객이 먼저 객실을 나가고 벨맨이 뒤따라 나오는 것이 바람직하다. 이는 고객이 주체임을 존중하는 서비스 태도이다.

6) 객실 시설 설명

객실 내 주요 시설 및 서비스 이용 방법을 안내한다. 커튼을 열어 자연광을 들여 밝은 분위기를 만들고, 룸키, 에어컨, 조명, TV, 금고, 미니바 등 사용법을 친절하게 설명한다. 와이파이 연결 방법, 비상구 위치, 조식 시간 및 위치 등 호텔 내 부대시설 정보도 전달하여 고객이 불편함 없이 머물 수 있도록 돕는다. 추가 문의나 도움이 필요한 경우를 위해 호텔 내 주요 연락처와 서비스를 안내해 고객이 언제든 도움을 받을 수 있도록 한다.

7) 추가 요청 및 특별 서비스 지원

고객의 추가 요청사항에 신속하고 정확히 대응한다. 예를 들어 휠체어, 유모차 대여, 차량 호출, 교통편 안내, 관광지 추천 등 고객 요구에 맞춰 서비스를 제공한다. 필요한 경우 다른 부서와 협조해 고객 만족도를 극대화한다.

8) 마무리 인사 후 퇴장

객실 안내를 끝낸 후 정중하게 인사하며 추가 문의가 있는지 확인한다. 고객이 편안히 머무를 수 있도록 언제든 도움을 받을 수 있다는 점을 알리고, 긍정적인 인상을 남기기 위해 최선을 다한다.

9) 체크아웃 시 업무지원

고객이 체크아웃을 요청하면 벨맨은 즉시 객실로 찾아가 수하물을 확인하고 운반 준비를 한다. 수하물의 개수를 점검하고 필요한 경우 태그를 부착하거나 보관된 짐을 회수한다. 이후 고객과 함께 프런트데스크로 동행하여 결제 절차가 원활히 진행되도록 돕는다. 결제가 완료되면 수하물을 차량까지 운반하고 도어맨과 협력해 차량 탑승을 지원하며, 정중하게 인사하여 고객이 만족스럽게 호텔을 떠날 수 있도록 배려한다.

제3절 컨시어지

1. 컨시어지의 개요

호텔 유니폼 서비스 중 '컨시어지(Concierge)'는 고객에게 맞춤형 편의와 안내 서비스를 제공하는 전문 직무로, 호텔의 이미지와 고객 만족도를 높이는 비서와 같은 핵심 역할을 담당한다. 컨시어지는 고객의 다양한 요구에 신속하고 정확하게 대응하며, 교통편 예약, 관광 안내, 식당 및 공연 예약 대행, 특별 이벤트 준비 등 폭넓은 서비스를 제공한다.

특히 VIP 고객 안내에서는 더욱 세심하고 차별화된 서비스가 필요하다. VIP 고객이 도착하기 전에 방문 정보를 미리 파악하고, 도착 시 정중한 영접과 수하물 운반, 객실 안내를 포함한 맞춤형 지원을 제공한다. 투숙 기간 동안 프라이버시 보호와 특별 요청에 신속히 대응하며, 체크아웃 시에는 정중한 환송과 차량 지원으로 특별한 경험을 선사한다.

* 인터컨티넨탈 서울 파르나스 호텔 컨시어지 라운지

2. 컨시어지의 주요 업무

1) 고객맞이 및 환영

고객맞이 및 환영은 컨시어지의 첫 번째 업무로, 호텔에 도착한 고객에게 친절한 미소와 정중한 인사로 환영하는 것이다. 고객의 필요를 신속히 파악하고 편안한 분위기를 조성해 긍정적인 첫인상을 제공하며, 호텔 서비스에 대한 신뢰와 만족도를 높인다.

2) VIP 고객 영접 및 환송

VIP 고객 영접 및 환송은 컨시어지 업무에서 중요한 서비스이다. VIP 고객의 체크인은 컨시어지가 주도하는데, 프런트와 협력해 VIP 전용 체크인 라인이나 라운지에서 신속하고 편안하게 체크인이 이루어지도록 지원한다.

체크인이 완료되면 컨시어지는 VIP 고객과 객실까지 동행하며, 객실 내 시설 사용법과 특별 서비스 내용을 상세히 설명한다. 또한 VIP 고객의 투숙 기간 동안 특별한 요청이나 일정 변경에 신속히 대응하며 편안한 체류를 돕는다. 체크아웃 시에는 차량까지 안전하게 동행하며, 감사 인사를 전해 고객에게 호텔의 고급스러운 이미지를 각인시킨다.

3) 다양한 정보 제공

컨시어지의 정보 제공 업무는 고객에게 필요한 다양한 정보를 신속하고 정확하게 제공하는 서비스이다. 이에 따라 컨시어지는 관광명소, 교통편, 지역 행사, 식당, 쇼핑, 문화 공연 등 호텔 주변 지역에 관한 폭넓은 정보를 숙지하고 있어야 한다. 고객의 요청에 따라 맞춤형 추천을 제공하며, 여행 일정이나 목적에 맞는 최적의 코스를 제안한다.

또한 호텔 내 부대시설 이용 방법, 운영시간, 특별 이벤트, 스파 및 레스토랑 예약 가능 여부 등 호텔 관련 정보도 상세히 안내한다. 정보를 제공할 때는 최신 정보를 바탕으로 정확하고 친절하게 설명하며, 고객의 질문이나 요구에 적극적으로 대응한다.

4) 예약 대행 및 확인

호텔 컨시어지의 예약 대행 및 확인 업무는 고객에게 편리하고 원활한 서비스 경험을 제공하기 위한 핵심 업무 중 하나이다. 컨시어지는 고객의 요청에 따라 식당, 공연, 교통편, 관광지 입장권, 스파, 렌터카 등 다양한 외부 서비스 예약을 대행한다. 이를 위해 지역 내외의 파트너 업체와 긴밀한 협력 관계를 유지하며, 최신 정보와 좌석 상황, 이용 가능 시간을 정확히 파악하고 있어야 한다.

예약 시 고객의 선호사항과 특별 요청을 꼼꼼히 확인하고, 예약 내용을 명확히 전달하여 오류가 없도록 주의한다. 예약 완료 후에는 고객에게 예약 확인서를 제공하거나 구두로 안내하며, 예약 당일에도 일정 변경이나 취소 요청에 신속히 대응한다.

5) 특별 요청 처리

특별 요청 처리 업무는 컨시어지가 고객의 개별적인 요구에 맞춰 세심하고 맞춤형 서비스를 제공하는 중요한 역할이다. 고객의 기념일이나 생일 같은 특별한 이벤트 준비를 돕거나, 선물 구매 및 배달을 대행하는 일이 포함된다. 또한 외국어 통역 지원, 긴급 의료 지원, 차량 호출, 특별 식단 요청 등 다양한 상황에 신속하게 대응한다. 이 과정에서 고객의 요구를 정확히 파악하고, 호텔 내외부의 관련 부서 및 외부 업체와 원활하게 협력하여 최상의 서비스를 제공하는 것이 핵심이다.

6) 고객 불평과 문제 해결

호텔 컨시어지의 주요 업무 중 하나는 고객이 겪는 불편이나 불만을 신속하고 효과적으로 처리하는 것이다. 예약 오류, 서비스 지연, 종사원 불친절, 시설 문제 등 고객이 제기하는 다양한 불만을 신속하고 효과적으로 해결하여 고객 만족도를 유지한다. 필요시 관련 부서와 협력해 문제를 원만히 해결하며, 고객이 만족할 수 있도록 세심하게 대응한다. 컨시어지에서 처리하는 주요 불평 유형은 다음과 같다.

- **시설물 불평:** 객실 내 비품 고장, 청결 문제, 소음, 냉난방 불량 등 시설과 관련된 불만이 포함된다.
- **직원 태도 불평:** 직원의 친절도 부족, 응대 지연, 오해 또는 불쾌한 언행 등 서비스 태도에 대한 불만이다.
- **서비스 불평:** 예약 오류, 식음료 서비스 지연, 요청사항 미처리 등 호텔 서비스 전반에 관한 불만이다.

- **특별한 불평:** 개인적 요구사항 미충족, 프라이버시 침해, 안전 문제 등 특수하거나 예외적인 불만 유형이다.

* 컨시어지는 고객맞이부터 다양한 정보 제공 등 고객의 비서업무를 수행한다.

3. 컨시어지의 자세와 자격

호텔 컨시어지로서 성공적인 업무 수행을 위해 갖추어야 할 자세와 자격은 다음과 같다. 이러한 자세와 자격을 갖춘 컨시어지는 호텔의 얼굴로서 고객 만족과 호텔 품격을 높이는 데 큰 역할을 한다.

1) 컨시어지의 자세

- **친절하고 공손한 태도:** 항상 미소와 정중한 인사르 고객을 맞이하며, 존중하는 마음으로 서비스한다.
- **신속하고 정확한 대응:** 고객의 요구에 빠르게 반응하고, 정확한 정보를 제공해 신뢰를 쌓는다.
- **문제 해결 능력:** 예상치 못한 상황에서도 침착하게 대처하며, 적절한 해결책을 찾아 고객 만족을 이끈다.
- **비밀 유지와 신뢰성:** 고객의 프라이버시와 정보를 철저히 보호하며, 신뢰받는 조력자가 된다.

- **적극적인 소통과 경청**: 고객의 말에 귀 기울이고 필요를 파악해 맞춤형 서비스를 제공한다.
- **끊임없는 자기계발**: 최신 관광 정보와 호텔 서비스 지식을 꾸준히 업데이트한다.

2) 컨시어지의 자격

- **외국어 능력**: 영어를 비롯한 주요 외국어 구사 능력은 필수이며, 다국어 능력은 큰 장점이다.
- **서비스 마인드**: 고객 중심의 사고방식과 서비스 정신을 갖추어야 한다.
- **지역 및 관광 지식**: 호텔 위치와 주변 관광, 문화, 교통 등에 대한 폭넓은 지식을 보유해야 한다.
- **대인관계 능력**: 다양한 고객과 원활히 소통할 수 있는 커뮤니케이션 능력이 필요하다.
- **문제 해결력과 판단력**: 신속하고 합리적인 의사결정을 내릴 수 있어야 한다.
- **관련 자격증**: 일부 호텔에서는 컨시어지 전문 교육과정 수료나 국제 컨시어지 자격증(CICP 등)을 요구하기도 한다.

제4절 당직데스크

1. 당직 지배인의 개요

당직데스크는 보통 호텔 현관 입구나 프런트데스크 근처에 위치하며, 당직 지배인(Duty Manager)은 당직데스크의 주요 직무이다. 당직 지배인은 유니폼 서비스 직무와는 호텔 내에서 맡는 역할과 책임 범위가 완전히 다르다. 당직 지배인은 총지배인이나 부총지배인이 퇴근하고 없는 야간에 총지배인의 역할을 대행하는 중간 관리자급 이상이 업무를 수행하며, 야간 근무 시 긴급 상황 등이 발생하면 즉시 총지배인이나 부서장에게 보고하고 조치한다.

일반적으로 호텔 경력 10년 이상으로 근무 경험이 풍부한 호텔리어가 당직 지배인을 맡지만, 최근에는 객실과 식음료부서의 경험이 있는 젊은 당직 지배인도 등장하고 있다. 본서에서는 호텔 야간 당직 지배인의 역할과 중요성을 감안하여 살펴보기로 한다.

* 당직 지배인은 야간에 총지배인을 대신하여 호텔 운영을 책임진다.

2. 당직 지배인의 주요 업무

1) 전 부서 운영 상황 총괄

야간 또는 특정 시간대의 운영 상황 총괄이란, 당직 지배인이 프런트오피스, 하우스키핑, 식음료, 보안, 시설 등 모든 부서의 실시간 운영 상태를 점검 · 관리하는 것을 말한다. 각 부서에서 발생하는 문제를 즉시 파악하고 우선순위에 따라 해결하며, 부서 간 협조를 조율한다. 또한 예약 현황, 객실 점유율, 인력 배치, 서비스 품질 등을 종합적으로 확인하여 원활한 운영이 이루어지도록 조치하고, 전반적인 서비스 수준을 유지 · 관리한다.

2) 총책임자 역할 수행

야간 또는 특정 시간대의 총책임자 역할 수행이란, 호텔의 총지배인이나 부서장이 부재한 시간대에 당직 지배인이 호텔 전 부서의 운영을 총괄하는 것을 의미한다. 주로 야간 근무 시간에 발생하는 객실 문제, 고객 불만, 긴급 상황, 안전사고 등을 즉시 판단하고 조치하며, 필요시 관련 부서와 외부 기관에 연락하여 문제를 해결한다. 또한 그날의 운영 상황을 보고서로 작성하여 주간 관리자에게 전달하는 책임도 수행한다.

3) 당일의 VIP, 단체고객 상황 파악

당일의 VIP나 단체투숙 상황 확인은 당직 지배인이 고객 맞춤 서비스와 원활한 호텔 운영을 위해 반드시 수행하는 업무이다. 당일 투숙 예정인 VIP 고객의 성향, 요청사항, 선호 서비스 등을 사전에 파악하고 관련 부서와 공유하여 맞춤형 응대를 준비한다. 또한 단체 투숙의 경우 체크인 · 체크아웃 시간, 객실 배정, 식음 · 연회 일정 등을 확인해 혼잡을 최소화하고 서비스 품질을 유지한다.

4) 고객 불만 및 긴급 상황 해결

고객 불만 및 긴급 상황 해결은 당직 지배인이 호텔 운영 중 발생하는 각종 불만 사항과 돌발 상황에 신속하고 적절하게 대응하는 업무를 말한다. 고객이 불만을 말하면 경청과 공감으로 상황을 파악하고, 즉시 해결 방안을 제시하거나 관련 부서와 협력해 문제를 조치한다. 화재, 의료 응급, 시설 고장 등 긴급 상황에서는 안전 규정에 따라 신속히 대응하고, 필요한 경우 외부 기관과 연락하여 고객과 직원의 안전을 최우선으로 확보한다.

5) 안전 · 보안 관리

안전 보안 관리는 당직 지배인이 호텔의 전반적인 안전과 보안을 유지하기 위해 수행하는 핵심 업무이다. CCTV 모니터링, 출입 통제, 순찰 등을 통해 잠재적 위험을 예방하며, 도난 · 분실 · 침입 등 보안 사고 발생 시 즉각적인 조치를 취한다.

Checkpoint

◆ 토론 주제 1

호텔 로비에서 처음 만나는 도어맨 · 벨맨 · 컨시어지 중 여러분이 가장 중요하다고 생각하는 직무는 무엇인가? 그 이유와 함께 '호텔의 첫인상'에 어떤 영향을 주는지 토론해 보자.

• **참고**

– 도어맨: 차량 안내 · 인사로 첫 순간의 이미지를 만든다.
– 벨맨: 짐 운반 · 객실 안내로 편의와 신뢰감을 준다.
– 컨시어지: 관광 · 예약 정보로 체류 경험의 질을 높인다.
– 어떤 직무가 더 중요하다기보다, 세 직무가 연결될 때 고객은 '환대'를 완성적으로 체감한다.

◆ 토론 주제 2

발렛파킹 서비스를 유료화하면 고객 만족도가 떨어질까? 무료로 유지할 때와 유료로 운영할 때의 장단점을 비교해 보자.

• **참고**

– 무료 운영: 접근성 · 편의성 · 만족도는 높지만 비용 부담은 호텔이 진다.
– 유료 운영: 서비스 품질 유지 · 운영비 충당이 가능하지만 고객 거부감이 있을 수 있다.
– 절충안: 레스토랑 이용 시 무료, 장기 투숙객 할인 등 조건부로 운영할 수 있다.
– 단순히 무료/유료의 문제가 아니라, 호텔의 포지셔닝과 고객층에 맞춘 운영 방식이 핵심이다.

◆ 토론 주제 3

호텔 로비에서 고객 불만 상황이 발생했을 때, 도어맨 · 벨맨 · 컨시어지 · 당직 매니저 중 누가 가장 먼저 대응해야 할까? 각 직무가 맡는 역할과 책임을 고려하여 토론해 보자.

• **참고**

– 도어맨: 입구에서 고객 불만을 가장 먼저 접할 수 있으며, 신속히 다른 부서로 연결하는 '초기 대응자' 역할
– 벨맨: 객실까지 고객과 동행하는 경우가 많아, 불편을 직접 듣고 문제를 전달하는 '현장 소통자' 역할
– 컨시어지: 전문적 안내와 네트워크를 바탕으로 고객 문제 해결에 적극적으로 개입할 수 있는 '솔루션 제공자' 역할
– 당직 매니저: 권한과 책임을 가지고 최종적으로 문제를 공식적으로 해결 · 보상하는 '의사결정자' 역할
– 특정 직무 하나가 아니라, 단계별로 역할을 나누어 '릴레이형 협력'이 이루어질 때 서비스 회복이 효과적이다.

전문용어

유니폼 서비스(Uniform Service) 도어맨 · 벨맨 · 컨시어지처럼 유니폼으로 구분되는 서비스이다.

발렛파킹(Valet Parking) 고객 차량을 대신 주차 · 출차해주는 서비스이다.

VIP 서비스(VIP Service) Very Important Person을 위한 특별 서비스이다. 전용 체크인, 객실 업그레이드, 웰컴 어메니티 등을 제공한다.

GRO(Guest Relations Officer) VIP 고객 전담이 주요 업무이다. 평상시에는 컨시어지와 같이 고객응대 서비스 업무를 진행한다.

레 클레 도르(Les Clefs d'Or) 국제컨시어지협회 회원을 상징하는 황금 열쇠 배지로서 세계적으로 인정받는 컨시어지 자격이다.

제9장

비즈니스센터, 전화교환실, 피트니스센터

본 장에서는 고객의 편의와 만족을 높이기 위해 제공되는 프런트오피스 부서의 다양한 부대 서비스 업무에 대해서도 살펴본다. 먼저 제1절에서는 비즈니스센터, 제2절에서는 전화교환실, 제3절에서는 피트니스센터에 대해 차례로 살펴본다.

제1절 비즈니스센터

1. 비즈니스센터의 개요

비즈니스센터는 비즈니스호텔을 표방하는 호텔에서 핵심적인 기능을 담당하는 부서로, 출장이나 업무차 방문한 고객이 사무실을 떠나서도 불편 없이 업무를 수행할 수 있도록 '사무실을 떠난 사무실(Office away from office)' 개념을 도입한 공간이다. 비즈니스센터는 컨시어지와는 차이가 있다. 비즈니스센터는 '업무를 처리하는 공간'에 초점을 두고, 컨시어지 데스크는 '고객의 체류 경험과 편의 증진'에 중점을 둔다고 볼 수 있다. 특급호텔에서는 두 가지 서비스를 모두 운영하는 경우가 많다.

비즈니스센터에서는 고속 인터넷, 프린터, 복사기, 스캐너, 팩스 등의 기본 사무기기를 완비하고 있으며, 문서 작성, 출력, 제본, 스캔 등 다양한 사무 지원 서비스를 제공한다. 또한 소규모 회의실, 프레젠테이션 설비, 화상회의 시스템 등을 갖추어 비즈니스 미팅이나 계약 체결, 자료 공유가 가능하도록 지원한다.

* 그랜드하얏트서울호텔의 비즈니스센터: 그랜드하얏트는 6~16명을 수용할 수 있는 미팅룸 10개를 구비하고 있다.

표 9-1 비즈니스센터와 컨시어지 데스크의 차이점

구분	비즈니스센터	컨시어지 데스크
주요목적	비즈니스 고객의 사무 · 업무 지원	고객의 편의, 안내, 예약 대행 등
대상고객	주로 출장객, 회의 참석객, 기업 고객	비즈니스 · 레저를 포함한 모든 고객
위치	호텔 내 별도 사무 공간, 회의실과 인접	로비나 입구 근처
운영형태	사무실 형태, 컴퓨터 · 사무기기 완비	데스크 형태, 대면 상담 중심

2. 비즈니스센터의 주요 업무

호텔 비즈니스센터의 주요 업무는 출장객과 비즈니스 고객이 호텔 내에서 업무를 효율적으로 수행할 수 있도록 다양한 사무 지원과 편의 서비스를 제공한다. 필요에 따라 맞춤형 서비스가 제공되기도 하며, 비즈니스 고객 유치와 호텔 이미지 제고에 중요한 역할을 한다. 주요 업무는 다음과 같다.

1) 회의실 대여 및 지원

호텔 내 비즈니스센터는 소규모 미팅룸부터 대형 콘퍼런스룸까지 다양한 크기의 회의실을 대여한다. 주요 5성급 호텔에서는 비즈니스센터가 회의실 예약과 함께 최신 프로젝터, 화상회의 장비, 음향 시스템 등을 제공하여 고객이 원활하게 회의를 진행할 수 있도록 지원하고 있다.

2) 문서 복사 및 출력, 스캔 서비스

출장 중인 고객이 프레젠테이션 자료, 계약서 등 중요한 문서를 즉시 출력하거나 복사할 수 있도록 서비스한다. 비즈니스 특화 호텔에서는 24시간 운영되는 비즈니스센터가 있어 고객이 언제든지 문서 작업을 할 수 있도록 돕고 있다.

3) 컴퓨터 및 인터넷 이용 지원

컴퓨터 대여, 고속 인터넷 접속, 프린터 사용 등을 제공한다. 일부 호텔은 무료 와이파이 외에도 비즈니스센터에서 최신 컴퓨터와 소프트웨어를 제공해 고객이 출장 중에도 업무를 효율적으로 수행할 수 있도록 한다.

4) 팩스 및 우편 서비스

팩스 송수신과 국제 우편 발송, 택배 서비스를 지원하여 비즈니스 고객의 커뮤니케이션을 돕는다.

5) 비서 및 통역 지원

필요시 간단한 비서업무나 통역 서비스를 연계해주어 고객의 업무를 지원한다. 외국인 비즈니스 고객이 많은 서울의 호텔들에서는 비즈니스센터가 통역사 연결 서비스를 제공해 국제 비즈니스 미팅을 원활하게 돕고 있다.

6) 출장 및 여행 지원

항공권 예약, 렌터카 대여, 택시 호출 등 출장과 관련된 다양한 예약 서비스를 제공한다. 제주지역 리조트호텔의 비즈니스센터는 출장고객의 이동 편의를 위해 렌터카 예약이나 관광 안내 서비스를 함께 제공하고 있다. 이처럼 비즈니스센터는 단순한 업무 지원을 넘어서 호텔 고객의 비즈니스 효율성을 높이고, 고객 만족도를 극대화하는 핵심 부서로 자리매김하고 있다.

3. 비즈니스센터 직원의 업무 능력

비즈니스센터 직원은 기술적 역량과 대인 관계 능력, 그리고 전문성과 신뢰성을 고루 갖춘 인재가 적합하다.

1) 사무 기술 능력

비즈니스센터 직원은 컴퓨터 활용 능력이 기본이다. MS 오피스(워드, 엑셀, 파워포인트) 프로그램을 능숙하게 다룰 줄 알아야 하며, 프린터, 복사기, 팩스 등 사무기기도 원활히 사용할 수 있어야 한다. 또한 프로젝터, 화상회의 장비 등 회의 지원 관련 비즈니스 장비를 조작할 수 있어야 하며, 빠르게 문제를 파악하고 대응할 수 있는 능력이 필요하다.

2) 대인 관계 능력

고객과의 원활한 의사소통 능력은 필수다. 고객의 요구를 정확히 파악하고 명확하게 전달할 수 있어야 하며, 친절하고 적극적으로 응대하는 서비스 마인드를 갖춰야 한다. 외국인 고객이 많은 호텔 환경의 특성상 영어 등 외국어 능력이 있으면 국제 고객 응대에 매우 유리하다. 또한 동료 및 타 부서와 협력하는 팀워크도 중요하다.

3) 전문성 및 신뢰성

업무를 책임감 있게 완수하고, 문제 발생 시 신속하게 해결할 수 있는 전문성을 갖춰야 한다. 특히 고객의 중요한 문서와 개인정보를 다루기 때문에 철저한 비밀 유지 능력과 신뢰성이 요구된다. 관련 경력이나 호텔 및 비즈니스센터 교육을 이수한 경험이 있으면 업무 수행에 큰 도움이 되며, 채용 시 우대받는 요소다.

제2절 전화교환실

1. 전화교환실의 개요

호텔 전화교환실은 고객과 외부, 그리고 호텔 내 부서 간 원활한 통신을 담당하는 중요한 부서다. 이곳에서 근무하는 직원을 전화교환원(오퍼레이터, Operator)이라 한다. 교환실은 호텔의 '정보 허브' 역할을 하며, 전화 연결뿐만 아니라 다양한 커뮤니케이션 지원 업무를 수행한다.

현대 호텔에서는 자동 전화 시스템과 디지털 통신 기술이 발달했지만, 여전히 전화교환실이 필요한 이유가 있다. 첫째, 고객 맞춤형 서비스 제공 때문이다. 전화교환원은 단순한 전화 연결을 넘어 고객 요청에 맞춘 안내와 상담을 제공하여 고객 만족도를 높인다. 둘째, 긴급 상황이나 특수한 통신 요구 시 신속하고 정확한 대응이 가능하다. 자동 시스템이 처리하기 어려운 복잡한 상황에서 전화교환원이 중재자 역할을 한다. 셋째, 호텔 내 다양한 부서와 고객 간 효율적이고 정확한 소통을 지원한다. 전화교환원은 호텔의 다양한 서비스와 시설을 잘 알고 있어 신속하게 연결해준다.

또한, 전화교환실은 호텔의 전문적 이미지와 품격을 유지하는 데 기여한다. 전화 응대는 고객이 호텔에 처음 접하는 서비스 중 하나이므로, 전화교환원의 친절과 전문성이 중요하다.

* 전화교환원의 업무

2. 전화교환실의 주요 업무

전화교환실의 주요 업무는 고객과 호텔 내·외부 간 원활한 소통을 돕는 중요한 역할을 한다. 구체적으로 살펴보면 다음과 같다.

1) 안내 업무

고객이 호텔 시설, 서비스, 주변 관광지, 교통편 등을 문의하면 신속하고 정확하게 안내한다. 예를 들어, 레스토랑 예약, 스파 서비스 안내, 당일 행사 및 프로모션 정보 등을 제공하여 고객이 호텔을 편리하게 이용할 수 있도록 돕는다. 또한 주변 관광지 추천이나 교통편 안내도 담당한다.

2) 국제전화 연결

해외 고객이나 출장객이 국제전화를 원활하게 사용할 수 있도록 국가번호, 시간대, 요금 안내 등을 제공한다. 국제전화 연결 시 오류가 발생하지 않도록 신중하게 처리하며, 고객이 편리하게 통화할 수 있도록 지원한다.

3) 모닝콜 서비스

고객 요청에 따라 정해진 시간에 모닝콜을 정확히 실시한다. 특히 중요한 회의나 출발 시간에 맞춰 고객이 제시간에 일어날 수 있도록 재확인 절차도 병행한다.

최근에 호텔에서는 모닝콜을 객실 전화뿐 아니라 고객 휴대폰으로도 제공하는 경우가 많다. 고객이 사전에 휴대폰 번호를 알려주면, 교환실이나 자동 시스템에서 지정한 시간에 휴대폰으로 직접 모닝콜이나 알람 메시지를 보내 준다. 이 방법은 객실 전화가 꺼져 있거나, 고객이 객실을 비운 경우에도 모닝콜을 받을 수 있어 고객 만족도를 높인다. 다만, 휴대폰 모닝콜 서비스는 호텔마다 운영 방식이 다를 수 있다.

4) 내부 · 외부 전화 연결

객실과 호텔 각 부서(프런트데스크, 룸서비스, 하우스키핑 등), 외부 연락처 간 신속하고 정확한 전화 연결을 책임진다. 고객 요청에 따라 필요한 부서나 외부 기관과 연결하며, 전화 연결 상태를 확인해 원활한 통신이 이루어지도록 한다.

5) 긴급 상황 대응

화재, 의료 응급, 보안 문제 등 긴급 상황 발생 시 신속하게 관련 부서와 고객을 연결하고 상황을 안내한다. 고객 안전을 최우선으로 신속하고 체계적인 대응을 지원한다.

6) 기타 업무

팩스 송수신, 메시지 전달, 고객 요청사항 기록 및 전달 등 다양한 커뮤니케이션 업무를 수행한다.

3. 전화교환원의 업무 능력

전화교환원 직군은 전통적으로 여성에게 선호되는 직종 중 하나로 꼽힌다. 이는 섬세한 응대 능력과 친절한 태도가 중요하기 때문이다. 전화교환원이 갖추어야 할 업무 능력을 살펴보면 다음과 같다.

1) 커뮤니케이션 능력

전화 응대 시 표준어 사용과 명확하고 또렷한 발음으로 친절하게 응대할 수 있어야 하며, 고객 요구를 정확히 파악하고 적절히 대응하는 능력이 필요하다.

2) 기본 컴퓨터 및 통신장비 사용 능력

전화 시스템과 컴퓨터를 능숙하게 다룰 줄 알아야 한다.

3) 서비스 마인드

고객에게 친절하고 공손한 태도를 유지한다. 스트레스 상황에서도 침착하게 업무를 수행할 수 있어야 한다.

4) 호텔 및 관광 관련 지식

호텔시설, 서비스, 주변 관광지 등에 대한 기본 지식을 갖추면 업무에 도움이 된다.

5) 외국어 능력(우대)

영어 등 외국어 구사 능력이 있으면 국제 고객 응대에 유리하다.

6) 경력

관련 경력은 보통 1~3년 정도면 기본 업무 수행에 충분하다. 신입도 지원 가능하지만, 서비스업 경험이 있으면 우대받는다.

제3절 피트니스센터

1. 피트니스센터의 개요

현대 럭셔리 호텔에서 피트니스센터를 운영하는 이유는 고객의 건강과 웰빙에 대한 관심 증가와 호텔 서비스 차별화 전략의 결과이다. 고객들은 단순 숙박을 넘어 심신의 휴식과 체력 관리를 원하며, 이에 호텔들은 헬스장, 수영장, 테라피, 골프장, 사우나 등 다양한 웰니스 시설을 통합해 고급화된 복합 공간을 제공한다.

비즈니스 출장객이나 장기 투숙객은 전문적인 맞춤형 운동과 휴식 공간을 선호하며, 호텔은 이를 통해 재방문율을 높이고 긍정적 구전을 기대할 수 있다. 또한 웰니스 트렌드에 맞춰 차별화된 피트니스 서비스를 제공하는 것이 경쟁력 확보에 필수적이다.

회원관리는 마케팅 측면에서도 매우 중요하다. 정기 이용 고객을 위한 회원제 프로그램과 개인 맞춤형 상담, 건강 체크, 프로모션을 통해 고객 충성도를 강화하고 신규 고객 유치에도 도움이 된다. 운영 방식은 호텔 규모와 체인 정책에 따라 다르다. 대형 럭셔리 호텔은 피트니스센터를 별도 부서로 운영하며 전문 인력을 배치한다. 반면, 체인호텔이나 중소형 호텔은 객실부 산하에 포함해 효율성을 높이기도 한다.

피트니스센터가 객실부 소속으로 운영되면 부서 간 원활한 소통과 협력이 가능해진다. 객실부는 고객과 직접 접점이 많아 피트니스 이용 고객의 요구와 불편 사항을 신속히 파악하고 대응할 수 있다. 또한, 객실 예약과 연계한 패키지 상품 개발이나 프로모션 운영이 용이해 마케팅 효과가 높아진다.

2. 피트니스센터 업장의 유형

1) 체력단련장

호텔 체력단련장, 즉 헬스장은 최근 건강과 웰빙에 대한 관심 증가로 빠르게 변화하고 있다. 최신 트렌드는 단순한 운동 기구 제공을 넘어서 맞춤형 운동 프로그램과 스마트 기술을 접목하는 방향으로 나아간다. 예를 들어, 개인의 체력과 목표에 맞춘 AI 기반 트레이닝 기기, 가상 코칭 서비스, 모바일 연동 건강 관리 앱 등이 도입되고 있다. 또한, 그룹 운동 클래스, 요가, 필라테스, 명상 등 신체와 정신을 아우르는 복합 프로그램이 인기를 끌고 있다. 친환경 디자인과 쾌적한 공간 구성도 중요한 요소로 자리 잡았다.

코로나19 이후 위생과 안전에 대한 기준이 강화되면서, 예약제 운영과 비대면 운동 솔루션 도입도 증가하고 있다. 이처럼 호텔 체력단련장은 기술과 건강 트렌드를 반영하며 고객 맞춤형, 통합형 웰니스 공간으로 진화하고 있다.

* 인터컨티넨탈 서울 파르나스 호텔의 헬스장과 필라테스장

2) 수영장

호텔 피트니스센터 내 수영장은 고객들에게 매우 인기 있는 시설 중 하나다. 수영은 전신 운동으로 체력 향상과 스트레스 해소에 효과적이며, 모든 연령대가 즐길 수 있어 다양한 고객층에게 사랑받는다. 수영장은 기본적인 운동 기능을 제공할 뿐만 아니라 호텔이 제공하는 건강 · 웰빙 패키지에 쉽게 포함시킬 수 있어 패키지 상

품 구성에도 유리하다. 예를 들어, 헬스장 이용과 스파, 수영장 이용이 결합된 웰니스 패키지 등이 대표적이다.

특히 야외 수영장은 계절에 따라 다양하게 활용할 수 있다. 여름철에는 시원한 물놀이 공간뿐 아니라 가든파티, 바비큐 행사 등의 배경 장소로도 활용되어 고객에게 특별한 경험을 제공한다. 넓은 야외 공간과 아름다운 조경은 휴식과 사교의 장으로 인기를 끌며, 호텔의 고급스러운 이미지를 강화한다. 이렇게 다목적으로 활용되는 야외 수영장은 호텔의 부가가치를 높이고 고객 만족도를 크게 향상한다.

* (좌) 콘래드서울 실내수영장, (우) 샹그릴라호텔파리 실내수영장

3) 사우나

호텔 피트니스센터 내 사우나는 고객에게 휴식과 건강 관리를 동시에 제공하는 시설이다. 사우나는 온열 요법을 통해 혈액순환을 촉진하고 근육 이완에 도움을 주어 피로 회복과 스트레스 해소에 효과적이다. 일반적으로 건식 사우나와 습식 사우나(한증막)로 구분되며, 각각의 특성에 따라 다양한 고객의 선호를 충족시킨다.

호텔 사우나는 피트니스 운동 후 근육 회복 공간으로 활용되며, 스파나 마사지 시설과 연계해 종합적인 웰니스 서비스를 제공하는 경우가 많다. 고급 호텔에서는 사우나 시설을 고급스럽게 꾸며 고객에게 편안하고 쾌적한 휴식 환경을 제공한다. 또한, 고객 프라이버시를 고려한 개인 공간이나 전용 사우나 룸을 마련하기도 한다.

* (좌) JW메리어트 사우나, (우) 인터컨티넨탈 서울 파르나스 사우나

4) 테라피와 스파

호텔 피트니스센터 내 테라피와 스파는 근육 이완, 피로 회복, 스트레스 해소뿐 아니라 피부 관리, 미용 효과까지 제공해 여성 고객의 높은 만족도를 이끄는 웰빙 서비스다. 마사지, 아로마 테라피, 페이셜, 바디 트리트먼트 등 다양한 프로그램으로 구성되며, 전문 치료사들이 맞춤형 서비스를 제공한다.

많은 호텔에서 피트니스, 수영장, 사우나와 연계한 웰니스 패키지를 구성해 고객에게 종합적인 건강 관리 경험을 선사한다. 예를 들어, 서울의 한 5성급 호텔은 '헬스+스파 패키지'를 운영해 운동 후 스파 이용권과 맞춤형 마사지 서비스를 함께 제공해 호평을 받았다. 또한, 여성 전용 스파 공간을 별드로 마련해 프라이버시와 편안함을 강조하는 사례도 많다. 이처럼 테라피와 스파는 호텔의 고급 서비스로 자리매김하며, 여성 고객 유치와 고객 충성도 향상에 중요한 역할을 한다.

* 반얀트리 클럽 앤 스파 서울호텔의 스파&테라피: (좌) 개별 욕실, (우) 트리트먼트 룸

5) 골프연습장

호텔 피트니스센터 내 골프연습장은 실내 및 실외 공간으로 나뉘어 운영된다. 실내 골프연습장은 최신 시뮬레이터와 스윙 분석 장비를 갖추어 날씨와 계절에 상관없이 연습할 수 있다. 고객은 개인별 스윙 자세 교정, 거리 측정, 코스 시뮬레이션 등을 통해 실전 감각을 높일 수 있다. 특히 비즈니스 고객과 골프 애호가에게 인기다.

실외 골프연습장은 넓은 공간에서 실제 필드와 유사한 환경을 제공하며, 드라이빙 레인지, 퍼팅 그린 등이 마련된다. 자연 속에서 운동과 여가를 즐기려는 고객에게 적합하며, 계절별 이벤트나 골프 교실이 함께 운영되기도 한다. 이처럼 호텔 내 골프연습장은 체계적인 시설과 맞춤형 프로그램으로 고객 만족도를 높이고, 건강과 레저를 동시에 충족시키는 복합 공간으로 자리 잡고 있다.

* (좌) JW메리어트 실내 골프연습장, (우) 롯데서울호텔 실외 골프연습장

3. 피트니스센터의 운영 방법

호텔 피트니스센터의 운영 방식은 고객 만족과 수익 극대화를 목표로 회원분양과 회원관리 전략을 활용한다. 주요 내용을 정리하면 다음과 같다.

1) 회원분양 방식

- **일반 회원권 판매:** 호텔 고객뿐 아니라 외부 고객에게도 회원권을 판매해 안정적인 수익원을 확보한다. 월별, 분기별, 연간 회원권 등 다양한 기간 옵션을 제공한다.
- **패키지 연계 상품:** 객실 예약 시 피트니스 이용권을 포함한 패키지 상품을 구성해 고객 유입을 촉진한다.
- **VIP 및 기업 회원:** 고가의 프리미엄 회원권이나 기업 단체 회원권을 운영해 고정 고객층을 확보한다.

2) 회원관리 시스템 운영

- 고객 정보, 이용 내역, 결제 기록 등을 체계적으로 관리한다.
- 예약, 출입, 결제 등을 IT 시스템으로 통합해 운영 효율성을 높인다.
- 회원별 맞춤형 운동 프로그램과 건강 상담을 제공해 충성도를 높인다.

3) 서비스 차별화 및 맞춤형 관리

- 개인 트레이닝, 그룹 클래스, 스파 · 테라피 연계 등 다양한 프로그램을 제공한다.
- 고객 피드백을 반영해 서비스 품질을 지속적으로 개선한다.

4) 마케팅 및 프로모션

- 할인 행사, 체험 이벤트, 시즌별 프로모션으로 신규 회원 유치에 힘쓴다.
- 정기적으로 뉴스레터, SMS, 앱 알림 등을 통해 고객과 소통하며 재방문을 유도한다.

5) 운영 시간 및 인력 배치

- 고객 편의를 위해 유연한 운영 시간을 설정하고, 전문 트레이너 및 상담원을 배치한다.

6) 안전 및 위생 관리

- 시설과 장비의 청결 유지와 안전 점검을 철저히 하여 신뢰를 확보한다.

이와 같은 체계적인 회원분양과 관리, 차별화된 서비스 운영을 통해 호텔 피트니스센터는 고객 만족도를 높이고 지속 가능한 수익 모델을 구축한다.

Checkpoint

◆ **토론 주제 1**

출장객을 위한 비즈니스센터와 여행객을 위한 컨시어지 데스크, 어떤 서비스가 더 중요하다고 생각하는가?

• **참고**

– 비즈니스센터는 '일하는 공간'으로, 문서 작업 · 회의 · 화상회의 지원에 강점이 있다.
– 컨시어지 데스크는 '생활 편의'에 집중, 관광 · 교통 · 레스토랑 예약 등 다양한 고객층 지원이 가능하다.
– 호텔의 타깃 고객군(비즈니스 vs 레저)에 따라 중요도가 달라진다.
– 두 서비스는 서로 대체가 아니라 보완 관계로, 호텔의 고객 경험을 함께 완성한다.

◆ **토론 주제 2**

전화 모닝콜 서비스는 스마트폰 알람으로 충분한데, 호텔은 왜 여전히 모닝콜을 운영할까?

• **참고**

– 스마트폰으로 대체 가능하지만, 호텔 모닝콜은 책임 있는 알림 서비스라는 차별점이 있다.
– 중요한 회의 · 비행기 일정에서 고객은 호텔의 이중 안전망을 선호한다.
– 전화교환원은 응대 시 간단한 안내(날씨, 교통정보)도 함께 제공할 수 있다.
– 모닝콜은 단순 알람이 아닌 신뢰와 배려가 담긴 환대 서비스이다.

◆ **토론 주제 3**

호텔 피트니스센터에 수영장 · 사우나 · 테라피까지 필요한가? 단순 헬스장으로 충분하지 않을까?

• **참고**

– 단순 운동만 제공하면 체육관과 차별성이 약하다.
– 웰니스 트렌드에 따라 운동+휴식+치유 공간이 결합돼야 경쟁력이 생긴다.
– 사우나 · 스파 · 테라피는 특히 장기 투숙객 · 고급 고객층에게 큰 매력 요소다.
– 피트니스센터는 단순 운동 시설이 아니라 호텔의 브랜드 가치와 차별화를 보여주는 복합 웰니스 공간이다.

전문용어

오퍼레이터(Operator, 전화교환원) 전화교환실 직원을 말한다.

모닝콜(Morning Call) 고객 요청 시 지정 시간에 기상 알림을 제공하는 서비스이다.(예: 조찬 미팅 고객에게 객실 전화 · 휴대폰 알람 동시 제공)

피트니스센터(Fitness Center) 건강 · 운동 · 휴식 공간을 제공하는 호텔 내 웰니스 시설로서 헬스장, 수영장, 사우나, 스파 등이 포함된다.

웰니스(Wellness) 서비스 건강 · 휴식 · 정신적 안정을 통합적으로 제공하는 서비스이다(예: 요가, 명상, 아로마 테라피 프로그램 운영)

테라피(Therapy) · 스파(Spa) 마사지 · 피부관리 · 휴식을 제공하는 웰빙 서비스이다(예: 여성 고객 대상 바디 트리트먼트 프로그램)

회원제(Member Program) 호텔이나 리조트에서 고객이 일정 금액을 내고 회원으로 가입하면 호텔은 포인트 적립, 무료 숙박, 객실 업그레이드, 조식 제공, 우선 예약 혜택 등을 제공한다. 쉽게 말해, '자주 오는 고객을 더 특별히 대우하고, 다시 오도록 만드는 제도'이다.

제10장

하우스키핑

제1절 하우스키핑의 이해

제2절 하우스키핑의 주요 업무와 트렌드

제1절 하우스키핑의 이해

1. 하우스키핑의 개요

하우스키핑(Housekeeping)은 객실과 공용공간의 청결 유지, 비품과 리넨 관리, 고객의 재산 및 신변 보호를 책임지는 호텔의 핵심 부서이다. '하우스키퍼(Housekeeper)'는 집을 관리하거나 감독하는 사람을 의미하며, 호텔에서는 객실 청소뿐 아니라 식당 · 회의실 · 복도 · 현관 · 화장실 등 공용장소(Public Area) 관리, 각종 리넨 세탁, 소모품 보충까지 포함한다. 프런트오피스가 객실상품을 판매하는 부서라면, 하우스키핑은 이를 재생산하는 부서로서, 객실을 판매 가능한 상태로 유지 · 정비하는 역할을 한다.

하우스키핑의 역사는 숙박업의 역사와 함께 시작된다. 고대 로마의 여관이나 중세 유럽의 수도원 숙소에서도 손님을 맞이하기 전, 방 청소와 침구 준비를 담당하는 인력이 존재했다. 19세기 산업혁명 이후 도시의 상업호텔이 등장하면서 체계적인 하우스키핑 조직이 생겼고, 20세기 초 고급호텔의 확산과 함께 표준화된 객실 청소 절차와 리넨 관리 시스템이 도입되었다. 현대에 들어서는 환경 친화적 청소, 자동화 장비, 디지털 관리 시스템 등 기술 발전이 하우스키핑 업무 효율성을 높였다.

오늘날 하우스키핑 부서는 청소와 정돈을 넘어 고객 안전관리, 분실물 처리, 시설 점검, 품질 관리 등 다방면의 역할을 수행하며, 쾌적하고 안전한 숙박 환경을 제공함으로써 고객 만족과 호텔의 이미지 향상에 직결되는 핵심 부서로 자리매김하고 있다.

2. 하우스키핑의 조직

하우스키핑 조직은 호텔 내 객실과 공용공간의 청결 및 유지 관리를 책임지는 부서로, 고객에게 쾌적하고 안전한 환경을 제공하는 데 중추적 역할을 한다. 이 조직은 하우스키핑 매니저를 중심으로 하여, 객실 청소를 담당하는 룸메이드, 청소 상태를 점검하는 인스펙터, 보조 업무를 수행하는 하우스맨, 미니바와 리넨 관리를 담당하는 전문 인력 등으로 구성된다.

직원은 직무별로 협력하여 청결과 서비스 품질을 유지하며, 호텔의 전반적인 고객 만족도를 높이는 데 기여한다. 체계적인 조직 운영으로 업무를 효율적으로 분담하고 문제를 신속하게 해결할 수 있다. 하우스키핑의 조직도를 살펴보면 〈표 10-1〉과 같다.

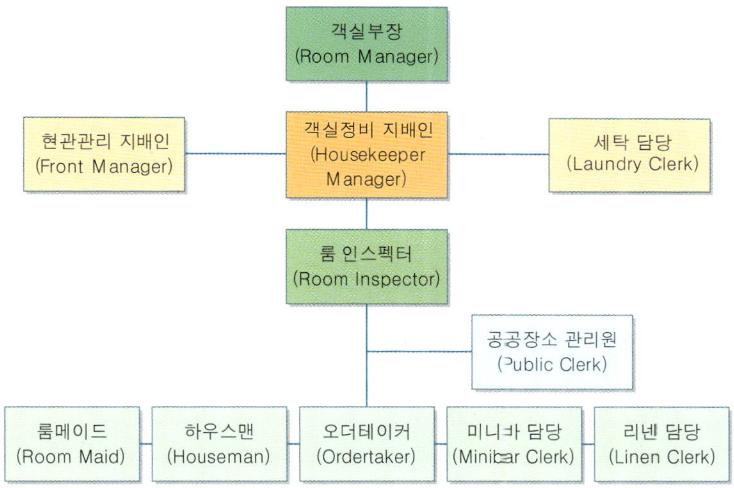

표 10-1 하우스키핑 조직도

3. 하우스키핑 구성원과 직무

1) 하우스키핑 매니저

하우스키핑 매니저(Housekeeping Manager)는 하우스키핑 부서 전체를 총괄하며 인력 운영, 교육, 업무 일정 및 예산 관리를 책임진다. 서비스 품질과 청결 기준이 유지되도록 체계적인 관리와 감독을 수행하며, 고객 불만을 처리하고 타 부서와 협력해 원활한 호텔 운영을 지원한다. 또한 부서 내 업무 효율성을 높이기 위해 프로세스를 개선하고, 정기적으로 직원 성과를 평가하고 피드백을 제공한다.

2) 인스펙터

인스펙터(Inspector)는 객실과 공용 공간의 청소상태를 꼼꼼히 점검하며 청소 품질을 평가한다. 룸메이드들의 작업이 정해진 표준과 절차에 맞게 이루어지는지 확인하고, 문제 발생 시 신속히 개선 지시를 내린다. 또한 하우스키핑 매니저와 협력해 직원 교육 프로그램에 참여하며, 고객 불만 사항에 대응해 청소 품질 향상을 위한 실무적 조치를 취한다.

* 인스펙터가 룸어텐던트와 청소상태를 점검하는 모습

3) 룸어텐던트

'룸어텐던트(Room Attendant)'는 객실 청소 및 정돈 업무를 담당하는 직원을 말한다. 다른 말로는 '룸메이드'라는 명칭을 사용하지만, 국제적 용어는 룸어텐던트라는 명칭을 가장 많이 사용한다.

객실 내 침구 교체, 욕실 청소, 바닥 청소, 먼지 제거, 쓰레기 수거 등 청소와 정돈 업무를 수행한다. 객실 내 비품과 소모품의 상태를 확인해 부족한 물품을 보충

하며, 고객이 쾌적하고 안전한 환경에서 머무를 수 있도록 항상 청결을 유지하는 데 중점을 둔다. 또한, 고객 요청사항이나 특이사항을 하우스키핑 부서에 보고한다.

* 룸어텐던트가 객실 청소 및 정돈 업무를 하는 모습

4) 오더테이커

오더테이커(Ordertaker)는 고객이나 룸어텐던트, 공용구역 직원으로부터 물품 및 서비스 요청을 접수하고 신속하게 처리한다. 객실 내 소모품 보충, 세탁물 수거, 특별 청소 요청 등 다양한 주문 사항을 체계적으로 관리하여 하우스키핑 부서가 원활하게 기능하도록 조율하는 역할을 담당한다.

5) 미니바 담당

미니바(Minibar) 담당자는 객실 내의 소형 냉장고에 있는 음료 및 주류 등을 주기적으로 점검하고 부족하면 품목을 신속히 보충한다. 투숙고객이 프런트에서 체크아웃을 신청하면 프런트 직원은 미니바 담당자에게 연락하여 미니바 사용을 점검하게 한다. 미니바 담당자는 고객이 사용한 품목과 가격을 프런트에 알리고 정산하도록 한다. 소규모 호텔에서는 룸어텐던트가 미니바 업무를 겸하기도 한다.

미니바에 들어가는 일반적인 품목으로는 음료(Water, Juice, Coke, Cider), 알코올류(Beer, Wine, Whisky, Cognac), 스낵류(Chip, Peanuts, Chocolate) 등이다. 최

근에는 호텔들이 미니바를 통한 객실 매출을 극대화하기 위해 비치 품목을 다양화하고 있는데, 기존의 품목 외에도 면도기, 칫솔세트, 양말, 속옷 등도 판매하고 있다.

6) 하우스맨

하우스맨(Houseman)은 룸어텐던트가 청소에 집중할 수 있도록 리넨과 청소 도구, 비품 등을 객실로 운반하고, 사용한 리넨과 쓰레기를 수거하는 보조 역할을 한다. 무거운 짐이나 큰 물품 이동을 지원하며, 공용 공간 청소 및 정리정돈도 맡아 하우스키핑 업무 전반이 원활히 진행되도록 뒷받침한다.

7) 리넨 담당

리넨 담당(Linen Clerk)은 호텔에서 사용하는 침구류, 타월, 냅킨, 유니폼, 커튼, 도일리 등 모든 리넨의 보관과 지급 등을 관리한다. 세탁 완료된 리넨을 객실 및 부서에 적시에 배분하고, 손상되거나 오래된 리넨은 교체 대상으로 분류한다. 리넨의 위생과 품질 유지를 위해 상태 점검과 기록 관리를 철저히 하며, 세탁실과의 협력도 원활히 진행한다.

8) 세탁실 담당

호텔 세탁실(론드리:Laundry)은 객실 리넨과 수건, 직원들의 유니폼 등 다양한 세탁물을 처리하는 부서이다. 대규모 호텔은 자체 세탁실을 운영해 세탁부터 건조, 다림질, 재배치까지 전 과정을 직접 관리하는 반면, 규모가 작은 호텔은 비용 효율성과 전문성 강화를 위해 외부 세탁업체에 위탁하는 경우가 많다.

세탁 담당자는 세탁물의 수거와 분류, 세탁 과정의 품질 관리, 위생 유지 및 재고 관리 등을 책임진다. 또한 고객의 개인 의류에 대한 유료 세탁서비스도 담당한다. 이 서비스는 고객이 객실 내에 비치된 세탁 서비스 카탈로그나 안내를 통해 세탁물을 의뢰하면, 담당자가 이를 접수하고 꼼꼼히 분류해 세탁 후 지정 시간 내에 객실로 반환하는 과정을 포함한다. 세탁물의 분실과 손상을 방지하기 위한 철저한 기록 관리가 필수적이며, 외부 위탁 시에도 서비스 품질과 일정 준수를 철저히 점검한다.

* 세탁실과 리넨실

9) 공공장소 관리원

공공장소 관리원(Public Clerk)은 호텔 로비, 복도, 엘리베이터, 회의실 등 공용 공간의 청결과 위생을 유지한다. 정기적으로 청소하고 점검하여 쾌적하고 안전한 환경을 조성하며, 고객에게 좋은 첫인상을 제공하는 데 중요한 역할을 한다. 또한 행사나 연회 등 특별한 상황 시 신속한 청결 유지 업무를 수행한다.

제2절 하우스키핑의 주요 업무와 트렌드

1. 하우스키핑의 주요 업무

하우스키핑 주요 업무는 호텔 서비스 품질과 고객 간족에 직결되므로 좀 더 세밀하게 살필 필요가 있다. 따라서 본 장에서 하우스키핑 업무의 내용과 절차 등에 대해 구체적으로 살펴본다.

1) 객실 청소

(1) 목적: 객실을 '판매 가능한 상태'로 유지해 고객에게 쾌적한 숙박환경을 제공한다.

(2) 절차(기본 순서)

① 준비: 청소카트 · 세제 · 장비 · 침구류 · 소모품을 준비하고 문 앞에서 도어페이스(knock/announce)를 실시한다.[1)]

② 침구 정리 · 교체: 사용된 리넨을 수거하여 새 리넨으로 교체한다. (침대 정렬 규정 준수)

③ 욕실 청소: 세면대 · 샤워 · 변기 · 바닥 · 거울을 세정하고 일회용품을 보충한다.

④ 먼지 제거 · 흡진: 가구 · 장치 · 조명 · 블라인드 등의 먼지를 제거한다.

⑤ 소모품 배치: 안내문, 메뉴, 리모컨, 전기콘센트 상태를 확인한다.

⑥ 정리정돈 · 마무리: 바닥을 점검하고 쓰레기와 냄새를 제거한 다음, 최종으로 점검한다(체크리스트).

(3) 체크포인트(간단 체크리스트)

- 침대 시트 · 베개커버 얼룩 여부
- 욕실 배수/수압 이상 유무
- 전구 · 리모컨 작동 확인
- 냄새/먼지 흔적(특히 에어컨 그릴)
- 주의: 향수 · 탈취제 사용은 고객 알레르기 고려

---

1) 도어페이스(Door Face)란 호텔 객실 청소 시 하우스키핑 직원이 객실 문 앞에서 방문을 두드리거나 노크하며 "객실 청소를 시작하겠습니다"라고 알리는 행동을 뜻한다.

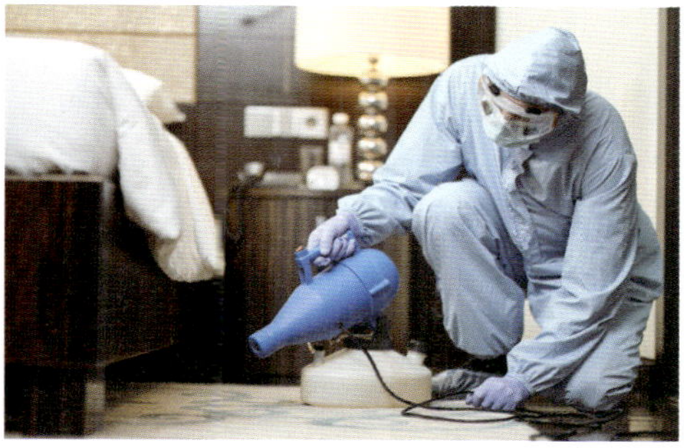

* 객실 청소와 정기적인 소독은 하우스키핑의 중요한 업무이다.

2) 비품 보충 관리

(1) 목적: 고객 이용에 필요한 비품을 항상 완비하여 서비스에 차질이 없게 한다.

(2) 절차 및 관리

① 파트별로 비품 목록을 마련한다(어메니티, 문구, 미니바, 티 · 커피 등).

② 파라레벨[2] 을 설정하고 재고관리 시스템으로 관리한다(PMS/IMS 연동 가능).

③ 룸 리셋 시 정해진 표준 세팅(Standard SOP)대로 보충한다.

④ 고장 · 결함 발견 시 비품을 교체하고 수리를 요청한다.

- 기록: 보충 기록지(또는 전자 로그), 비용 · 소모 추적
- 특이사항: 미니바 과금, 귀중품(헤어드라이어 등) 고정 장비 표준화
- 주의: 소모품 포장 파손 · 유통기한(식품성 아이템) 관리

3) 리넨 관리 및 세탁

(1) 목적: 위생 기준을 충족하는 리넨을 안정적으로 공급하고 수명을 연장한다.

(2) 절차

① 오염 분류: 오염물을 일반 오염/혈액/오물 등으르 분리하여 전용 처리한다.

2) 파라레벨(Par Level)은 호텔 하우스키핑이나 재고관리에서 비품, 소모품, 리넨 등 최소한으로 항상 보유해야 하는 적정 재고량을 의미한다.

② 라벨링/집계: 객실별로 리넨을 회수하고 수량을 기록한다.

③ 세탁 공정: 전처리(얼룩 제거) → 세탁(온도 · 세제량 규정) → 건조 → 다림질/포장

④ 보관: 리넨 창고는 건조하고 통풍이 되도록 관리하고 파손, 오염된 리넨은 분리하여 보관한다.

(3) 관리 포인트

- 파라레벨(par level) 설정: 객실 수, 점유율에 따른 최소 재고 유지
- FIFO(선입선출)[3] 로 리넨 회전
- 손상률 · 분실률 기록(감가상각 · 교체주기 계획)
- 외주 vs 자체: 외주 시 반환 검사 · 운송 위생관리 필요
- 주의: 고온 세탁 기준 준수(감염 의심물은 별도 규정), 노동자 안전(무거운 적재 취급법)

4) 객실 및 공용구역 장식 · 디스플레이

(1) 목적: 호텔 이미지 · 브랜드에 맞는 시각적 완성도를 제공하고 계절성과 프로모션을 반영한다.

(2) 실무 포인트

- 기준 가이드라인: 테이블 데코, 꽃, 환영 카드, 계절 장식물의 규격 · 위치
- 안전성: 통로 · 비상구를 막지 않도록, 전기 장식물의 누전 · 발화 위험 점검
- 협업: 마케팅 · F&B와 협의하여 캠페인 · 행사 시 통일된 연출
- 유지주기: 소모품(꽃 · 식물)은 일정 주기로 교체, 먼지 · 오염 체크
- 품질관리: 사진 가이드(전후 사진)로 표준 유지, 룸체크 항목 포함

3) 선입선출(FIFO, First In First Out)은 재고관리 방법 중 하나로, 먼저 입고된 물품을 먼저 사용하는 방식을 말한다.

5) 시설 점검 및 보고

(1) 목적: 시설 결함을 조기에 발견하고 조치하여 고객 불편과 안전사고를 방지한다.

(2) 절차

① 일상 점검: 룸 클린 후 체크항목(전기, 수도, 냉난방, 도어락, 안전장치)을 점검한다.

② 이상 발견 시 등급 분류: 긴급(guest safety), 우선(서비스 영향), 일반(미관)

③ 보고 · 협조: 시설팀(Engineering)에 워크오더를 발행하고 수리 진행상황을 모니터링한다.

④ 임시조치: 즉시 조치 가능한 부분은 우선 조치한다. (예: 휴대용 조명 배치)

- 기록: 워크오더 번호 · 조치일 · 수리자 · 비용 기록, 재발 방지 대책 반영
- 품질관리: 수리 완료 후 확인 점검 및 고객 사후안내(필요시 보상절차)

6) 분실물 관리

(1) 목적: 분실물을 신속 · 정확하게 회수하고 안전하게 반환하여 고객 신뢰를 확보한다.

(2) 절차

① 발견 즉시 기록: 발견일시 · 장소 · 발견자 · 물품 상세(사진 포함))를 기록한다.

② 보관: 잠금 보관함(중요물품 별도 보관)에 보관하고 접근 권한을 제한한다.

③ 소유자 확인 · 연락: 프런트 또는 예약정보와 대조 후 연락하고 반환한다.

④ 반환 기록 및 서명: 반환 시 수령인의 신원을 확인하고 서명을 보관한다.

⑤ 보관 기간 후 처리: 보관 기간(호텔 정책)에 따른 폐기 · 기부 · 경매 등 규정을 준수한다.

- 주의: 개인정보 · 귀중품은 법적 책임 · 기록 엄중 관리, CCTV 등 증빙 확보

7) 불만 처리

(1) 목적: 고객의 불편과 불만을 해결하여 고객 만족도를 향상한다.

(2) 절차

① 접수: 불만 접수 시, 내용을 경청하고 상황을 파악한다.

② 확인: 불만사항의 원인을 명확히 파악한 후, 문제의 성격과 심각도를 평가해 우선순위를 결정한다.

③ 해결: 확인된 문제를 즉시 해결하고 고객에게 결과를 안내한다.

④ 보고 및 기록: 컴플레인 내용을 상세히 기록하여 부서 내 공유하고 품질관리에 활용한다. 반복 발생하는 문제는 개선 방안을 마련한다.

⑤ 예방 활동: 컴플레인 발생 원인을 분석하여 매뉴얼을 보완하고 직원 교육 강화 등 예방 조치를 시행한다.

2. 하우스키핑의 객실 관리 트렌드

최근 하우스키핑 객실 관리 분야에서는 지속 가능한 관광과 고객 맞춤형 경험을 중시하는 트렌드가 두드러지고 있어 이를 살펴본다.

1) 친환경 및 지속가능성 강화

친환경 및 지속가능성 강화는 현대 호텔 하우스키핑의 중요한 트렌드로, 환경 보호와 자원 절약을 목표로 한다. 객실에서는 에너지 절감형 조명과 스마트 온도 조절 장치를 도입하며, 물 사용을 줄이기 위해 절수형 샤워기와 수도꼭지를 설치한다. 청소 시에는 친환경 세제와 재사용 가능한 청소 도구를 사용하고, 일회용품 사용을 최소화한다. 또한, 쓰레기 분리수거를 철저히 하여 폐기물을 줄이고 재활용률을 높인다.

특히 연박 고객의 경우, 고객의 요청이 있을 때만 객실 청소를 실시하는 '옵트인

(opt-in)' 시스템을 도입해 불필요한 청소로 인한 자원 낭비와 환경 오염을 줄인다. 이를 통해 세제, 물, 전기 사용을 줄이고, 호텔 운영의 친환경성을 높인다. 고객에게도 지속 가능한 숙박 경험을 제공하는 동시에, 호텔 브랜드 이미지 향상과 비용 절감 효과를 동시에 거둘 수 있다.

2) 고객 맞춤형 서비스 제공

하우스키핑의 고객 맞춤형 서비스는 고객 개개인의 편안함과 만족도를 높이기 위해 다양한 맞춤 옵션을 제공하는 것을 의미한다. 대표적인 예로 베개 종류 선택 서비스가 있다. 호텔에서는 일반 베개 외에도 메모리폼, 라텍스, 깃털, 저알레르기(알레르기 방지) 베개 등 다양한 옵션을 준비해 고객이 선호하는 베개를 선택할 수 있도록 배려한다. 이러한 맞춤형 서비스는 고객 만족도를 크게 향상하며, 재방문과 긍정적 구전을 유도하는 데 중요한 역할을 한다. 추가적인 고객 맞춤형 서비스 사례를 살펴보면 다음과 같다.

- **향기 선택 서비스:** 고객 요청에 따라 객실 내에 라벤더, 시트러스 등 다양한 아로마 향을 사용해 편안한 분위기를 조성한다.
- **맞춤형 침구 제공:** 알레르기 체질 고객을 위한 저자극 침구나 추가 담요 요청에 대응한다.
- **특별 요청 대응:** 어린이용 침대 설치, 추가 베개 · 타월 배치, 특정 청소 시간 지정 등 고객 개별 요구를 적극 반영한다.
- **디지털 맞춤화:** 스마트폰 앱이나 객실 태블릿을 통해 청소 요청, 비품 보충, 서비스 신청 등을 고객 맞춤형으로 처리한다.

3) 디지털 기술 활용 및 자동화

디지털 기술 활용과 자동화는 현대 호텔 하우스키핑 운영에서 필수 요소로 자리 잡고 있다. 모바일 앱이나 PMS · IoT 기반 시스템을 통해 객실 상태와 청소 완료 여부를 실시간으로 확인할 수 있어 관리 효율성이 크게 향상된다. 고객은 앱을 통해 요청사항(예: 추가 수건, 세탁 서비스 등)을 즉시 전달할 수 있고, 하우스키핑 직원은 이를 자동 알림으로 받아 신속하게 대응할 수 있다. 또한 음성인식 AI, 로봇 청소기, 자동화된 재고 관리 시스템이 도입되면서 직원의 업무 부담을 줄이고, 반복 작업의 정확성을 높인다.

이런 기술은 고객이 보다 편리하고 신속한 서비스를 경험하도록 하며, 호텔은 운영 비용 절감과 서비스 품질 제고라는 두 가지 효과를 동시에 얻는다. 결과적으로 디지털 기술은 고객 만족도와 재방문율을 높이는 핵심적 수단이 된다.

4) 위생 관리 및 청결 기준 강화

COVID-19 팬데믹 이후, 위생 관리와 청결 기준이 더욱 중요해졌다. 객실 내 모든 표면을 정기적으로 소독하고, 공기 질을 개선하기 위해 공기 청정기를 배치하는 등의 조치가 이루어지고 있다.

또한 청소 후 객실의 위생 상태를 고객에게 투명하게 공개하여 신뢰를 구축하는 노력이 이루어지고 있다. 이러한 트렌드는 호텔의 운영 효율성을 높이고, 고객의 만족도를 증대시키며, 지속 가능한 관광을 촉진하는 데 중요한 역할을 하고 있다.

Checkpoint

◆ 토론 주제 1

연박 고객의 객실 청소는 친환경(Opt-in 정책) vs 고객만족(전통적 일일 청소 서비스) 중 무엇을 우선해야 할까?

• **참고**

– 친환경 측면: 물 · 세제 · 전기 · 탄소 배출을 줄이고 비용을 절약하며, ESG 이미지를 제고한다.
– 고객만족 측면: 매일 청소 · 리넨 교체를 선호하는 고객층이 존재하며, 청소를 시행하지 않으면 '서비스 축소'로 인식될 위험이 있다.
– 절충 방안: 고객이 앱 · QR 코드로 세부 옵션(수건만 교체, 쓰레기만 수거 등)을 선택하게 하고, 불필요한 청소를 줄인 고객에게 포인트 · 음료권 등 인센티브를 제공한다.
– 친환경과 고객만족은 대립이 아니라, 선택권 부여와 혜택 설계를 통해 동시에 달성할 수 있다.

◆ 토론 주제 2

하우스키핑에서 객실을 청소할 때, 빨리 청소해서 더 많은 방을 준비하는 게 중요할까? 천천히 하더라도 깨끗하게 청소해서 고객이 만족하는 게 더 중요할까?

• **참고**

– 속도를 중시할 때: 방을 빨리 준비하면 손님을 더 빨리 받을 수 있어 호텔 수익이 늘어난다. 하지만 너무 서두르면 청소가 엉성해져 불만이 생길 수 있다.
– 품질을 중시할 때: 방을 꼼꼼히 청소하면 손님이 만족하고 다시 오거나 좋은 후기를 남긴다. 하지만 시간이 오래 걸려서 다른 손님을 바로 받기 어려울 수 있다.
– 사실 속도와 품질은 둘 다 중요하다. 그래서 호텔에서는 청소 시간과 품질을 함께 평가(KPI)해서 관리하는 것이 좋다.

◆ 토론 주제 3

하우스키핑에서 로봇 · IoT · 앱 요청 등 디지털 기술이 사람을 대체할 수 있을까?

• **참고**

– 운영 모델: 로봇은 운반 · 청소 · 흡진 등 반복 업무 담당, 직원은 점검 · 고객 접점 · 문제 해결을 담당한다.
– 기술은 대체가 아닌 증폭(augmentation)의 역할이다. 로봇은 반복 · 운반 · 흡진, 인력은 점검 · 감성 케어 · 문제 해결에 집중하는 하이브리드 운영이 최적이다.

전문용어

SOP(Standard Operating Procedure) 표준 작업절차. 청소 순서 · 세제 · 점검기준을 문서화해 일관성을 유지하기 위함이다.

도어 페이스(Door Face) 객실 문 앞 노크 · 알림 절차. 프라이버시 · 안전 확보를 위한 기본예절이다.

룸 체크리스트(Room Checklist) 객실 점검 항목표. 누락 · 재청소 방지, 교육 지표로 활용하는 리스트이다.

파라 레벨(Par Level) 호텔에서 자주 사용하는 재고 관리 기준치를 뜻한다. 예를 들어, 어떤 호텔에서 매일 필요한 수건이 1,000장이라고 하면, 세탁 중 · 객실에 비치된 것 · 예비분까지 포함해 보통 3~5배 분량을 갖추는 것을 파라 레벨이라 한다.

FIFO(First In First Out) 먼저 들어온 물품을 먼저 사용하는 원칙을 의미한다. 예를 들어 생수, 음료, 수건, 어메니티 같은 물품은 보관 기간이 길어질수록 품질이 떨어질 수 있다. 그래서 입고된 순서대로 사용해야 낭비를 줄이고, 신선도와 위생을 유지할 수 있다.

턴다운 서비스(Turndown) 주로 고급 호텔에서 제공하는 저녁 객실 정리 서비스를 말한다. 보통 고객이 외출하거나 저녁 식사를 하는 시간대(18시~21시)에 하우스키핑 직원이 객실에 들어가서 침대를 잠자기 편하게 이불을 반쯤 젖혀 둔다든가, 불필요한 조명을 끄고, 은은한 조명만 켜두는 서비스 등이다.

L&F(Lost & Found) 분실물 관리 프로세스이다. 사진 · 기록 · 보관기한 · 반환 서명이 핵심이다.

옵트인(Opt-in) 청소 고객 요청 시에만 청소를 진행한다. 친환경/비용절감 효과가 있으며, 커뮤니케이션이 중요하다.

제11장

세일즈마케팅

제1절 세일즈마케팅 부서의 이해

1. 세일즈마케팅 부서의 개요

호텔의 세일즈마케팅 부서는 호텔의 매출 증대와 브랜드 관리가 핵심이므로, 객실부나 재무부처럼 운영 기능이 아닌 영업 · 전략 부문이라 이해할 수 있다. 호텔의 조직 구조상 총지배인(General Manager) 직속이거나 영업 · 마케팅 본부장 산하에 배치된다.

과거에는 '판촉부'라는 명칭을 쓰는 경우가 많았지만, 최근에는 국제적인 호텔 표준과 맞추기 위해 '세일즈마케팅 부서(Sales & Marketing Department)'라는 명칭을 더 많이 사용한다. 영문 명칭을 그대로 사용하는 경우가 많은데 이는 대외 커뮤니케이션에서 일관성을 유지하기 위함이다. 본 장에서도 명칭의 편의를 위해 '세일즈마케팅 부서'라는 명칭으로 사용한다.

세일즈마케팅 부서와 객실부서는 서로 업무 연관성이 높아서 긴밀히 협력한다. 세일즈마케팅 부서가 객실 상품을 홍보 · 판매하여 매출을 극대화하고 신규 고객을 유치하는 수익 창출 부서라면, 객실부서는 투숙객의 체크인부터 퇴실까지 숙박 서비스 및 고객응대를 책임지는 서비스 운영 부서라 할 수 있다. 즉 세일즈마케팅 부서에서 창출한 고객 유입을 객실부서가 만족으로 이어주는 서비스를 제공하는 것이다.

2. 세일즈마케팅 부서의 조직 구조

세일즈마케팅 부서는 대형호텔의 경우 독립 부서로 존재하며, 산하 조직으로 세일즈팀, 마케팅팀(광고 · 홍보팀), 예약팀, 이벤트 · 판촉팀 등의 팀 조직으로 세분화된다. 본 장에서는 세일즈마케팅 부서의 조직 구조를 대형호텔 기준으로 살펴본다.

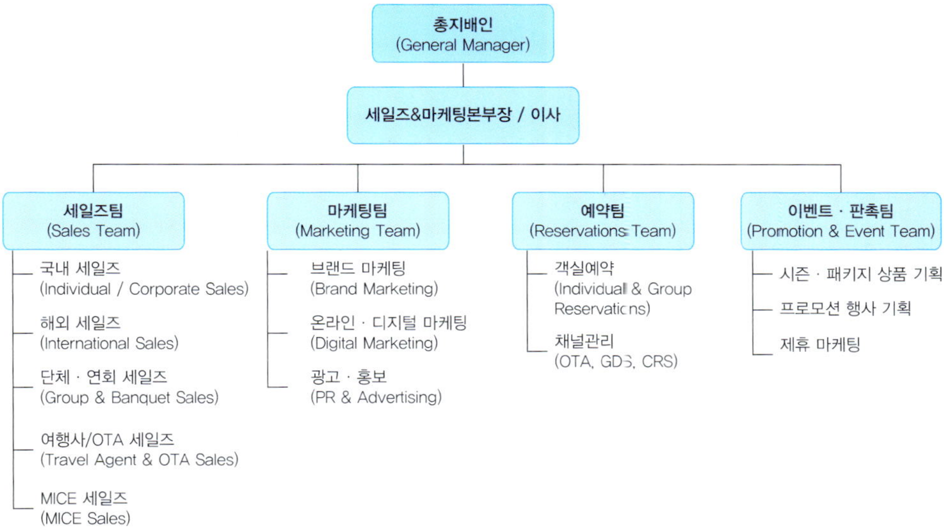

표 11-1 세일즈마케팅 부서 조직 구조

3. 세일즈마케팅 부서의 구성원과 직무

세일즈마케팅 부서의 구성원과 직무는 호텔에 따라 규모와 명칭 등이 다를 수 있으며, 일부 직책은 통합 · 축소될 수 있다. 예약팀은 중 · 소형 호텔일수록 객실부에 소속되는 것이 일반적이다.

1) 부서장/세일즈마케팅 디렉터(Director of Sales & Marketing)

- 부서 총괄 책임자
- 호텔 전체 마케팅 전략 수립, 연간 매출 목표 설정
- 주요 VIP · 기업 고객 협상, 대외 네트워크 관리

2) 팀장

- **세일즈 매니저**(Sales Manager)
  - 국내 · 국제 · 단체 등 세그먼트별 영업 전략 실행
  - 팀원 관리 및 실적 보고
- **마케팅 커뮤니케이션 매니저**(Marketing Communications Manager)
  - 브랜드 홍보, 광고, 프로모션 관리
  - 미디어 · SNS · 홍보 이벤트 기획

3) 실무자

- **세일즈 이그제큐티브**(Sales Executive)
  - 고객 발굴, 영업 미팅, 계약 진행
  - 여행사 · OTA · 기업 고객 관리
- **세일즈 코디네이터**(Sales Coordinator)
  - 세일즈팀 지원 업무
  - 제안서, 계약서, 판매 자료 작성
- **마케팅 코디네이터**(Marketing Coordinator)
  - 홍보 자료 제작 지원
  - SNS · 웹 콘텐츠 관리

4) 예약 담당

- **예약 매니저**(Reservations Manager)
  - 예약팀 운영, 객실 판매 현황 관리
  - 오버부킹 방지 및 판매 전략 조정
- **예약 에이전트**(Reservations Agent)
  - 전화 · 이메일 · 온라인 예약 접수
  - 예약 변경 · 취소 처리, 고객 문의 대응

5) 지원 및 행정

- CRM **담당자**(Customer Relations Officer)
  - 고객 데이터 관리, 재방문 유도 프로그램 운영
- **세일즈 어시스턴트**(Sales Assistant)
  - 문서 관리, 회의 준비, 행정 업무 지원

제2절 세일즈마케팅 부서의 주요 업무

세일즈마케팅 부서는 호텔의 영업성과와 브랜드 가치를 직접적으로 창출하는 핵심 부서이다. 일반적으로 세일즈팀, 마케팅팀, 이벤트 · 판촉팀으로 세분화되며, 대규모 호텔에서는 이 세 팀을 각각 독립적으로 운영한다. 그러나 중소규모 호텔은 인력과 자원의 한계로 세 가지 업무를 한 팀에서 통합 운영하거나, 심지어 프런트 데스크에서 일부 업무를 겸하기도 한다. 따라서 호텔의 규모와 경영 전략에 따라 세일즈마케팅 부서의 조직 구조와 운영 방식은 유연하게 달라질 수 있다. 본 절에서는 이 세 팀의 주요 업무에 대해 살펴본다.

1. 세일즈팀

1) 세일즈팀의 개요

세일즈팀(Sales Team)은 호텔 세일즈마케팅 부서 내에서 직접적인 영업 활동을 담당하는 핵심 조직이다. 이 팀은 호텔 객실, 연회장, 식음료 서비스 등 다양한 호텔 상품과 서비스를 기업, 단체, 여행사, 개인 고객 등에게 판매하고, 매출 증대를 목표로 한다.

주요 업무로는 고객사 발굴 및 관리, 계약 협상 및 체결, 맞춤형 상품 제안, 영업 전략 실행 등이 있다. 세일즈팀은 국내외 시장을 대상으로 하며, 개별 고객(FIT), 단체 고객, MICE(회의 · 포상관광 · 컨벤션 · 전시회) 시장 등 세분화된 영업 활동을 수행한다. 또한 OTA(온라인 여행사) 및 여행사와의 제휴 영업을 통해 다양한 판매 채널을 관리한다.

2) 세일즈팀의 주요 업무

세일즈팀은 각 세분화된 영역에서 전문적인 영업 활동을 수행하며, 호텔의 다양한 고객층을 효과적으로 관리하고 매출을 극대화하는 데 중요한 역할을 담당한다. 세일즈팀의 주요 영업 분야는 다음과 같다.

(1) 국내 세일즈(Individual / Corporate Sales)

- 개인 고객 및 국내 기업 고객 대상 객실 및 서비스 판매
- 기업 출장, 장기 투숙, 직원 복지 프로그램 제안
- 주요 기업과의 계약 협상 및 관계 관리

(2) 해외 세일즈(International Sales)

- 해외 여행사, 기업, 단체 고객 대상 영업
- 국제 시장 트렌드 및 경쟁 호텔 분석
- 해외 바이어 및 에이전트 네트워크 구축
- 외국어 대응 및 문화 차이를 고려한 맞춤형 서비스 제안

(3) 단체 · 연회 세일즈(Group & Banquet Sales)

- 단체 투숙 예약 및 연회 행사(웨딩, 회의, 행사) 영업
- 단체 고객 대상 맞춤형 패키지 및 프로모션 개발
- 행사 기획부서와 협업하여 원활한 행사 진행 지원
- 단체 고객과의 계약 및 서비스 조율

(4) 여행사/OTA 세일즈(Travel Agent & OTA Sales)

- 여행사 및 온라인 여행사(OTA)와의 제휴 및 채널 관리
- 채널별 판매 실적 분석 및 가격 정책 협의
- 프로모션, 패키지 상품 공동 기획 및 홍보 지원
- 예약 시스템과 연계된 재고 및 요금 관리

(5) MICE 세일즈(MICE Sales)

- 회의(Meeting), 포상관광(Incentive), 컨벤션(Convention), 전시(Exhibition) 관련 영업
- 대규모 비즈니스 행사 유치 및 맞춤형 패키지 제안
- 행사 기획팀, 연회부서 등 내부 부서와 긴밀히 협력
- MICE 관련 국내외 네트워크 및 협력사 관리

2. 마케팅팀

1) 마케팅팀의 개요

마케팅팀(Marketing Team)은 호텔의 브랜드 이미지 제고와 매출 증대를 위해 다양한 전략을 수립하고 실행하는 부서이다. 주요 역할은 광고, 홍보, 이벤트 기획 등으로 호텔의 인지도를 높이고 고객의 관심을 유도하는 데 집중한다.

광고 업무에서는 온라인, 오프라인 매체를 활용해 타깃 고객층에 맞는 효과적인 메시지를 전달하며, 시즌별 프로모션과 패키지 상품을 홍보한다. 홍보 활동은 언론 매체와의 협력, 보도자료 배포, SNS 관리 등을 포함해 긍정적인 브랜드 이미지를 구축하고 유지하는 데 중점을 둔다. 이벤트 기획은 고객 참여를 유도하는 페스티벌, 기념행사, 특별 프로모션 등 다양한 행사를 설계하고 운영하여 고객 만족도를 높이고 재방문을 촉진한다. 이처럼 마케팅팀은 호텔의 시장 경쟁력 강화와 장기적인 성장에 핵심적인 역할을 수행한다.

2) 마케팅팀의 주요 업무

마케팅팀은 광고, 홍보, 이벤트, 디지털 채널 운영, 시장 조사 등 다양한 경로로 호텔의 매출 증대와 브랜드 경쟁력 확보에 기여한다. 호텔 마케팅팀의 주요 업무 분야는 다음과 같다.

(1) 광고(Advertising)

- 온라인(웹사이트, SNS, 디지털 배너) · 오프라인(신문, 잡지, TV, 라디오) 매체를 활용한 광고 캠페인 기획 및 실행
- 타깃 고객층 분석을 통한 맞춤형 메시지 개발

(2) 홍보(Public Relations)

- 언론 매체와의 관계 구축, 보도자료 배포
- 기자 간담회, 언론 인터뷰, 미디어 초청 행사 진행
- 브랜드 이미지 관리 및 위기 대응

(3) 프로모션 및 이벤트 기획(Promotion & Event Planning)

- 시즌별 패키지, 할인 행사, 페스티벌 등 고객 참여 유도 프로그램 개발
- 호텔 이벤트 기획 및 운영(예: 기념일 행사, 문화 행사, 고객 감사 이벤트)
- 협력사와의 공동 마케팅, 크로스 프로모션 기획

(4) 디지털 마케팅(Digital Marketing)

- 호텔 공식 웹사이트 관리, 콘텐츠 업데이트
- SNS 채널 운영, 인플루언서 마케팅
- 온라인 광고(SEM, SEO) 및 데이터 분석

(5) 경쟁사 및 시장 동향 조사

- 고객 만족도 및 니즈 분석
- 마케팅 전략 수립을 위한 데이터 기반 인사이트 제공

(6) 브랜드 관리(Brand Management)

- 호텔 브랜드 가치 유지 및 강화 전략 수립
- 내부 직원 대상 브랜드 교육 및 커뮤니케이션

3. 이벤트판촉팀

1) 이벤트판촉팀의 개요

이벤트판촉팀(Event Promotion Team)은 고객 유치와 매출 증대를 위해 다양한 프로모션과 행사를 기획 · 운영하는 부서이다. 마케팅팀에서 브랜드 이미지 관리와 인지도 향상을 위한 장기적이고 전략적인 활동에 집중한다면, 이벤트판촉팀에서는 단기적이고 직접적인 매출 증대를 위한 판촉 행사와 이벤트 기획 및 운영에 집중한다.

주요 업무로는 시즌별 특별 행사, 할인 이벤트, 패키지 상품, 페스티벌 등 고객 참여를 유도하는 마케팅 활동을 실행한다. 또한 타깃 고객층의 니즈와 시장 트렌드를 분석하여 효과적인 판촉 전략을 수립하며, 호텔 내·외부 행사 전반을 총괄한다. 즉 이벤트 기획부터 홍보, 현장 운영, 사후 고객 관리까지 전 과정을 담당하며, 고객 경험을 극대화하는 데 중점을 둔다. 업무 과정에서 객실, 연회 등 타 부서와 긴밀히 협력하여 통합 마케팅 효과를 높이는 것이 중요하다.

2) 이벤트판촉팀의 주요 업무

이벤트판촉팀은 고객의 관심을 끌고 즉각적인 매출 증대를 목표로 다양한 판촉 활동과 행사를 주도한다. 호텔 이벤트판촉팀의 주요 업무는 다음과 같다.

(1) 프로모션 기획 및 실행

- 시즌별 할인 행사, 특가 판매, 고객 유인 프로모션 설계
- 고객 세그먼트별 맞춤형 프로모션 개발
- 프로모션 효과 분석 및 결과 보고

(2) 패키지 상품 개발

- 객실, 식음료, 스파, 관광 등 다양한 서비스 결합 패키지 기획
- 시장 트렌드와 고객 니즈 반영한 상품 구성
- 가격 전략 수립 및 판매 채널 협의

(3) 이벤트 기획 및 운영

- 기념일 행사, 페스티벌, 문화 · 체험 이벤트 등 고객 참여 행사 설계
- 행사 홍보, 현장 운영, 고객 응대
- 협력 부서(식음료, 객실, 연회 등)와의 일정 및 업무 조율

(4) 고객 피드백 관리 및 사후 마케팅

- 이벤트 참가 고객 만족도 조사
- 재방문 유도 및 충성 고객 프로그램 운영

(5) 내 · 외부 협력

- 협력사 및 미디어와의 협업으로 공동 프로모션 추진
- 광고 · 홍보팀과의 협력으로 마케팅 시너지 극대화

제3절 호텔마케팅 믹스 전략

마케팅 믹스 전략(Marketing Mix Strategy)은 앞서 살펴본 세일즈마케팅 부서의 업무를 실제 경영 현장에서 어떻게 실행할 수 있는지 연결해 주는 핵심 주제이다. 마케팅 믹스는 급변하는 호텔 경영환경 속에서 다양한 마케팅 요소들을 창의적으로 결합하여 최적의 성과를 도출하는 전략이다. 따라서 본 절의 학습 목표는 마케

팅 믹스의 개념과 유형을 이해하고, 이를 실제 경영환경에 맞게 적용할 수 있는 능력을 기르는 데 있다.

1. 관계마케팅

1) 관계마케팅의 개요

관계마케팅(Relationship Marketing)은 단순히 상품을 판매하는 수준을 넘어, 고객과의 장기적 관계를 유지하고 강화하는 데 중점을 두는 전략적 접근 방식이다. 이는 고객과의 관계를 은행계좌에 비유할 수 있는데, 그객과 기업이 긍정적 상호작용을 할수록 감정이라는 계좌에 예금이 쌓이는 것과 같다. 반대로 기업이 고객의 기대와 요구를 무시하면 예금이 인출되듯 관계는 약화된다.

따라서 관계마케팅은 고객을 단순한 소비자가 아닌 기업의 핵심 자산으로 보고, 그들을 보호하며 지속적 가치를 제공하는 마케팅이다. 중요한 점은 관계마케팅이 새로운 고객을 창출하는 데 목적을 두지 않고 기존 고객의 유지와 충성도 제고에 집중한다는 것이다. 실제로 기존 고객을 유지하는 비용은 신규 고객을 창출하는 비용의 20% 수준에 불과하다는 연구 결과는 충성 고객 확보의 중요성을 뒷받침한다.

결국 관계마케팅은 고객 제일주의에 입각하여 신뢰와 만족을 바탕으로 장기적 유대관계를 발전시켜 나가는 것이다.

2) 관계마케팅 전략

관계마케팅 전략은 고객이 여러 기업을 비교하여 이동하는 것보다 특정 기업과 지속적 관계를 맺는 것을 선호한다는 가정에 기초한다. 따라서 호텔은 신규 고객 유치보다는 기존 고객을 장기적으로 유지 · 발전시키는 데 집중해야 한다. 관계마케팅 전략의 유형은 다음과 같다.

① 고객 데이터베이스 마케팅(DB: Customer Database Marketing

고객 데이터베이스 마케팅은 고객의 예약 기록, 선호 객실, 소비 패턴과 같은 정보를 체계적으로 수집 · 분석하여 맞춤형 서비스를 제공하는 전략이다. 호텔은 고객의 취향과 방문 이력을 정확히 파악함으로써 개별화된 경험을 선사하고, 이를 통해 고객과의 장기적 관계를 강화할 수 있다.

메리어트 본보이(Marriott Bonvoy) 프로그램은 전 세계 체인호텔에 축적된 고객 데이터를 활용해, 고객이 뉴욕의 JW 메리어트에 머문 뒤, 도쿄의 메리어트에 묵더라도 동일한 선호 서비스가 제공되도록 한다. 예컨대, '고객이 항상 고층 객실과 시티뷰를 선호한다'는 데이터가 시스템에 입력되어 있으면, 다른 국가의 호텔에서도 동일한 조건을 반영하여 객실을 준비한다. 이처럼 고객 데이터베이스 마케팅은 단순한 숙박을 넘어 '나만을 위한 호텔 경험'을 창출함으로써 고객이 경쟁호텔로 이동하지 않도록 막는 핵심 전략이라 할 수 있다.

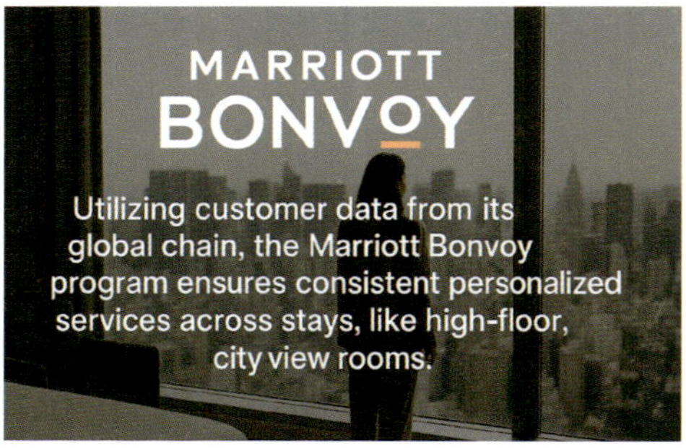

* Marriott Bonvoy는 전 세계 1억 명 이상 회원 데이터를 통합한 로열티 프로그램 운영하고 있다.

② 고객충성도 프로그램(Customer Loyalty Program)

고객충성도 프로그램은 포인트 적립, 멤버십 혜택 등을 통해 고객의 재방문을 유도하고 장기적인 관계를 유지하는 전략이다. 이는 고객이 단순히 가격이나 일시적인 프로모션 때문에 호텔을 선택하는 것이 아니라, 지속적으로 특정 호텔 브랜드를 선호하도록 만드는 핵심 장치이다.

예를 들어, 메리어트 본보이(Marriott Bonvoy) 프로그램은 고객이 메리어트 계열 호텔에 투숙할 때마다 포인트를 적립해준다. Marriott Bonvoy는 세계 최대 호텔 그룹인 메리어트 인터내셔널(Marriott International)이 운영하는 글로벌 멤버십 로열티 프로그램이다. 전 세계 약 140여 개국, 30개 이상의 호텔 브랜드, 8천여 개 호텔에서 적립 및 사용이 가능하다. 이 포인트는 무료 숙박, 객실 업그레이드, 항공 마일리지 전환 등으로 사용할 수 있으며, 회원 등급이 높아질수록 라운지 이용, 레이트 체크아웃, 웰컴 어메니티 제공과 같은 특별한 혜택을 누릴 수 있다. 실제로 장기 출장을 다니는 비즈니스 고객들은 이 프로그램을 통해 포인트를 쌓아 가족 여행 시 무료 숙박을 이용하는 경우가 많다.

* Marriott Bonvoy 프로그램은 고객이 메리어트 계열 호텔에 투숙할 때마다 포인트 적립 및 사용이 가능하다.

③ 서비스 보증 프로그램(Service Guarantee Program)

서비스 보증 프로그램은 고객이 호텔 서비스에 만족하지 못했을 경우, 보상이나 환불을 보장하여 고객의 신뢰를 확보하는 전략이다. 이는 호텔이 자사의 서비스 품질에 대한 자신감과 책임감을 고객에게 직접적으로 보여주는 장치로, 투숙객의 불만을 최소화하고 장기적인 관계를 유지하는 데 중요한 역할을 한다.

예를 들어, 햄튼 바이 힐튼(Hampton by Hilton)은 '100% 만족 보증(100% Hampton Guarantee)' 제도를 운영한다. 고객이 객실 청결, 직원 응대, 시설 이용 등에서 만족하지 못한다고 판단하면, 이유를 따지지 않고 즉시 환불이나 보상을 제공한다. 이러한 강력한 보증 정책은 고객에게 '안심하고 예약할 수 있는 호텔'이라는 이미지를 심어주며, 호텔이 고객 만족을 최우선 가치로 삼고 있다는 메시지를 전달한다.

* 서비스 보증 프로그램은 고객이 불만족했을 때 환불을 보장해주어 고객의 신뢰를 확보하는 전략이다.

④ 보조서비스 확대(Supplementary Services)

보조서비스 확대란 고객이 단순히 숙박만 하는 데 그치지 않고, 다양한 부가적 가치를 경험할 수 있도록 서비스를 확장하는 전략이다. 이는 기본적인 객실 제공 외에 추가적인 편의와 즐거움을 제공함으로써 고객 만족도를 높이고, 장기적인 관계 형성에 기여한다.

예를 들어, 그랜드 하얏트 인천(Grand Hyatt Incheon)은 국제공항과 인접한 입지를 활용해 공항 픽업 · 샌딩 서비스를 제공한다. 장거리 여행객이나 비즈니스 출장객은 이동의 불편을 최소화할 수 있고, 이는 호텔에 대한 편리함과 신뢰감을 높여준다. 또한, 파크 하얏트 서울(Park Hyatt Seoul)은 투숙객을 위해 맞춤형 웰니스 프로그램을 운영한다. 객실 내 요가 매트 제공, 웰니스 식단 룸서비스, 개인 트레이너와의 피트니스 세션 연계 등을 통해 고객에게 단순한 숙박을 넘어 '건강한 라이프스타일 경험'을 제공한다. 이처럼 보조서비스 확대는 단순히 객실 숙박을 넘어 고객에게 추가적 감동과 차별화된 경험을 제공하는 전략이다.

2. 제품전략

1) 제품전략의 개요

제품전략(Product Strategy)은 기업이 고객에게 제공하는 핵심 상품과 이를 둘러싼 다양한 부가 상품을 어떻게 기획 · 개발 · 관리할지를 결정하는 경영 전략이다. 호텔산업에서 가장 기본이 되는 핵심 제품(Core Product)은 고객이 숙박을 통해 얻는 안전하고 편안한 휴식 공간이다. 그러나 오늘날 고객은 단순히 잠을 잘 수 있는 공간만을 원하지 않는다. 이에 따라 호텔은 객실 외에도 레스토랑과 바와 같은 식음료(F&B) 서비스, 피트니스와 스파 등 부대시설, 그리고 고객 맞춤형 서비스나 문화적 체험 등 확장 제품(Augmented Product)을 함께 제공한다. 이러한 확장 제품은 고객에게 차별화된 가치를 전달하고, 전체적인 호텔 경험을 풍부하게 만든다. 따라서 호텔의 제품전략은 단순한 숙박 제공을 넘어, 고객이 기대하는 경험과 감동을 창출하는 종합적 서비스 패키지를 설계하는 과정이라 할 수 있다.

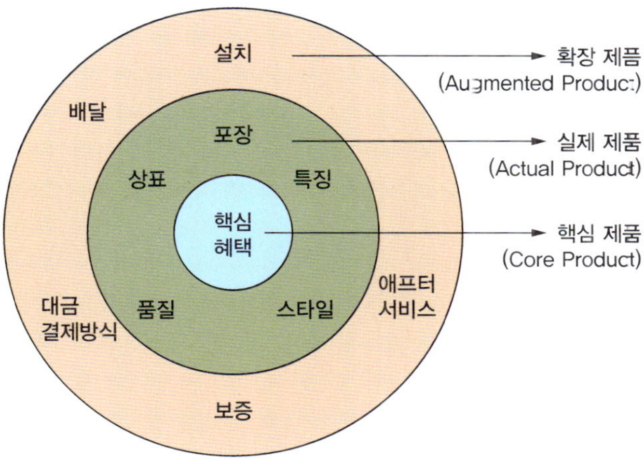

표 11-2 제품 구성의 3단계

2) 제품전략의 구성

① 핵심 제품(Core Product)

핵심 제품은 소비자가 단순히 물리적인 상품을 구입하는 것이 아니라, 그 상품이 제공하는 가장 본질적이고 핵심적인 혜택을 소비하는 것을 의미한다. 즉, 고객은 제품을 '소유'하는 것이 아니라 그 제품이 주는 효용과 가치를 경험하기 위해 구매 결정을 내린다.

예를 들면 화장품을 구매하는 고객은 단순히 화장품이라는 물리적 제품을 갖기 위해 돈을 지불하는 것이 아니라, 그것이 제공하는 '아름다움'이라는 혜택을 구매하는 것이다. 자동차 역시 단순히 이동 수단이 아니라 안전, 편리함, 사회적 지위라는 가치를 제공하기 때문에 소비자는 이러한 무형적 효용을 얻기 위해 자동차를 구매한다.

호텔산업의 관점에서 볼 때, 호텔의 핵심 제품은 '안전하고 편안한 숙박'이라는 기본적인 혜택이다. 고객이 객실을 선택하는 이유는 공간 자체가 아니라 그 공간을 통해 경험할 수 있는 무형적 만족과 심리적 안정감 때문이다. 일반 객실은 안락한 수면과 청결, 편안한 휴식을 제공하는 것을 핵심 가치로 삼는다. 반면 스위트룸은 프라이버시를 보장하고, 사회적 지위와 체면, 명성을 상징하는 가치를 함께 제공한다. 또한 리조트는 단순한 숙박을 넘어 휴양과 즐거움, 가족과 함께하는 특별한 추억을 제공하는 데 초점을 둔다.

결국 호텔의 핵심 제품은 단순히 공간 제공이 아니라, 고객이 그 공간을 통해 얻고자 하는 편안함, 안전, 명예, 즐거움, 추억이라는 무형적 혜택이며, 이는 호텔이 반드시 충족시켜야 하는 본질적인 가치라 할 수 있다.

② 실제 제품(Actual Product)

실제 제품은 고객이 핵심적으로 원하는 혜택인 '안전하고 편안한 숙박'을 구체적인 물리적 속성과 형태로 구현한 것이다. 이는 객실이라는 공간뿐 아니라 객실의 질, 독창성, 디자인, 포장, 브랜드와 같은 요소가 모두 결합되어 형성된다. 고객은 단순히 숙박을 구매하는 것이 아니라, 객실의 청결 · 침구의 쾌적함 · 방음과 온도 조절 같은 품질(quality)을 직접 경험하며 만족을 느낀다.

호텔은 차별화된 독특성(feature)을 통해 경쟁력을 확보한다. 예를 들어, 전통 한옥 스타일의 객실은 한국적 감성을 강조하고, 펫 프렌들리 룸은 반려동물 동반 고객의 요구를 충족시킨다. 디자인(design) 또한 중요한데, W호텔은 모던하고 트렌디한 인테리어로 젊은 층을 겨냥하고, 포시즌스는 클래식하고 고급스러운 분위기로 전통적 럭셔리를 강조한다. 포장(packaging)은 호텔의 첫인상을 형성하는 요소로, 웰컴 어메니티, 친환경 포장재, 로고가 새겨진 용품 등이 고객에게 세련된 브랜드 이미지를 전달한다. 마지막으로 브랜드(brand)는 고객에게 일정 수준의 품질을 보장하는 신뢰의 상징이며, 힐튼 · 메리어트 · 하얏트 같은 글로벌 브랜드는 그 자체로 고객의 기대치를 높인다. 이처럼 호텔의 실제 제품은 단순한 객실 제공을 넘어, 눈에 보이고 체험할 수 있는 다양한 요소들이 어우러져 고객의 핵심적 요구를 충족시킨다.

③ 확장 제품(Augmented Product)

확장 제품은 고객이 호텔에서 경험하는 기본적인 숙박 기능을 넘어, 추가적인 서비스와 혜택을 통해 고객의 만족을 강화하는 요소를 의미한다.

예를 들어, 최근 많은 호텔이 모바일 체크인 · 체크아웃 서비스를 도입하여 고객이 프런트데스크에서 대기하지 않고도 스마트폰으로 객실 출입과 정산을 처리할 수 있도록 하고 있다. 이는 디지털 편의성을 중시하는 MZ세대 고객의 만족도를 크게 높였다. 또한, 상위 등급 투숙객을 위한 클럽 라운지 운영은 프라이빗한 공간에서 조식, 애프터눈 티, 칵테일 서비스 등을 제공하여 고객 충성도를 강화한다.

웰빙 트렌드에 따라 일부 호텔은 웰니스 프로그램을 통해 요가 클래스, 맞춤형 스파, 건강식 메뉴를 제공하며, 고객이 단순히 쉬는 것을 넘어 건강한 라이프스타일을 체험할 수 있도록 돕는다. 더불어, 고객 맞춤형 서비스의 일환으로 베개 메뉴를 운영하여 숙면용, 저자극성, 경추 지지형 등 다양한 베개를 선택할 수 있게 하여 투숙객의 수면 만족도를 높이고 있다. 이처럼 확장 제품은 호텔이 고객에게 숙박 이상의 가치를 제공하고, 브랜드 충성도와 재방문 의도를 높이는 핵심 전략으로 기능한다.

3. 브랜드 전략

1) 브랜드 전략의 개요

브랜드 전략(Brand Strategy)은 단순히 상품을 판매하는 것을 넘어서, 고객의 인식 속에 특정한 이미지와 가치를 구축하는 장기적 전략을 의미한다. 호텔산업에서 브랜드는 단순한 이름이나 로고만을 뜻하지 않는다. 호텔의 디자인, 서비스 품질, 직원의 태도, 고객과의 상호작용, 나아가 투숙객이 경험하는 전반적인 체험까지 포괄하는 개념이다. 또한 강력한 브랜드는 동일한 서비스라 하더라도 가격 프리미엄을 형성할 수 있어 경쟁우위를 유지하게 해준다. 따라서 호텔의 브랜드 전략은 단순한 마케팅 활동이 아니라, 고객에게 차별화된 경험을 제공하여 장기적 관계를 구축하는 핵심적인 경영 전략이라 할 수 있다.

2) 브랜드 전략의 유형

① 브랜드 아이덴티티 구축(Brand Identity)

브랜드 아이덴티티는 호텔이 추구하는 철학과 가치를 명확히 설정하여 일관된 이미지를 고객에게 전달하는 전략이다. 단순히 로고나 이름에 그치는 것이 아니라, 서비스 철학, 직원의 태도, 인테리어 콘셉트, 고객에게 제공하는 경험 전반을 통해 형성된다.

예를 들어, 포시즌스(Four Seasons)는 '정통 럭셔리와 세심한 서비스'를 브랜드 정체성으로 내세운다. 고객은 포시즌스를 떠올릴 때 고급스러운 분위기와 섬세한 배려가 결합된 경험을 기대하게 된다. 반면, W호텔(W Hotel)은 '모던 · 트렌디 · 라이프스타일'을 강조하여 젊고 개성 있는 고객층을 공략한다. 화려한 로비 디자인, DJ 공연이 열리는 라운지, 예술적 감각이 담긴 객실은 W호텔만의 독창적인 아이덴티티를 보여준다. 이처럼 브랜드 아이덴티티는 호텔이 어떤 방향성을 지니는지 분명하게 각인시켜, 경쟁 호텔과의 차별화된 이미지를 형성한다.

② 브랜드 포지셔닝(Brand Positioning)

브랜드 포지셔닝은 호텔이 속한 시장에서 자사의 위치를 명확히 설정하고, 경쟁 브랜드와 차별성을 확보하는 전략이다. 호텔업계에서는 흔히 STR 체인 스케일을 활용하여 시장을 럭셔리(Luxury), 업스케일(Upscale), 미드스케일(Midscale), 이코노미(Economy) 등으로 구분한다. 각 호텔 브랜드는 이 틀 안에서 정체성을 규정하고, 목표 고객층에 맞는 서비스를 제공한다.

예를 들어, 메리어트 본보이(Marriott Bonvoy)는 럭셔리부터 이코노미까지 약 30개 이상의 세분화된 브랜드 포트폴리오를 운영한다. 세인트 레지스(St. Regis), 리츠칼튼(Ritz-Carlton)과 같은 최상위 럭셔리 브랜드부터, 코트야드(Courtyard), 페어필드 인(Fairfield Inn) 같은 중저가 브랜드까지 다양하게 포지셔닝하여 고객의 여행 목적과 예산에 따라 선택할 수 있는 폭을 넓혔다. 이를 통해 메리어트는 전 세계 호텔 시장에서 폭넓은 고객층을 확보하며 강력한 시장 지배력을 유지하고 있다.

③ 브랜드 확장(Brand Extension)

브랜드 확장은 기존 브랜드의 가치와 신뢰를 바탕으로 새로운 시장이나 상품군으로 활동 영역을 넓히는 전략이다. 강력한 브랜드는 고객에게 안정감과 기대감을 주기 때문에, 이를 다른 유형의 호텔이나 서비스로 확장할 때 고객이 거부감 없이 쉽게 수용한다는 장점이 있다.

예를 들어, 하얏트(Hyatt)는 하나의 브랜드 이미지에 머무르지 않고, 그랜드 하얏트(Grand Hyatt), 안다즈(Andaz), 하얏트 센트릭(Hyatt Centric) 등으로 세분화된 브랜드군을 운영한다. 이를 통해 고객은 여행 목적과 예산, 라이프스타일에 따라 다양한 선택을 할 수 있으며, 하얏트는 광범위한 고객층을 확보하게 된다.

또 다른 사례로, 아만(Aman)은 고요한 휴양형 리조트로 유명했으나, 최근에는 아만 뉴욕(Aman New York)과 같은 도시형 럭셔리 호텔을 선보이며 브랜드를 확장했다. 이는 기존 리조트에서 경험했던 프라이버시와 맞춤형 서비스를 도시 속에서도 구현해, 새로운 시장에서 고객 충성도를 확보한 사례이다.

* 하얏트 월드의 브랜드 포트폴리오 : 하얏트월드 홈페이지에는 새로 추가된 호텔 브랜드를 소개한다.

④ 브랜드 인성화(Brand Personality)

브랜드 인성화란 브랜드를 사람의 성격처럼 의인화하여 고객이 감정적으로 연결되도록 만드는 전략이다. 이는 단순히 상품이나 서비스를 넘어서, 고객이 브랜드를 특정한 성격을 가진 '사람'처럼 인식하게 만드는 기법이다.

브랜드 인성화의 대표적 방식 중 하나는 창시자의 이름을 브랜드화하는 것이다.

예를 들어, 윌러드 메리어트(J. Willard Marriott)의 이름을 딴 JW 메리어트 호텔, 콘래드 힐튼(Conrad N. Hilton)의 이름을 계승한 힐튼(Hilton)과 그 최상위 럭셔리 브랜드인 콘래드(Conrad), 호텔업계의 전설적 인물 세자르 리츠(César Ritz)의 이름을 사용한 리츠칼튼(Ritz–Carlton), 그리고 월트 디즈니(Walt Disney)의 이름을 브랜드화한 디즈니랜드(Disney Land) 등이 대표적인 사례이다. 이러한 네이밍은 단순한 호칭을 넘어, 창시자의 철학과 성격을 브랜드 이미지와 연결시킨다.

* 브랜드 인성화는 창시자의 이름을 브랜드화한 것이다.

⑤ 제품의 연상 및 혜택 제시(Brand Association & Eenefits)

브랜드 네임과 이미지는 단순한 명칭을 넘어, 고객에게 제품의 기능이나 편익을 직관적으로 전달하는 수단이 된다. 즉, 고객이 브랜드 이름을 들었을 때 즉각적으로 특정 이미지와 혜택을 떠올릴 수 있어야 한다.

예를 들어, Pizza Hut, Mr. Pizza, Pizza Mall은 이름만으로도 피자를 판매한다는 사실을 쉽게 연상시킨다. 호텔산업에서도 마찬가지다. Motel 6, Motel 8, Econo Lodge와 같은 브랜드는 네임 자체에서 저가 숙박이라는 혜택을 명확히 전달한다. 또, Courtyard by Marriott는 'Courtyard(뜰, 안마당)'이라는 단어를 사용하여 마치 집처럼 편안한 분위기와 안락한 휴식 공간을 제공한다는 연상을 불러일으킨다. Paradise Beach Hotel은 해변에 위치한 호텔이라는 입지적 혜택을, Hard Rock Cafe는 록 음악과 즐거운 엔터테인먼트를 결합한 독특한 체험을 바로 떠올리게 한다. 이처럼 제품의 연상과 혜택 제시는 고객이 호텔을 선택하는 과정에서 중요한 판단 기준이 된다.

* 코트야드 바이 메리어트(Courtyard by Marriott)는 메리어트 인터내셔널이 운영하는 중상급(업스케일) 브랜드로, 실용성과 합리성에 감각적인 디자인을 더한 비즈니스 · 레저 겸용 호텔로 자사를 포지셔닝하고 있다.

⑥ 기억하기 쉬운 용어 사용(Easy-to-Remember Naming)

브랜드 네이밍에서 중요한 요소 중 하나는 기억 용이성(Memorability)이다. 이는 소비자가 구매 시점에서 해당 브랜드를 얼마나 쉽게 상기하고(Recall) 인식할 수 있는가를 의미한다.

예를 들어, 신라호텔, 대한항공, American Airlines, Mr. Pizza 등은 이름만 들어도 직관적으로 서비스의 성격과 이미지를 이해할 수 있다. 이처럼 단순하고 직관적인 네이밍은 소비자들에게 긍정적인 인상을 심어주며, 구매 의사결정 단계에서 빠르게 떠올려지게 한다.

또한 긴 영어 표현을 축약해 사용하는 방식도 효과적이다. T.G.I. Friday's는 원래 "Thank God It's Friday"라는 문구를 축약한 형태로, 미국에서 한 주가 끝나는 금요일 저녁의 즐거움을 강조한 네이밍 전략이다. 호텔 산업에서도 노보텔(Novotel)이나 모텔(Motel)처럼 간단명료한 네이밍, Moxy(Moxy by Marriott)처럼 짧고 개성 있는 단어 사용은 브랜드 인지도를 크게 높인다. 특히 SNS 시대에는 짧고 기억하기 쉬운 이름이 구전 마케팅 효과를 강화하고, 온라인상에서 빠르게 확산되는 데 유리하다.

⑦ 로고와 심벌(Logo & Symbol)

로고와 심벌은 브랜드를 시각적으로 표현하는 가장 직관적인 도구이다. 다만, 로고와 심벌은 같은 개념이 아니며, 다음과 같은 차이가 있다. 로고(Logo)는 브랜드 네임을 독특한 글자체(Wordmark)로 표현한 것이며, 심벌(Symbol)은 글자체에 국한되지 않고, 브랜드를 그림이나 도형 등 종합적인 상징체계로 표현한 것이다. 예를 들어, SK그룹의 경우 붉은색 영문 글자체 "SK"는 로고이며, 나비 모양의 '행복날개'는 심벌이다. 이처럼 로고와 심벌은 상호 보완적으로 사용되며, 함께 브랜드의 정체성을 강화한다.

환대산업에서도 대다수 호텔 기업은 로고와 심벌을 함께 사용한다. 힐튼(Hilton)은 'H' 글자를 단순화한 로고와 원형 심벌을 함께 사용하여 글로벌 통일성을 확보한다. 메리어트(Marriott)의 'M' 로고도 전 세계 어디서나 동일한 이미지를 사용하여 강력한 브랜드 인지도를 형성한다. 리츠칼튼(Ritz-Carlton)의 사자를 형상화한 심벌은 고급스러움과 권위를 상징하며, 로고 텍스트와 함께 사용하여 품격 있는 이미지를 강화하고 있다.

* 로고와 심벌은 브랜드를 시각적으로 표현하는 도구이며, 호텔기업은 더부분 브랜드에 로고와 심벌을 함께 사용한다.

4. 연출믹스

1) 연출믹스의 개요

연출믹스(Service Production Mix)는 호텔과 같은 서비스 산업에서 눈에 보이지 않는 서비스를 유형적 단서로 가시화하여 고객이 쉽게 인식하고 체험할 수 있도록 만드는 기법이다. 제조업 제품은 고객이 직접 보고 만지거나 사용해보며 품질을 확인할 수 있지만, 호텔의 서비스는 무형적 특성이 강해 설명만으로는 충분히 전달하기 어렵다. 따라서 호텔은 고객이 서비스를 직관적으로 느낄 수 있도록 시각, 청각, 후각, 촉각, 미각 등 다섯 가지 감각 요소와 공간적 · 분위기적 연출을 적극 활용한다.

예를 들어, 고급 호텔 로비의 화려한 인테리어, 은은한 조명과 향기, 세련된 음악은 고객이 들어서는 순간부터 '품격 있는 경험'을 떠올리게 한다. 또한 독창적인 연출은 경쟁 호텔이 쉽게 모방할 수 없는 차별화된 가치를 제공하여 브랜드 이미지를 강화한다. 즉, 연출믹스는 단순한 외형 장식이 아니라, 서비스의 무형성을 극복하고 호텔만의 고유한 분위기와 체험을 창출하는 강력한 마케팅 수단이다.

2) 연출믹스 전략

① 물질적 설비를 통한 연출

물질적 설비(Material Facilities)는 인간이 창조한 건물, 시설, 제품 등을 의미하며, 고객의 관심을 끌고 유인하는 데 필수적인 요소이다. 특히 무형적 특성이 강한 호텔산업에서는 눈에 보이는 물리적 환경이 고객에게 호텔의 수준과 품격을 전달하는 유형적 단서로 작용한다.

독특한 외형 디자인, 화려한 조명, 웅장한 건축물은 단순히 기능적 공간을 넘어, 그 지역을 대표하는 랜드마크(Landmark)로 발전하기도 한다. 예를 들어, 두바이의 버즈 알 아랍(Burj Al Arab)은 돛 모양의 독창적인 건축미로 세계적인 상징이 되었으며, 싱가포르의 마리나 베이 샌즈(Marina Bay Sands)는 세 개의 타워 위에 얹어진 스카이 파크 디자인만으로도 도시의 아이콘으로 자리 잡았다. 국내에서도 파크

하얏트 서울의 미니멀리즘 디자인(Minimalism Design)은 불필요한 장식이나 과잉 요소를 배제하고, 단순함 · 기능성 · 본질적 가치를 강조하는 디자인 철학을 통해 세련되고 프리미엄한 이미지를 연출하여 브랜드 가치를 높이고 있다.

* 호텔의 독특한 외형 디자인이나 웅장한 건축물은 고객의 관심을 끌고 유인하는 데 중요한 요소이다. ①시그니엘서울 ②마리나베이샌즈리조트 ③파크하얏트서울 ④버즈알아랍호텔 ⑤라스베이거스 버 네치안 호텔 ⑥파리스 호텔 ⑦룩소르 호텔

② 감각적 요소와 분위기 연출의 결합

호텔의 서비스는 무형적 특성이 강하기 때문에 고객이 직접 보기 전에는 그 품질을 판단하기 어렵다. 따라서 호텔은 감각적 요소와 분위기 연출을 믹스하여 서비스를 가시화하고, 차별화된 경험을 제공한다.

감각적 요소(Sensory Factors)는 조명, 음악, 향기, 색채, 온도와 같이 고객의 오감에 직접 작용하는 요소이다. 예를 들어, W호텔 라운지에서는 트렌디한 조명과 DJ 음악을 통해 젊고 활기찬 분위기를 만들고, 포시즌스 호텔은 은은한 조명과 잔잔한 클래식 음악으로 품격 있고 차분한 공간을 연출한다.

분위기 연출(Atmosphere Creation)은 이러한 감각적 요소를 넘어, 고객이 체험하는 전체적인 공간과 상황을 설계하는 과정이다. 호텔이나 리조트에서는 고대 성 · 피라미드 같은 유물적 요소, 해변이나 산악 같은 지형적 요소, 나무 · 꽃 · 물 · 모래 등 자연적 요소, 그리고 조명 · 음악 · 그림 같은 인공적 요소를 복합적으로 활용한다. 라스베이거스의 테마 호텔처럼 특정 도시와 문화를 재현한 사례는 단순한 숙박을 넘어 고객에게 잊지 못할 경험을 제공한다.

③ 종사원을 통한 연출

서비스산업에는 두 종류의 고객이 있다. 하나는 일반적인 의미의 외부고객이고, 다른 하나는 기업 내부의 내부고객(종사원)이다. 특히 호텔과 항공 같은 환대산업에서는 종사원 자체가 서비스 상품의 일부로서 기업 이미지를 형성하는 핵심적 역할을 한다.

많은 호텔기업이 유명 연예인보다 실제 종사원을 광고에 등장시키는 것도 같은 이유다. 유명 스타는 단순한 상업적 홍보수단으로 비칠 수 있지만, 종사원은 현장에서 고객을 직접 응대하는 실체적 존재이므로 신뢰성과 설득력이 높다. 예를 들어, 리츠칼튼(Ritz-Carlton)은 'Ladies and Gentlemen serving Ladies and Gentlemen'이라는 철학 아래, 직원들의 친절한 미소와 세심한 태도를 강조하여 품격 있는 이미지를 연출한다.

비슷하게 항공산업에서도 종사원 연출 사례가 유명하다. 싱가포르항공(Singapore

Airlines)은 승무원들을 '싱가포르 걸(Singapore Girl)'이라는 브랜드 아이콘으로 내세운다. 이들은 전통 의상인 사롱 케바야(Sarong Kebaya)를 입고 미소와 친절함을 강조하며, 단순한 승무원이 아니라 싱가포르항공의 서비스 정신을 체현한 상징적 존재로 자리 잡았다. 덕분에 '싱가포르 걸'은 항공업계에서 가장 성공적인 서비스 브랜딩 사례 중 하나로 꼽히며, 기업의 품격과 신뢰성을 전 세계 고객들에게 강하게 각인시켰다.

④ 고객을 통한 연출

호텔산업에서는 고객도 중요한 연출믹스의 구성 요소이다. 일반적인 소매점이나 대형마트에서는 옆에 어떤 고객이 있든 큰 의미가 없지만, 호텔의 경우 어떤 고객이 이용하느냐가 호텔의 이미지와 마케팅 경쟁력에 직접적으로 연결된다. 특히 세계적으로 유명한 VIP나 명사들이 특정 호텔을 이용한다는 사실은, 그 호텔의 품격과 수준을 간접적으로 보여주는 강력한 신뢰 신호가 된다.

대표적인 사례로 미국 뉴욕의 월도프 아스토리아(Waldorf Astoria) 호텔을 들 수 있다. 1883년에 건립되어 100년이 넘는 역사를 가진 이 호텔은, 고급 시설과 전통적인 서비스로도 유명하지만, 무엇보다도 세계적인 정치인, 영화배우, 기업가, 예술가 등 수많은 명사들이 투숙하면서 국제적 명성을 더욱 공고히 했다. 고객층 자체가 호텔의 수준을 상징적으로 보여주기 때문에, 월도프 아스토리아는 세일즈 마케팅에서도 다른 호텔보다 유리한 위치를 차지할 수 있었다.

즉, 고객을 통한 연출은 단순히 '누가 투숙했는가'에 머무르지 않고, 호텔의 브랜드 이미지를 강화하고 경쟁 호텔과 차별화하는 중요한 요소로 작용한다. 고객의 프로필 자체가 곧 호텔의 수준과 신뢰도를 보여주는 홍보 수단이 되기 때문이다.

* 하얏트는 단순히 숙박을 제공하는 데서 그치지 않고, 여행의 즐거움과 개인의 건강 · 힐링 경험을 함께 제공한다는 이미지를 고객을 통해 연출하고 있다.

5. 촉진전략

1) 촉진전략의 개요

촉진전략은 호텔이 제공하는 상품과 서비스를 고객에게 효과적으로 알리고, 구매와 이용을 유도하기 위해 실행하는 마케팅 커뮤니케이션 활동을 의미한다. 특히 무형적 성격이 강한 호텔 서비스는 고객이 직접 체험하기 전에는 품질과 가치를 판단하기 어렵기 때문에, 촉진 활동은 기존 고객뿐만 아니라 잠재고객에게도 호텔 서비스의 존재와 혜택을 알리는 데 중요한 역할을 한다. 예를 들어, 호텔은 광고를 통해 객실의 고급스러운 이미지를 시각적으로 보여주고, 홍보(PR)를 통해 친환경 캠페인이나 사회공헌활동을 알리며, 판매촉진을 통해 단기 예약을 유도하는 패키지를 제시하고, 인적판매를 통해 기업 고객이나 단체 고객을 대상으로 맞춤형 제안을 진행한다.

이처럼 광고(Advertising), 홍보(Public Relations), 판매촉진(Sales Promotion), 인적판매(Personal Selling)라는 네 가지 주요 촉진수단은 독립적으로 사용되기보다는 상호보완적으로 조합되어 활용된다. 이를 촉진믹스(Promotion Mix)라고 하며, 호텔 마케팅 목표를 달성하기 위한 핵심 전략적 도구로 기능한다.

2) 촉진믹스 전략

(1) 광고(Advertising)

광고는 호텔이 제공하는 상품과 서비스를 대중 매체를 통해 널리 알리는 대표적인 촉진 수단이다. TV, 신문, 잡지, 온라인 플랫폼, 옥외 전광판 등 다양한 채널을 활용하여 불특정 다수의 고객에게 동시에 메시지를 전달할 수 있다는 장점이 있다. 특히 무형적 성격이 강한 호텔 서비스는 고객이 직접 체험하기 전까지 그 가치를 알기 어렵기 때문에, 광고는 시각적 · 청각적 이미지를 제공하여 고객이 서비스의 품질을 간접적으로 경험하도록 돕는다. 잘 기획된 광고는 고객의 기억 속에 강하게 남아 브랜드 인지도를 높이고 구매 의사결정에 영향을 준다. 광고의 유형과 호텔 적용 사례를 살펴보면 다음과 같다.

① 정보전달 광고(Informative Advertising)

정보전달 광고는 호텔이 제공하는 상품이나 서비스에 대한 구체적이고 사실적인 정보를 간결하게 전달하는 광고 형태이다. 다른 광고가 이미지와 감성을 강조하는 데 비해, 정보전달 광고는 고객이 합리적인 의사결정을 내릴 수 있도록 위치, 시설, 요금, 이벤트, 편의 서비스 등 객관적 사실을 중심으로 알린다.

예를 들어, 하얏트 리젠시 인천(Hyatt Regency Incheon)은 인천국제공항과 가까운 위치와 24시간 무료 셔틀버스 운행 사실을 강조하는 광고를 게재하였다. 이는 장거리 여행객과 비즈니스 출장객에게 매우 실용적인 정보를 제공함으로써, 호텔의 고급스러움보다는 편리성과 효율성을 중시하는 고객층을 유치하는 효과를 가져왔다.

② 이미지 광고(Image Advertising)

이미지 광고는 호텔 상품의 세부적 정보 전달보다는 브랜드가 추구하는 품격, 분위기, 감성적 가치를 시각적으로 표현하여 고객의 마음속에 특정 이미지를 심어주는 광고 형태이다.

예를 들어, 리츠칼튼(Ritz-Carlton)의 영상 광고는 화려한 로비, 정중한 서비스 장면, 고급스러운 연회와 같은 장면을 중심으로 구성된다. 고객은 광고를 보는 순간 단순한 숙박이 아닌, '격조와 우아함이 있는 특별한 경험'을 연상하게 된다. 이는 리츠칼튼이 오랜 시간 동안 유지해온 럭셔리 브랜드 이미지를 더욱 강화한다.

③ 비교 광고(Comparative)

비교 광고는 경쟁 호텔과의 차별성을 강조하여 자사의 강점과 우월성을 드러내는 전략이다. 일반 광고가 자사만의 이미지와 가치를 전달하는 데 집중한다면, 비교 광고는 자사와 경쟁사를 비교하여 고객이 더 나은 선택으로 인식하게 만든다. 다만 호텔 산업은 고급스러움과 품격을 중시하기 때문에 특정 경쟁사를 직접 거론하기보다 은유적 · 간접적 표현을 활용한다.

예를 들어 일부 호텔은 '도심 속 가장 넓은 객실'이나 '전 객실 오션뷰 보장'과 같은 문구로 경쟁사와 차이를 드러낸다. 포시즌스(Four Seasons) 역시 "비교할 수 없는 럭셔리"라는 메시지를 내세우며 단순히 화려한 시설이나 규모가 아닌 의미 있는 소속감 · 진심 어린 케어 · 인간적인 손길을 진정한 럭셔리로 정의한다. 이는 고객 경험과 감성적 가치를 강조해 자사의 독보적 우위를 부각하는 비교 광고의 대표적 사례라 할 수 있다.

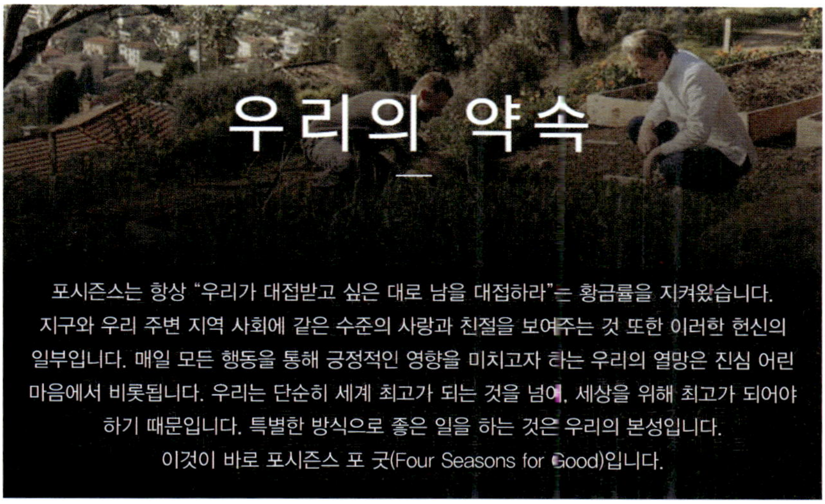

* 포시즌스는 "세계 최고(World's Best)"라는 단순 경쟁우위에 머무르지 않고, "세상의 최고(Best for the World)"가 되겠다는 메시지를 내세운다. 즉, 경쟁사 대비 단순 럭셔리 경정이 아닌 윤리적 책임과 긍정적 영향력까지 포함한 차별화된 비교 광고라 할 수 있다.

④ 캠페인 광고(Campaign Advertising)

캠페인 광고는 호텔이 단순한 제품 · 서비스 소개를 넘어, 특정한 테마나 메시지를 중심으로 장기간 혹은 단기간 진행하는 광고 전략이다. 즉, 캠페인 광고는 개별 광고의 단발성이 아닌, 일관된 주제와 스토리텔링을 통해 고객과 장기적 관계를 구축한다는 점에서 중요하다.

예를 들어, 힐튼 아너스(Hilton Honors)는 "Travel with Purpose" 캠페인을 통해 ESG 경영과 지속가능 여행을 강조하였다. 이는 단순히 객실 판매를 넘어, 환경 보호와 사회적 책임을 실천하는 호텔의 브랜드 가치를 부각하여 친환경적 소비 성향이 강한 고객층에게 깊은 인상을 남겼다.

(2) 홍보(Public Relations)

홍보는 광고처럼 비용을 지불하고 매체를 활용하는 일방적 커뮤니케이션이 아니라, 언론 보도 · 사회공헌 활동 · 이벤트 · 대외활동 등을 통해 호텔의 긍정적인 이미지를 형성하는 마케팅 커뮤니케이션 수단이다. 홍보의 목적은 고객에게 호텔의 존재와 가치를 자연스럽게 알리고, 신뢰와 호감을 형성하여 장기적으로 브랜드 이미지를 강화하는 데 있다.

① 언론을 활용하라

홍보에서 가장 중요한 수단은 언론이다. 보도자료 배포, 인터뷰, 기자회견, 언론 초청 팸 투어(Fam Tour) 등 다양한 방법으로 호텔의 이슈를 뉴스화할 수 있다. TV 방송과 신문은 접근 방식이 다르지만, 공통적으로 뉴스나 특집 기사에 맞는 이야기 구조를 창출하는 것이 중요하다. 예를 들어, 신라호텔은 미식축제를 개최하고 언론 보도하여 호텔의 이미지를 제고했다.

② 상을 받아라

호텔의 수상이나 인증은 단순한 타이틀이 아니라 객관적 평가를 통한 신뢰와 권위를 높이는 강력한 마케팅 도구이다. “세계 100대 호텔 선정”, “서비스 품질 인증”, “고객만족도 1위”와 같은 성과는 고객에게 믿을 수 있는 선택 기준을 제공하고, 호텔에는 이미지 제고와 경쟁 우위를 가져다준다. 콘래드 서울은 최근 3~4년간 World Travel Awards, Condé Nast Traveler, World MICE Awards 등에서 다수의 상을 수상했으며, 특히 2022년부터 2025년까지 연속으로 ‘대한민국 최고의 비즈니스 호텔’에 선정되며 프리미엄 비즈니스 호텔로서 국제적 입지를 확고히 했다.

* 콘래드 서울은 2022년부터 WTA ‘대한민국 최고의 비즈니스 호텔’ 수상을 이어가며, 이를 뉴스화 · 홍보화하여 브랜드 가치를 극대화하고 있다.

③ 이벤트를 만들라

이벤트는 소비자의 참여 현장이자 기자의 뉴스 소재가 된다. 시상식, 세계음식축제, 신상품 발표회, 영화 시사회, 불우이웃돕기 행사 등은 화제를 만들어 파급효과를 극대화한다. 또한 비주얼 요소가 풍부하여 미디어에 노출되기 쉽다. 예를 들어, 롯데호텔은 국제 와인페스티벌을 개최하여 고객 참여와 함께 언론 노출 효과를 얻었다.

④ '최고 · 최대 · 최소'를 만들어라

언론은 새로운 기록과 수치에 주목한다. 세계 최고층 호텔, 최단 기간 최다 투숙객 돌파 등은 뉴스가 된다. 경쟁사와 비교할 수 있는 차별적 수치와 기록을 발굴하여 홍보 포인트로 삼아야 한다. 예를 들어, 두바이 버즈 알 아랍(Burj Al Arab)은 '세계에서 가장 럭셔리한 7성급 호텔' 이미지를 적극 활용한다.

⑤ 홍보지 · 홍보영상을 제작하라

전통적인 홍보 수단으로 사보, 사외보, 브로슈어, 카탈로그 등을 제작하여 타깃 고객에게 배포할 수 있다. 또한 홍보영상, 다큐멘터리, 호텔 소개 비디오 등은 시각적 자료로 고객의 관심을 유도한다. 예를 들어, 반얀트리 호텔의 리조트 소개 영상은 온라인을 통해 글로벌 고객을 유치한 바 있다.

⑥ 스토리를 만들어라

'스토리를 만들어라'는 단순한 사실 전달을 넘어 호텔의 가치와 경험을 하나의 이야기 구조로 엮어 고객에게 전달하는 홍보 유형이다 고객은 광고 속 인물이나 상황에 몰입하며 자신이 주인공이 된 것처럼 감정적으르 공감하게 되고, 이는 브랜드에 대한 긍정적 이미지와 기억을 오래 유지하게 만든다. 호텔업계에서는 투숙객의 여행 여정, 특별한 서비스 경험, 감동적인 순간 등을 스토리로 풀어내어 단순한 숙박을 넘어 감성적 가치와 추억을 제공하는 브랜드로 포지셔닝한다.

사계절 이야기

끊임없는 혁신, 놀라운 확장, 최고 수준의 서비스를 향한 끊임없는 헌신을 전 세계적으로 상징하는 이름인 Four Seasons가 1961년 처음 문을 연 이래로 호텔 산업을 어떻게 변화시키고 럭셔리 여행의 의미를 새롭게 정의했는지 알아보세요.

* 포시즌스는 자사 호텔의 가치와 역사, 최고 수준의 서비스를 향한 끊임없는 헌신을 '사계절 이야기'라는 스토리로 만들어 세계 최고의 호텔로 포지셔닝하고 있다.

(3) 판매촉진(Sales Promotion)

판매촉진은 제품과 서비스의 구매 또는 판매를 증진하기 위해 제공되는 단기적 인센티브를 말한다. 본질적으로 '즉각적 구매 행동'을 유도하는 데 초점을 두며, 지나치게 장기화될 경우 일반적인 제품 개념으로 인식되어 효과가 감소할 수 있다. 호텔산업에서 활용되는 대표적인 8가지 수단은 다음과 같다.

① 샘플(Sample)

샘플은 고객에게 새로운 상품이나 서비스를 무료로 체험할 기회를 제공하는 방식이다. 신규 레스토랑의 시식 행사나 스파 체험권 제공처럼, 미리 경험하게 함으로써 서비스의 무형성에서 오는 불확실성을 줄이고 구매 위험을 완화한다. 다만 비용이 많이 드는 단점이 있다.

② 쿠폰(Coupon)

쿠폰은 고객이 구매할 때 할인이나 무료 혜택을 제공하는 증명서로, 가격에 민감한 고객을 유인하는 데 효과적이다. 예컨대 객실 예약 시 무료 조식 쿠폰이나, 음료

쿠폰 등이 이에 해당한다. 그러나 과도하게 사용하면 브랜드 이미지가 저가형으로 인식될 위험이 있다.

③ 프리미엄(Premium) 광고

프리미엄 광고는 단순한 제품 정보나 가격을 전달하는 것이 아니라, 브랜드의 고급 이미지 · 희소성 · 감성적 가치를 강조하여 소비자에게 '특별한 경험과 자부심'을 심어주는 광고 형태이다.

예를 들어 포시즌스의 프라이빗 제트 여행 상품은 전용 항공기를 타고 세계 주요 도시와 리조트를 투어하면서 맞춤형 서비스를 제공하는데, 이는 단순한 교통수단이 아니라 '궁극의 럭셔리 여행 경험'을 강조한다. 따라서 포시즌스의 이러한 광고는 가격이나 스펙보다 브랜드의 희소성과 고급스러움, 감성적 가치를 각인시키는 전형적인 프리미엄 광고에 해당한다.

* 포시즌스의 '프라이빗 제트 여행' 광고는 포시즌스의 전용기를 이용한 럭셔리 프리미엄 여행 경험을 강조한다.

④ 경품 추첨(Sweepstakes)

경품 추첨은 이벤트 기간 동안 고객에게 추첨 기회를 제공하여 당첨자에게 무료 숙박권이나 식사권, 자동차 같은 고급 경품을 증정하는 방식이다. 고객 참여를 유도하고 단기적인 매출을 늘리는 데 효과적이다. 웨딩 고객을 대상으로 연말에 추첨 이벤트를 진행하는 호텔 사례가 대표적이다.

⑤ 보상 후원(Patronage Rewards)

보상 후원은 구매 횟수나 금액에 따라 포인트를 적립하고, 이를 할인이나 업그레이드로 보상하는 제도다. 항공사의 마일리지 프로그램이나 호텔 멤버십 포인트 제도가 여기에 해당하며, 고객의 반복 구매와 장기적 충성도를 높인다.

⑥ 가격 할인(Price Reduction)

가격 할인은 가장 널리 쓰이는 방법으로, 비수기에 수요를 자극하거나 특정 기간 내 판매를 촉진하는 전략이다. 평일 객실 요금 30% 할인이나 조기 예약 할인 등이 이에 해당한다. 그러나 가격 경쟁 심화나 고객의 할인 대기 습관을 유발할 수 있어 신중히 활용해야 한다.

* 메리어트는 홈페이지를 통해 다양한 할인 특가 상품을 판매하고 있다.

⑦ 환불 · 교환 제도(Refund/Exchange)

환불교환은 고객이 서비스에 만족하지 못했을 때 전액 환불이나 대체 상품을 제공하는 방식이다. 미국 햄튼 인(Hampton Inn)의 '100% 서비스 보증제도'처럼, 고객 만족을 보장하는 정책은 신뢰를 구축하는 동시에 서비스 품질을 향상시키는 효과가 있다.

⑧ 패키지 판매(Package Sales)

패키지 판매는 객실, 식음료, 부대시설 이용, 교통, 이벤트 등을 하나의 묶음 상품으로 구성하여 제공하는 판매촉진 방식이다. 이는 단순히 가격을 낮추는 전략이 아니라 부가가치(Value Added)를 창출해 고객에게 합리적인 가격으로 더 많은 혜택을 얻는다는 만족감을 주는 것이 핵심이다. 예를 들어 숙박과 조식을 결합한 기본 패키지, 스파 · 웰니스 프로그램을 포함한 힐링 패키지, 웨딩과 연회 서비스를 묶은 웨딩 패키지, 크리스마스 · 여름휴가 시즌 패키지 등이 있다. 이를 통해 호텔은 객실 단독 판매보다 고객의 체류기간을 늘리고, 추가 매출을 창출하며, 나아가 브랜드 충성도를 강화할 수 있다.

* 메리어트호텔은 홈페이지를 통해 다양한 프로모션 & 패키지 상품을 판매하고 있다.

(4) 인적판매(Personal Selling)

인적판매는 판매직원이 고객과 대면하여 대화를 통해 자사 상품 · 서비스 구매를 설득하는 판매촉진 방식이다. 호텔의 경우 광고나 홍보가 대중을 대상으로 하는 간접 커뮤니케이션이라면, 인적판매는 고객의 요구와 상황을 파악하고 맞춤형 제안을 하는 직접적 활동이라는 점에서 큰 차별성을 지닌다. 특히 기업 고객, 단체 고객, 국제회의 유치, 대규모 연회 패키지 영업 등에서 핵심적 역할을 한다. 호텔 인적판매의 단계별 전략은 다음과 같다.

① 잠재고객 탐색과 선정

첫 단계는 잠재고객을 발굴하는 것이다. 기존 고객 추천, 경쟁호텔 고객 데이터, 전시회 및 박람회 참가, 기업체 연간 교육 · 행사 계획 등을 통해 타깃 고객을 찾아내고, 구매 가능성을 타진해 최종 고객을 선정한다.

② 사전 접근(Pre-Approach)과 방문판매(Sales Call)

고객을 방문하기 전 철저한 준비가 필요하다. 무작정 찾아가는 Cold Call은 지양하며, 반드시 사전 약속을 잡고 방문해야 한다. 신규 오픈, 리노베이션 완료, 비수기 프로모션 출시 등 중요한 시기를 중심으로 집중적인 방문판매를 수행한다.

③ 협상(Negotiation)

협상 시 가장 중요한 원칙은 가격을 먼저 제시하지 않는 것이다. 정상가(Rack Rate)를 기준으로 시작하여 객실 업그레이드, 리무진 서비스, 무료 조식, 피트니스센터 이용권 등 다양한 부가혜택을 제시하면서 협상을 진행한다. 가격 인하는 최후의 수단으로 활용해야 브랜드 가치와 수익성을 유지할 수 있다.

④ 협상 완료와 관계 유지

협상이 성립되면 계약 조건을 명확히 확인하고 신속히 조치하여 고객에게 신뢰를 준다. 만약 거래가 성립되지 않더라도, 차후 재협상을 위한 다음 약속을 정하고 관계를 유지하는 것이 바람직하다.

⑤ 피드백(Feedback & Follow-up)

계약 후에는 약속된 조건을 철저히 이행하고, 고객이 만족하는지 확인한다. 이른바 Follow-Up이 제대로 이루어지면 고객의 충성도가 높아지고 재계약 가능성이 커진다. 반면, 약속이 어긋나면(Foul-Up) 고객을 잃을 수 있으므로 사후 관리가 매우 중요하다. 또한 거래가 무산된 경우, 그 이유와 경쟁호텔의 조건을 분석해 다음 협상에 반영해야 한다.

Checkpoint

◆ **토론 주제 1**

호텔은 왜 손님을 직접 유치(홈페이지, 전화)하려고 할까? OTA(야놀자, 아고다, 부킹닷컴)를 쓰면 편리한데, 직접 예약과 어떤 차이가 있을까?

• **참고**

– OTA는 고객이 많지만 수수료(10~20%)를 호텔이 내야 한다.
– 직접 예약은 수수료가 없어 이익이 더 남는다.
– 그래서 호텔은 OTA와 직접 예약을 균형 있게 운영하려고 한다.

◆ **토론 주제 2**

할인 이벤트(프로모션)가 호텔에 꼭 필요할까? 너무 자주 하면 브랜드 가치가 떨어질 수도 있는데, 어떤 상황에서는 꼭 필요할까?

• **참고**

– 성수기엔 굳이 안 해도 손님이 많다.
– 비수기에는 할인 프로모션으로 고객을 유치해야 한다.
– 따라서 호텔은 상황(시즌, 경쟁 상황)에 맞게 전략적으로 사용한다.

◆ **토론 주제 3**

호텔이 왜 SNS(인스타그램, 유튜브)에 광고를 많이 할까? 전통적인 광고(신문, TV)와 비교했을 때 장점은 무엇일까?

• **참고**

– SNS는 젊은 고객에게 빠르게 노출된다.
– 비용이 비교적 저렴하고, 고객 반응(좋아요, 댓글)을 바로 확인할 수 있다.
– 호텔 사진 · 영상이 퍼지면서 자연스럽게 홍보 효과가 커진다.

전문용어

세일즈(Sales) 호텔의 상품(객실, 연회장, 식음료 등)을 고객이나 기업에 직접 판매하는 활동이다.

마케팅(Marketing) 고객에게 호텔을 알리고 관심을 끌어 매출로 연결하는 활동이다.

프로모션(Promotion) 고객의 구매를 유도하기 위해 하는 특별 행사나 할인 이벤트이다.

패키지 상품(Package) 객실+조식+스파 등 여러 서비스를 묶어 판매하는 상품이다.

예약 채널(Channel) 고객이 예약하는 경로. 예: 호텔 홈페이지(직접), 온라인 여행사(OTA), 전화예약 등

OTA(Online Travel Agency) 온라인 여행사이다. 예: 아고다, 부킹닷컴, 야놀자

MICE 회의(Meeting), 포상여행(Incentive), 콘퍼런스(Convention), 전시(Exhibition). 호텔이 기업 행사와 전시를 유치할 때 쓰는 말이다.

브랜딩(Branding) 호텔 이름과 이미지를 알리고, 고객이 좋은 인상을 갖도록 만드는 활동이다.

홍보(PR, Public Relations) 언론, SNS, 블로그 등을 통해 호텔 소식을 알리고 긍정적인 이미지를 만드는 활동이다.

디지털 마케팅(Digital Marketing) 온라인을 통한 광고와 홍보. 예: 구글 검색광고, 인스타그램 홍보

예약 에이전트(Reservations Agent) 고객의 전화나 이메일을 받아 예약을 도와주는 직원이다.

세일즈 매니저(Sales Manager) 기업 · 여행사 · 단체 고객을 관리하고 계약을 담당하는 직원이다.

CRM(Customer Relationship Management) 고객의 이름, 방문 기록, 선호사항을 기록해 다음 방문 시 더 좋은 서비스를 제공하는 방법이다. 예: 이전에 와인을 주문했던 고객에게 이번에도 와인 패키지를 제안)

호텔객실실무론

PART 3

서비스경영관리 실무

제12장

서비스 커뮤니케이션과 고객 관계 관리

본 장은 호텔 서비스 현장에서 고객과의 원활한 관계 형성을 위한 커뮤니케이션 역량과 매너, 그리고 불만 처리 능력을 학습하는 데 목적이 있다. 제1절에서는 서비스 커뮤니케이션의 개요와 유형을 살펴보고, 효과적인 의사소통을 위한 10계명을 제시한다. 제2절에서는 고객 응대 시 필요한 바른 이미지와 올바른 몸가짐, 그리고 전화 응대 예절을 구체적으로 다룬다. 제3절에서는 고객 만족과 불만족의 의미를 이해하고, 불만이 확산되는 경로를 분석하며, 효과적인 서비스 회복 및 불만 처리 방안을 학습한다. 이를 통해 학생들은 고객 만족을 높이고, 장기적인 고객 관계를 유지 · 관리할 수 있는 실무적 역량을 습득하게 된다.

제1절 서비스 커뮤니케이션

1. 서비스 커뮤니케이션의 개요

서비스 커뮤니케이션(Service Communication)은 서비스 산업에서 고객과 기업(또는 직원) 간에 이루어지는 모든 의사소통을 의미한다. 이는 단순한 정보 전달을 넘어 고객 만족, 신뢰 형성, 브랜드 이미지 구축 등 서비스 경험 전반에 중요한 영향을 미친다.

서비스 커뮤니케이션은 언어적 요소뿐 아니라 비언어적 요소, 그리고 디지털 채널까지 포함한다. 따라서 다양한 접점에서 고객과 상호작용하는 서비스 산업에서는 이를 효과적으로 관리하고 교육하는 것이 필수적이다.

특히 호텔과 같은 고급 서비스 산업에서는 예약, 체크인 · 체크아웃, 고객 문의, 불만 처리 등 모든 과정에서 직원의 커뮤니케이션 능력이 서비스 품질을 평가받는 핵심 기준이 된다. 직원의 말투, 친절한 태도, 정확한 정보 전달, 문화적 배려가 고객 만족과 재방문 의사에 직접적으로 작용하기 때문이다.

결국 서비스 커뮤니케이션은 무형의 서비스를 고객이 체감할 수 있도록 가시화하는 역할을 하며, 이를 통해 장기적인 고객 관계와 브랜드 충성도를 구축할 수 있다.

2. 서비스 커뮤니케이션의 유형

1) 언어적 커뮤니케이션(Verbal Communication)

언어적 커뮤니케이션은 말이나 글을 통해 직접 메시지를 전달하는 방식이다. 대표적인 형태로 대화, 전화, 이메일, 문자, 보고서 등이 있으며, 명확한 의미 전달과 논리적 설명에 효과적이다. 다만 표현력이나 어휘 선택에 따라 전달력이 달라질 수 있으므로, 상황과 상대에 맞는 언어 사용이 중요하다.

① 호텔 사례

- **체크인 시 고객의 이름을 직접 호명하며 환영 인사**

→ "○○님, 저희 호텔에 다시 찾아주셔서 감사합니다"

- **객실 예약 확인 이메일 발송 시 정확한 정보 제공**

→ 객실 타입, 조식 포함 여부, 체크인 · 체크아웃 시간 등

② 효과적인 전략

- **긍정적 어휘 사용:** "문제가 있습니다" 대신 "더 나은 해결책을 찾겠습니다"와 같이 표현
- **개인화된 소통:** 고객 이름을 자주 불러 친근감과 맞춤형 서비스 느낌을 제공

2) 비언어적 커뮤니케이션(Nonverbal Communication)

비언어적 커뮤니케이션은 말이나 글이 아닌 표정, 시선, 제스처, 자세, 복장, 목소리 톤 등을 통해 메시지를 전달하는 방식이다. 이는 감정과 태도를 직관적으로 표현하여 언어적 메시지를 보완하거나 강화한다. 그러나 상황과 문화적 맥락에 따라 의미가 달라질 수 있으므로, 문화적 차이에 대한 이해가 중요하다.

① 호텔 사례

- 프런트 직원이 고객을 향해 미소와 눈맞춤으로 환영 인사를 제공
- 벨맨이 손바닥을 펴서 로비 방향을 안내하는 오픈 제스처 사용

② 효과적인 전략

- 표정 · 자세 표준화 교육: 직원들이 일정한 수준의 미소, 바른 자세를 유지하도록 훈련
- 유니폼 · 외모 관리 강화: 브랜드 이미지와 일관성을 유지하여 신뢰감 형성

* 비언어적 커뮤니케이션은 종사원의 표정, 시선, 제스처, 자세, 복장 등을 통해 브랜드 이미지와 서비스 수준을 전달한다.

3) 디지털 커뮤니케이션(Digital Communication)

디지털 커뮤니케이션은 앱, 웹사이트, SNS, 메신저 등 디지털 기술 기반의 비대면 채널을 통해 이루어지는 정보 교환 방식이다. 시간과 장소의 제약 없이 실시간 소통이 가능하며, 이미지 · 영상 · 음성 등 다양한 형태의 콘텐츠를 활용할 수 있다. 또한 빠른 확산성과 기록성 덕분에 개인과 기업 모두에게 중요한 소통 수단으로 자리 잡고 있다.

① 호텔 사례

- 카카오톡 챗봇을 활용한 실시간 객실 예약 및 룸서비스 주문
- 인스타그램 DM을 통한 이벤트 참여 안내 및 예약 문의 응대

② 효과적인 전략

- FAQ · 챗봇 · 예약 시스템 자동화로 24시간 대응 체계 구축

온라인 리뷰 관리: 신속하고 정중한 답변으로 브랜드 신뢰도 강화

4) 상황별 즉시 대응 커뮤니케이션(Real-Time Response Communication)

상황별 즉시 대응 커뮤니케이션은 서비스 과정에서 돌발 상황이나 문제 발생 시 실시간으로 이루어지는 의사소통 방식이다. 고객 불편, 시설 고장, 예약 착오 등 다양한 문제 상황에서 신속하게 관련 부서와 정보를 공유하고 해결 방안을 마련한다. 이러한 즉각적인 대응은 문제 확산을 방지하고 고객의 불편을 최소화하며, 신뢰와 만족도를 높인다. 즉, 위기 상황을 기회로 전환하는 핵심 역량이라 할 수 있다.

① 호텔 사례

- 객실 냉난방 문제 발생 시 → "불편을 드려 죄송합니다. 즉시 엔지니어를 보내드리겠습니다"
- 레스토랑 예약 착오 발생 시 → 대체 좌석 즉시 제공 + 정중한 사과

② 효과적인 전략

- 3단계 프로토콜 표준화: 사과 → 문제 해결 → 적절한 보상
- 직원 권한 부여: 현장에서 즉시 결정하고 해결할 수 있도록 권한 위임

3. 서비스 커뮤니케이션 10계명

호텔에서 서비스커뮤니케이션을 잘해야 하는 이유는 고객은 호텔 서비스를 눈으로 확인할 수 없으므로, 직원의 언어와 태도, 표정, 안내 방식이 서비스 품질 평가의 기준이 된다. 즉, 서비스 자체뿐 아니라 커뮤니케이션 능력이 곧 서비스 품질과 경쟁력으로 연결되기 때문이다. 따라서 서비스 커뮤니케이션을 잘할 수 있는 10계명을 살펴보면 다음과 같다.

1) 경청하라

경청은 고객 응대에서 가장 기본적이면서도 중요한 태도다. 고객의 요구나 불만을 중간에 끊지 않고 끝까지 주의 깊게 들으며, 표정과 고개 끄덕임 등으로 공감과 이해를 표현해야 한다. 예를 들어, 체크인 시 고객이 객실의 뷰나 층수를 요청할 때 끝까지 경청하고 "알겠습니다"라고 확인하는 과정은 단순히 말을 듣는 것을 넘어 고객의 감정을 존중하고 문제 해결 의지를 보여주는 행위이다. 이러한 태도는 신뢰를 형성하고 만족도를 높인다.

2) 공감하라

공감은 고객 응대에서 불만이나 요구를 해결하기 위한 첫걸음이다. 고객의 감정을 부정하거나 무시하지 않고, "불편을 겪으셔서 많이 힘드셨겠군요"와 같이 감정을 먼저 인정하는 표현을 사용하는 것이 중요하다. 예를 들어, 객실 온도가 너무 높거나 낮다고 불만을 제기하는 고객에게 "불편을 드려 죄송합니다. 바로 조치하겠습니다"라고 응답하는 것은 단순히 문제 해결 의지를 전달하는 것을 넘어 고객의 감정을 존중한다는 메시지를 주는 것이다. 이를 통해 고객은 자신이 존중받고 있다고 느끼며, 문제 해결 이전에 신뢰와 심리적 안정감을 얻게 된다.

3) 긍정적 언어를 사용하라

긍정적 언어 사용은 고객 응대에서 신뢰와 만족을 높이는 핵심 태도다. 부정적이거나 거절하는 표현을 피하고, 해결 가능성을 제시하는 언어로 대화해야 한다. 예를 들어, 요청한 객실이 만실일 때 "불가능합니다"라고 말하기보다 "대신 업그레이드 객실을 제공해드릴 수 있습니다"라고 안내하면 고객은 존중받는다고 느끼게 된다. 이러한 긍정적 표현은 고객의 불만을 완화하고 서비스 만족도를 높이며, 나아가 호텔 브랜드에 긍정적 이미지를 형성하는 데 기여한다.

4) 명확하고 간결하게 말하라

호텔 직원은 고객과의 모든 의사소통에서 명확성(clarity)과 간결성(conciseness)을 유지해야 한다. 불필요하게 긴 설명이나 전문용어를 사용하면 고객은 혼란을 느끼고, 서비스 신뢰도 역시 낮아질 수 있다. 반대로 핵심 정보를 간단하고 이해하기 쉬운 언어로 전달하면 고객은 빠르게 상황을 파악하고 안심할 수 있다.

예를 들어 "잠시만 기다려주시면 담당 직원을 연결해 드리겠습니다"와 같이 구체적이면서도 짧은 표현은 고객의 기대를 명확히 조정하고 효율적인 응대를 가능하게 한다.

5) 표정과 몸짓을 관리하라

표정과 몸짓 관리는 고객 응대에서 신뢰와 친근감을 형성하는 중요한 비언어적 커뮤니케이션이다. 미소를 통해 친절한 인상을 주고, 눈맞춤으로 진정성을 전달하며, 팔짱을 끼지 않고 몸을 고객 쪽으로 향하는 열린 자세는 환영의 메시지를 전한다. 또한 손동작이나 제스처를 과하지 않게 활용해 설명을 보조하면 고객은 안정감과 편안함을 느낄 수 있다. 예를 들어, 벨맨이 고객을 맞이할 때 밝은 표정을 유지하며 손짓으로 방향을 제시하고 직접 앞장서 객실까지 안내하는 행동은 언어적인 환영 인사를 강화하면서 서비스의 품격을 높이는 효과가 있다.

6) 신속히 대응하라

신속한 대응은 고객 만족을 좌우하는 핵심 요소다. 고객의 문의나 요청이 접수되면 가능한 한 지체 없이 처리하여 기다림으로 인한 불편을 최소화해야 한다. 예를 들어, 체크아웃 과정에서 결제 오류가 발생했을 때 즉시 프런트에서 문제를 해결하고 영수증을 신속히 재발행해 드리면 고객은 존중받는다고 인식하게 된다. 이러한 즉각적인 응대는 단순히 문제 해결에 그치지 않고 서비스의 신뢰도를 높이며, 불만이 확산하는 것을 방지하고 긍정적 경험을 강화하는 효과가 있다. 따라서 직원은 항상 상황을 신속히 파악하고, 우선순위를 정해 즉각적인 해결책을 제시해야 한다.

7) 대안을 제시하라

대안을 제시하는 것은 고객 응대에서 불가능한 요청이 발생했을 때도 만족도를 높일 수 있는 중요한 태도다. 단순히 "안 됩니다"라고 거절하기보다 가능한 방법이나 다른 선택지를 안내해야 한다. 예를 들어, 고객이 예약한 객실이 만실일 경우 "오늘은 해당 객실은 만실이지만, 업그레이드 객실을 특별 요금으로 제공해 드리겠습니다"라고 대안을 제시하면 고객은 존중받고 있다고 느낀다. 이처럼 다른 층의 객실을 안내하거나 업그레이드 옵션을 제공하는 방식은 부정적 경험을 최소화하면서 문제를 해결하고, 동시에 고객에게 신뢰와 긍정적인 인상을 심어주는 효과가 있다.

8) 문화와 언어를 존중하라

문화와 언어를 존중하는 태도는 글로벌 환경에서 필수적인 고객 응대 원칙이다. 고객의 국적과 문화적 배경을 이해하고 언어적 차이를 배려하는 것은 신뢰와 편안함을 제공한다. 예를 들어, 일본인 고객에게는 고개 숙여 인사하고 무슬림 고객에게는 할랄 메뉴를 제공하는 것처럼 문화적 특성을 존중하며, 익숙하지 않은 언어라도 간단한 환영 인사를 고객의 모국어로 표현하면 긍정적인 인상을 줄 수 있다. 이러한 태도는 오해와 불편을 줄이고, 고객이 존중받은 경험을 통해 만족도와 충성도를 높이는 결과로 이어진다.

9) 사전에 안내하라

사전 안내는 문제를 예방하기 위한 선제적 서비스 태도다. 고객이 불편을 겪기 전에 필요한 정보를 미리 제공함으로써 서비스 품질을 높일 수 있다. 예를 들어, 호텔 수영장이 정기 보수로 이용이 제한되거나 조식 제공 시간이 변경되는 경우 이를 체크인 시 미리 안내하면 고객은 혼란 없이 서비스를 이용할 수 있고, 불필요한 불만도 줄어든다. 이러한 사전 안내는 고객이 호텔 서비스에 신뢰와 만족을 느끼도록 하며, 결과적으로 긍정적인 체험을 강화하는 중요한 역할을 한다.

10) 후속 관리를 철저히 하라

후속 관리는 서비스 종료 이후에도 고객과의 긍정적 관계를 이어가기 위한 중요한 단계다. 체크아웃이나 서비스 완료 후 고객에게 감사 인사를 전하고 투숙 경험에 대한 간단한 피드백을 요청하면 고객은 존중받고 있다고 느낀다. 예를 들어, 체크아웃 후 감사 메시지와 함께 재방문 혜택을 안내하면 고객은 만족감을 다시 한번 확인하며, 재방문 의사와 충성도를 높이게 된다. 또한 이메일이나 문자로 만족도 조사나 프로모션 정보를 제공하는 것은 고객과의 지속적 소통을 가능하게 하고, 장기적인 관계 형성에 기여한다.

제2절 고객 응대와 매너

본 절에서는 서비스 커뮤니케이션을 현장에서 구현하는 방법을 다룬다. 단정한 복장과 바른 태도는 첫인상을 결정하고, 정중한 언어와 예절은 신뢰를 형성한다. 또한 전화응대 등 비대면 상황에서도 품질 유지가 중요하며, 이는 고객 만족 · 재방문과 호텔 이미지 제고로 이어지는 필수적인 학습 주제이다.

1. 바른 이미지

바른 이미지는 고객에게 신뢰감 · 전문성 · 친근감을 동시에 전달하는 외적 표현으로, 호텔 서비스 품질을 평가하는 중요한 기준이 된다. 고객은 객실이나 식음 서비스를 직접 경험하기 전에 먼저 직원의 외적 이미지를 보고 호텔의 수준을 가늠한다. 단정한 유니폼, 청결한 용모, 자연스러운 미소, 정중한 태도 등은 고객에게 전문적인 인상과 안정감을 주며, 친근한 첫인상을 형성한다. 반대로 무표정하거나 복장이 흐트러져 있다면 서비스에 대한 불신과 불만으로 이어질 수 있다.

따라서 호텔 직원은 자신의 이미지가 곧 호텔의 얼굴이라는 인식을 바탕으로 항상 바른 자세와 태도를 유지해야 하며, 이를 통해 고객의 긍정적 경험과 재방문 의도를 높일 수 있다. 바른 이미지를 유지하기 위한 다양한 사례를 살펴보면 다음과 같다.

1) 언행과 표정의 일관성(Consistency of Facial Expression & Behavior)

호텔 서비스에서 직원의 표정, 말투, 행동이 서로 일관되게 긍정적으로 전달되는 것은 고객 신뢰를 형성하는 핵심이다. 특히 호텔처럼 고객 접점이 많은 업종에서는 말보다 표정과 행동이 더 강력한 메시지를 줄 수 있다. 외모가 단정하더라도 표정이 굳어 있거나 언행이 불일치하면 서비스 이미지는 크게 손상된다.

① 주요 포인트

- **밝은 미소의 효과:** 친근감과 환영의 분위기를 주어 고객의 긴장을 완화하고 긍정적 감정을 유도한다.
- **부정적 표정 · 언행의 위험성:** 무표정, 굳은 얼굴, 차가운 말투는 고객 만족도를 낮추고 불만을 초래할 수 있다.
- **언어 · 비언어 조화:** 말, 표정, 제스처가 일관되게 전달될 때 고객은 서비스의 진정성을 느낀다.
- 직원 개개인의 언행 · 표정 일관성이 모여 호텔의 신뢰와 품격을 높인다.

② 호텔 사례

• 체크인 시 직원이 밝은 미소와 눈맞춤으로 인사하며, 동시에 손동작으로 체크인 데스크를 안내하여 언어 · 표정 · 행동이 조화를 이룬다.
• 고객이 불편을 제기했을 때 직원이 "불편을 드려 죄송합니다"라고 말하며, 침착하고 진지한 표정으로 경청해 신뢰와 안정감을 제공한다.
• 벨맨이 고객에게 "짐을 도와드리겠습니다"라고 말한 뒤, 실제로 즉시 손수레를 준비해 행동으로 실천한다.

* 직원 개개인의 언행 · 표정 등 바른 이미지가 모여 호텔의 신뢰와 품격을 높인다.

2) 유니폼과 복장(Uniform & Appearance)

호텔 직원의 유니폼과 복장은 단순한 옷차림이 아니라 호텔 브랜드의 품격과 신뢰도를 상징하는 중요한 요소이다. 고객은 직원의 외고와 복장을 통해 호텔의 전문성과 서비스 수준을 직관적으로 판단한다.

① 주요 포인트

• **단정함과 청결 유지:** 구김 없는 유니폼, 깨끗하게 관리된 셔츠와 재킷은 호텔의 고급스러운 이미지를 강화한다.
• **과한 장식 지양:** 지나친 액세서리, 눈에 띄는 무늬, 어울리지 않는 색상은 호텔의 품위와 일관성을 해칠 수 있다.
• **브랜드 아이덴티티 표현:** 유니폼의 색상, 디자인, 명찰은 호텔의 정체성과 콘셉트를 반영하며, 고객에게 신뢰를 준다.

② 호텔 사례

- 프런트 직원은 깨끗하고 잘 다려진 유니폼을 착용하고, 명찰을 가슴 왼쪽에 단정히 부착한다.
- 남성 직원은 재킷 단추를 채우고, 넥타이를 곧게 매어 깔끔한 인상을 준다.
- 여성 직원은 스카프를 단정히 매어 브랜드 이미지를 살리고, 복장이 흐트러지지 않도록 지속적으로 점검한다.

3) 헤어스타일과 외모(Hairstyle & Grooming)

직원의 헤어스타일과 외모는 고객이 가장 먼저 인지하는 요소 중 하나로, 호텔 서비스의 전문성과 신뢰성을 직접적으로 보여준다. 단정하고 깔끔한 외모는 고객에게 긍정적 인상을 주고, 서비스에 대한 기대치를 높인다.

① 주요 포인트

- **세심한 관리 필요:** 머리카락은 흐트러지지 않도록 정돈하고, 손톱은 청결하게 유지하며, 구두는 항상 닦아 광택을 유지해야 한다.
- **절제된 스타일:** 지나치게 화려하거나 산만한 헤어 · 메이크업 · 액세서리는 호텔의 고급스러운 분위기와 전문성을 해칠 수 있다.
- **브랜드 이미지 반영:** 외모 관리 기준은 호텔이 추구하는 서비스 품질과 직결되며, 직원의 일관된 이미지는 곧 브랜드 신뢰로 이어진다.

② 호텔 사례

- VIP 고객 응대 시, 여직원은 머리를 단정히 묶거나 깔끔하게 정리하고, 남직원은 단정한 커트와 면도를 유지한다.
- 객실 안내를 하는 직원은 항상 깨끗한 손톱과 잘 닦인 구두를 착용하여 전문적이고 신뢰감 있는 인상을 제공한다.

* 호텔 직원의 단정한 유니폼, 청결한 용모, 자연스러운 미소, 정중한 태도 등은 고객에게 전문성과 안정감을 전달하는 중요 요인이다.

4) 액세서리와 장신구 관리(Accessories & Grooming)

액세서리, 향수, 화장과 같은 세부적인 외모 관리 요소는 직원의 개성을 표현하기도 하지만, 과도할 경우 호텔의 전문적이고 고급스러운 이미지를 해칠 수 있다. 따라서 호텔 직원에게는 절제되고 세련된 사용이 요구된다.

① 주요 포인트

- 큰 귀걸이, 화려한 반지, 강한 향수, 짙은 화장은 고객의 주의를 분산시키고 신뢰감을 떨어뜨릴 수 있다.
- 최소한의 장신구 사용과 은은한 향은 직원의 품우를 높이고, 서비스 현장에 어울리는 이미지를 형성한다.
- 직원 전체가 통일된 기준을 지킬 때 호텔의 품격 있는 정체성이 유지된다.

② 호텔 사례

- 프런트 직원은 작은 귀걸이, 단정한 시계 정도만 착용하며, 강한 향수 대신 은은한 향을 선택한다.
- VIP 고객 응대 시에도 화려함보다 깔끔하고 절제된 외모로 신뢰와 안정감을 제공한다.

5) 위생 관리(Hygiene Management)

직원의 위생 관리는 겉으로 드러나지 않더라도 고객이 느끼는 서비스 신뢰와 안전에 직접적으로 연결된다. 특히 호텔은 다수의 고객이 공용 공간과 시설을 이용하기 때문에, 직원 개개인의 위생 수준이 곧 호텔의 이미지로 이어진다.

① 주요 포인트

- **손 청결 유지:** 손은 고객과 가장 자주 접촉하는 신체 부위이므로, 항상 청결해야 한다. 손톱은 짧게 유지하고 이물질이나 때가 끼지 않도록 관리한다. 특히 화장실 사용 후 또는 흡연 후에는 반드시 흐르는 물과 비누로 30초 이상 꼼꼼히 세정하고, 물기가 남지 않도록 깨끗한 수건이나 핸드 드라이어로 완전히 건조해야 한다.
- **구강 청결:** 입 냄새는 고객에게 불쾌감을 주는 가장 큰 요인 중 하나다. 정기적인 양치, 가글, 치실 사용을 통해 구강을 청결히 유지해야 한다. 흡연자는 담배 냄새가 구강과 호흡에서 쉽게 배어 나오기 때문에, 반드시 양치와 가글을 철저히 하고, 흡연 후 즉시 손 씻기와 손 소독을 통해 체취 전이를 방지하는 것이 중요하다.
- **체취 관리:** 청결한 샤워와 세탁된 유니폼 착용은 기본이다. 과도한 향수로 체취를 가리려 하기보다 은은한 향을 유지하는 것이 바람직하다.

② 호텔 사례

- 하우스키핑 직원은 고객 객실에 들어가기 전 손 세정제를 사용하고 위생 장갑을 착용하여 청결성을 보장한다.
- 식음료 직원은 정기적인 손 씻기와 유니폼 교체를 통해 위생 이미지를 강화한다.

* 호텔 직원들의 밝고 친절한 미소, 철저한 위생 관리, 단정한 외모는 고객에게 전문적인 서비스 제공자로서의 이미지를 전달한다.

6) 전문성 강조 요소(Professionalism in Appearance)

호텔 직원의 전문성은 단순한 태도와 언행뿐 아니라 고객이 눈으로 확인할 수 있는 외적 요소에서도 드러난다. 명찰, 서비스 가이드북, 필기도구와 같은 업무 도구가 정돈되어 있으면 고객은 직원의 준비성과 호텔의 신뢰도를 동시에 느낀다.

① 주요 포인트

- **업무 도구의 단정한 관리:** 명찰은 항상 깨끗하게 유지하고, 고객 안내에 필요한 펜 · 메모지 · 브로슈어 등은 정리된 상태여야 한다.
- **전문성의 시각적 표현:** 고객은 이러한 세세한 준비 상태를 통해 직원의 전문성과 호텔의 체계성을 평가한다.
- **즉각적인 대응 가능:** 도구가 정돈되어 있을수록 고객 요청에 신속하게 대응할 수 있어 서비스 효율성도 높아진다.

② 호텔 사례

- 컨시어지 직원은 명찰을 단정히 착용하고, 안내용 펜과 메모패드를 항상 정리해두어 고객 문의에 즉시 응대한다.
- 프런트 직원은 호텔 안내 브로슈어를 고객이 보기 쉽게 준비해 두어 전문적인 첫인상을 제공한다.

* 근무자의 단정한 태도와 명찰, 메모지 등의 준비는 직원의 전문성을 보여준다.

7) 개인 소지품 관리(Personal Belongings)

호텔 직원의 사적인 물품 관리 상태는 고객이 느끼는 서비스 전문성과 집중도에 큰 영향을 미친다. 고객 응대 중에 휴대폰을 확인하거나 개인 소지품이 노출되면 서비스의 진정성이 훼손되고, 호텔 브랜드 이미지에도 부정적인 인상을 남길 수 있다.

① 주요 포인트

- **휴대폰 사용 자제:** 업무 중 개인 휴대폰 확인은 고객에게 불성실한 태도로 보일 수 있다.
- **사적 물품 보관:** 개인 가방, 소지품 등은 고객의 시야에서 보이지 않는 지정 장소에 보관해야 한다.
- **호텔 제공 도구 사용:** 고객 응대에는 호텔에서 제공한 태블릿, 안내 브로슈어, 펜 등을 활용해 전문성과 일관성을 보여야 함

② 호텔 사례

- 프런트 직원은 고객 응대 중에는 개인 휴대폰을 사용하지 않고, 호텔에서 제공하는 태블릿으로 예약 내역을 확인한다.
- 벨맨은 근무 시 개인 물품을 로비에 두지 않고 직원 전용 라커룸에 보관해 단정한 이미지를 유지한다.

2. 바른 몸가짐

바른 몸가짐이란 고객을 접할 때의 태도, 자세, 움직임을 통해 전문성과 신뢰를 전달하는 행위를 의미한다. 호텔 서비스는 단순히 언어적 응대에 그치지 않고, 직원의 동작 하나하나가 고객에게 큰 인상을 남긴다.

예를 들어 바른 자세로 서서 고객을 응대하거나 안내할 때는 손짓과 걸음걸이를 정중하게 유지하는 것이 중요하다. 또한 짐을 옮길 때는 조심스럽고 단정한 태도로 임하며, 불필요한 동작이나 산만한 행동은 삼가야 한다. 이러한 몸가짐은 서비스의 품격을 높이고 고객에게 신뢰와 안도감을 제공한다. 반대로 무성의한 태도나 흐트러진 자세는 호텔 이미지와 서비스 만족도를 떨어뜨릴 수 있다. 따라서 모든 직원은 바른 몸가짐을 일상 업무의 기본으로 실천해야 하며, 이를 통해 고객 경험의 질을 높이고 호텔의 전문성을 강화할 수 있다.

1) 대기 자세(Waiting Posture)

대기 자세는 직원이 고객을 직접 응대하지 않는 순간에도 서비스 전문성과 준비성을 보여주는 비언어적 메시지다. 로비, 프런트, 레스토랑 등에서 고객을 기다리는 동안의 태도는 곧 호텔의 이미지로 연결된다.

① 주요 포인트

- **항상 준비된 서비스 태도 표현:** 흐트러진 자세나 무심한 행동은 불성실한 인상을 주지만, 올바른 대기 자세는 고객에게 언제든 서비스를 제공할 준비가 되어 있다는 신뢰감을 준다.

- **서비스 품격 유지:** 대기 중에도 직원의 태도가 일관되게 단정하면 호텔의 고급스러운 이미지를 강화한다.
- **불필요한 행동 자제:** 대기 시간에 잡담, 개인 휴대폰 확인, 기대어 서 있는 행동은 고객에게 부정적인 인상을 준다.

② 호텔 사례

- 로비 안내 직원이 고객을 맞이하기 전, 양손을 공손히 모으고 허리를 곧게 세운 채 미소를 유지하며 대기한다.
- 레스토랑 직원이 예약 고객을 기다리며 손을 단정히 모으고, 고객이 입장하는 방향을 향해 시선을 유지해 준비성을 보여준다.

* 대기 중에도 직원의 태도가 일관되게 단정하면 호텔의 고급스러운 이미지를 강화한다.

2) 시선과 눈맞춤(Eye Contact)

시선은 고객과의 소통에서 중요한 비언어적 신호이다. 적절한 눈맞춤은 관심과 존중을 표현하며, 고객의 말을 진지하게 경청하고 있다는 메시지를 전달한다.

① 주요 포인트

- **관심과 존중 표현:** 직원이 눈을 맞추면 고객은 자신이 존중받고 있다고 느낀다.
- **신뢰 형성:** 시선을 회피하거나 흔들리면 불안감을 줄 수 있지만, 안정된 눈맞춤은 신뢰를 강화한다.
- **이해 확인:** 대화 중 눈을 맞추면 고객이 설명을 이해했는지 파악할 수 있다.

② 호텔 사례

- 컨시어지 직원이 길 안내를 할 때 고객과 적절히 눈을 맞추며 설명하여 고객이 이해했는지 확인한다.
- 체크인 시 프런트 직원이 고객에게 미소를 띤 눈맞춤으로 환영의 의사를 전달한다.

* 종사원의 적절한 눈맞춤은 고객에 대한 관심과 존중을 표현한다.

3) 걷는 동작과 움직임(Walking & Movement)

호텔 직원의 걷는 방식과 움직임은 고객이 느끼는 서비스의 품격과 전문성을 직접적으로 보여준다. 고객을 안내하거나 내부에서 이동할 때 동작이 자연스럽고 정숙해야 하며, 불필요하게 급하거나 소란스러운 움직임은 서비스 이미지를 떨어뜨릴 수 있다.

① 주요 포인트

- **자연스럽고 조용한 이동**: 불필요한 소음을 줄여 쾌적한 환경을 유지한다.
- **안정적 이미지 전달**: 침착하고 정돈된 움직임은 고객에게 신뢰와 안정감을 준다.
- **브랜드 품격 강화**: 움직임 하나까지 세련되게 유지할 때 호텔의 고급스러운 이미지가 완성된다.

② 호텔 사례

- 룸서비스 직원이 객실로 이동할 때 발걸음을 조심스럽게 하고 소음을 최소화하며, 고객 시야에서 벗어나지 않도록 안내한다.
- 컨시어지 직원이 고객을 이끌 때 급하지 않고 여유 있는 보폭으로 걸으며, 고객이 자연스럽게 따라올 수 있도록 속도를 조절한다.

4) 손과 팔의 위치 관리(Hand & Arm Position)

호텔 서비스 현장에서 손과 팔의 위치는 고객이 직원의 태도를 직관적으로 판단하는 중요한 요소이다. 불필요하게 손을 흔들거나 주머니에 넣는 행동은 산만하고 불성실한 인상을 줄 수 있으며, 정돈된 손동작은 신뢰와 품격을 보여준다.

① 주요 포인트

- **신뢰와 안정감 제공:** 단정한 손 위치는 직원이 집중하고 있다는 메시지를 전달한다.
- **전문성 강화:** 손과 팔의 움직임이 정제되어 있으면 서비스 전문성을 높이고, 고객에게 차분한 이미지를 준다.
- **비언어적 표현 도구:** 안내나 공감 표현 등 꼭 필요한 순간에만 손 제스처를 쓰면 효과적이다.

② 호텔 사례

- 프런트 직원이 고객 서류를 전달할 때 양손으로 정중하게 건네, 존중과 배려를 표현한다.
- 고객 응대 시 직원이 손을 테이블 위에 단정히 올려놓고 필요할 때만 제스처를 활용해 안정감 있는 응대를 제공한다.

5) 자연스러운 제스처(Natural Gestures)

제스처는 손, 팔, 몸 전체의 움직임을 활용해 의미를 전달하는 비언어적 커뮤니케이션이다. 적절한 제스처는 말보다 직관적으로 메시지를 전달하며, 고객에게 친근하고 명확한 안내 효과를 준다.

① 주요 포인트

- **명확한 정보 전달:** 제스처는 언어적 설명을 보완해 고객이 즉시 이해할 수 있도록 돕는다.
- **친근감 표현:** 부드럽고 자연스러운 동작은 고객이 편안함을 느끼게 한다.
- **서비스 이미지 강화:** 공식적이고 정제된 제스처는 호텔의 고급스러운 이미지를 높인다.

② 호텔 사례

- 벨맨이 손바닥을 펴 자연스럽게 객실 방향을 안내하며, 미소와 함께 고객에게 길을 설명한다.
- 레스토랑 직원이 양손으로 메뉴판을 정중히 제시하여 고객에게 신뢰감과 배려심을 전달한다.

* 종사원의 부드럽고 자연스러운 제스처는 고객이 편안함을 느끼게 한다

3. 전화 예절

전화는 고객이 호텔에 가장 먼저 접촉하는 창구이자 즉각적인 요청을 처리하는 핵심 커뮤니케이션 수단이다. 고객은 전화 응대를 통해 호텔의 서비스 품질과 수준을 직관적으로 판단하므로, 전화 예절은 곧 호텔의 이미지에 직결된다.

전화를 받을 때는 신속히, 보통 세 번 이내에 응답해야 하며, 밝고 명확한 목소리로 자신과 호텔을 소개하고 인사해야 한다. 고객의 문의나 요청은 메모를 활용해 정확히 기록하고, 모르는 사항은 즉시 관련 부서와 연결하거나 확인 후 빠르게 답변해야 한다. 또한 고객이 전화를 끊을 때까지 끝까지 예의를 유지하며 감사 인사를 전하는 것이 중요하다. 올바른 전화 예절은 고객에게 전문성과 친절함을 전달해 만족도를 높이고, 나아가 호텔 서비스의 품격을 강화하는 요소가 된다.

1) 신속한 수신(Prompt Answering)

호텔에서의 전화 응대는 고객과의 첫 접점 중 하나로, 응답 속도는 서비스 품질과 전문성을 가늠하는 중요한 기준이다. 전화벨이 오래 울리면 고객은 무시당한다고 느낄 수 있으므로, 빠른 수신은 고객 만족의 기본 원칙이다.

① 주요 포인트

- 신속한 응대는 호텔이 고객을 소중히 여긴다는 인상을 준다.
- 빠른 전화 응대는 직원의 준비성과 호텔의 운영 체계가 잘 갖추어져 있음을 보여준다.
- 응답 지연은 고객 불만의 주요 원인이 되므로, 신속한 수신은 클레임 발생을 줄인다.

② 호텔 사례

- 프런트 직원이 전화벨이 2~3회 울리기 전에 수신하고, "안녕하세요, ○○호텔 프런트입니다"라고 먼저 인사하여 전문성과 친절함을 전달한다.

• 컨시어지 직원이 전화 문의를 받을 때, 빠른 수신과 동시에 밝은 목소리 톤으로 고객의 요청을 환영하는 태도를 보여준다.

2) 정확한 인사말(Proper Greeting)

전화 응대에서 인사말은 고객이 받는 첫인상과 서비스 신뢰도를 결정짓는 핵심 요소이다. 호텔 이름과 직원의 소속, 이름을 정확히 밝히는 것은 고객에게 명확성과 친절함을 전달하며, 책임 있는 서비스를 약속하는 의미가 된다.

① 주요 포인트

• **호텔 브랜드 신뢰 강화:** 호텔 이름을 밝힘으로써 고객은 올바른 곳에 연결되었다는 확신을 가질 수 있다.

• **책임성 부각:** 직원의 소속과 이름을 언급하면 고객은 더욱 안심하고 상담할 수 있다.

• **친절한 서비스 이미지 제공:** 정중한 인사말은 고객에게 존중받는다는 메시지를 전달한다.

② 호텔 사례

• 컨시어지 직원이 전화를 받으며 "안녕하세요, ○○호텔 컨시어지입니다. 무엇을 도와드릴까요?"라고 명확히 인사한다.

• 예약 담당 직원이 "안녕하세요, ○○호텔 예약팀의 홍길동입니다"라고 자기소개 후 응대를 시작하여 고객에게 신뢰감을 제공한다.

3) 경청과 확인(Active Listening & Confirmation)

전화 응대에서 가장 중요한 태도 중 하나는 고객의 요청을 끝까지 경청하고, 필요한 경우 반복 확인하는 것이다. 이는 단순한 친절을 넘어, 고객의 니즈를 정확히 이해하고 실수를 예방하는 핵심 절차이다.

① 주요 포인트

- **정확한 서비스 제공**: 요청사항을 재확인하면 예약 착오, 전달 누락 등 오류를 최소화할 수 있다.
- **고객 존중 표현**: 경청과 확인은 고객의 말을 소중히 여기고 있다는 신호가 되어 신뢰를 높인다.
- **불만 예방**: 사전에 정확성을 확보함으로써 서비스 불만과 클레임 발생을 줄일 수 있다.

② 호텔 사례

- 예약 담당 직원이 고객의 요청을 듣고 "손님, 내일 오후 3시에 룸서비스 예약 맞으시나요?"라고 반복 확인하여 실수를 방지한다.
- 프런트 직원이 모닝콜 요청을 받고, 시간과 객실 번호를 다시 한번 확인해 고객이 안심할 수 있도록 한다.

4) 정중하고 명확한 말투(Polite & Clear Tone)

전화 응대에서 직원의 말투는 고객이 받는 서비스 품질의 중요한 지표다. 밝고 친근한 태도에 더해 명확하고 이해하기 쉬운 어조를 사용하는 것은 혼동을 줄이고, 고객에게 신뢰를 준다.

① 주요 포인트

- **이해도 향상**: 명료한 어조는 고객이 정보를 빠르고 정확하게 이해하도록 돕는다.
- **신뢰와 친절 전달**: 정중하고 따뜻한 말투는 고객이 존중받는다고 느끼게 한다.
- **불만 최소화**: 불필요한 오해와 혼동을 줄여 클레임 발생 가능성을 낮춘다.

② 호텔 사례

- 예약 담당 직원이 "죄송합니다, 그 객실은 이미 예약되었습니다. 대신 이 옵션을 안내해 드리겠습니다"라고 정중하면서도 명확하게 대안을 제시한다.

• 프런트 직원이 고객 문의에 밝은 목소리와 또렷한 발음으로 설명해 고객이 쉽게 이해하도록 응대한다.

* 전화를 받을 때는 친절하고 명확한 목소리로 자신과 호텔을 소개하고 인사해야 한다.

5) 타 부서 연결(Connecting to Other Departments)

호텔 서비스는 여러 부서가 협력하여 이루어지므로 전화 응대 시 고객의 요청이 다른 부서의 소관일 경우 신속하고 정확하게 연결하는 것이 필수적이다. 적절한 연결은 고객의 시간을 절약하고 서비스 만족도를 높인다.

① 주요 포인트

• **원활한 서비스 제공:** 요청사항을 올바른 부서로 즉시 연결하여 문제를 신속히 해결한다.

• **대기 시간 최소화:** 불필요하게 고객을 기다리게 하지 않아 만족도를 유지한다.

• **서비스 신뢰 확보:** 연결 과정이 매끄럽고 정확할수록 호텔 운영의 체계성과 전문성이 드러난다.

② 호텔 사례

• 객실 내 에어컨 고장 문의 시, 프런트 직원이 "연결해 드리겠습니다. 잠시만 기다려 주세요"라고 안내 후 즉시 엔지니어 부서로 연결한다.

• 레스토랑 예약 문의 전화를 받은 프런트 직원이 고객을 오래 기다리게 하지 않고, 즉시 레스토랑 예약팀으로 연결한다.

6) 통화 종료 예절(Closing Etiquette)

전화 응대는 끝맺음까지 서비스의 일환이다. 정중한 감사 인사와 마지막 인사말은 고객에게 긍정적인 여운을 남기며, 호텔의 전문성과 친절함을 강화한다.

① 주요 포인트

- **고객 존중 표현:** 감사 인사는 고객이 소중히 대접받는다는 인식을 준다.
- **브랜드 이미지 강화:** 끝까지 정중한 태도는 호텔의 고급스러운 이미지를 강화한다.
- **재이용 유도:** 마지막 인사말은 고객이 다시 호텔을 찾을 동기를 부여할 수 있다.

② 호텔 사례

- 프런트 직원이 통화 종료 시 "감사합니다. ○○호텔을 이용해 주셔서 고맙습니다. 즐거운 하루 되십시오"라고 정중히 인사한다.
- 컨시어지 직원이 문의를 마친 뒤 "언제든 필요하시면 다시 연락 주십시오"라고 덧붙여 친절한 인상을 남긴다.

제3절 고객 만족과 불만족

제1절과 제2절에서 효과적인 의사소통 방법과 올바른 매너를 익혔다면, 제3절에서는 이를 실제 현장에서 발생할 수 있는 고객 불만 상황에 적용해야 한다. 불만 처리와 서비스 회복 능력은 앞선 학습의 실천 단계로, 고객 만족을 완성하는 핵심 과정이다.

1. 고객 만족과 불만족의 의미

호텔 서비스에서 고객 만족(Customer Satisfaction)은 고객이 기대했던 수준과 실제 경험이 일치하거나 그 이상일 때 느끼는 긍정적 평가와 심리적 만족감을 의미한다. 고객은 객실의 청결 상태, 직원의 친절한 태도, 체크인과 체크아웃의 편리성, 룸서비스의 신속성, 부대시설의 활용도 등 다양한 요소를 종합적으로 고려하여 만족 여부를 판단한다. 고객 만족은 단순히 좋은 경험을 제공하는 것을 넘어, 재방문 의사와 브랜드 충성도를 높이고, 긍정적인 구전과 온라인 리뷰를 통해 호텔의 장기적인 성과와 직결된다.

반대로 고객 불만족(Customer Dissatisfaction)은 기대와 실제 경험 사이에 차이가 발생하여 부정적인 평가와 불편함을 느끼는 상태를 말한다. 객실 청소 불량, 예약 착오, 서비스 지연, 불친절한 직원, 소음 문제 등 사소한 요소도 불만족의 원인이 될 수 있다. 이러한 불만족은 방치될 경우 고객의 재방문 의사 저하, 부정적 구전 확산, 온라인 리뷰 악화로 이어져 호텔 브랜드 이미지와 수익성에 큰 타격을 줄 수 있다. 따라서 호텔은 고객 불만을 신속히 파악하고 서비스 회복을 통해 신뢰를 회복하는 노력이 필수적이다.

2. 고객 불만의 확산경로

고객은 언제나 서비스에 만족하지 않는다. 기대한 가치보다 실제 경험이 부족하거나 지불한 금액이 더 크다고 느낄 때 고객은 불만족하게 되고 불평을 표출한다. 이는 곧 서비스 실패(Service Failure)로 이어질 수 있으며, 호텔이 즉각적이고 적극적인 회복 조치를 하지 않으면 고객은 쉽게 이탈한다. 그러나 불만을 드러내는 고객은 오히려 서비스 개선을 위한 소중한 피드백 제공자이므로, 기업은 이를 적극적으로 활용해야 한다.

미국 와튼스쿨의 '고객 불만 연구'에 따르면 불만을 느낀 고객 중 직접 호텔에 항의하는 고객은 극히 일부(약 6%)에 불과하다. 반면, 31%의 고객은 가족 · 친구 · 동료에게 불만을 적극적으로 퍼뜨려 최소 1명에서 많게는 6명 이상에게까지 전달하며, 이로 인해 31명의 고객이 약 90명 이상에게 부정적 경험을 확산시키는 것으로 나타났다. 또한 35%는 아예 재방문하지 않는다고 응답했다.

더 큰 문제는 침묵하는 고객(약 63%)이다. 이들은 호텔에 직접 항의하지 않지만, 재방문하지 않거나 다른 브랜드로 이동하는 경우가 많아 눈에 잘 띄지 않는 손실을 만든다. 따라서 호텔은 직접 항의하는 고객을 서비스 회복의 기회로 삼고, 동시에 침묵하는 고객의 불만을 사전에 파악하기 위한 만족도 조사, 피드백 채널 운영, 사후 관리 등을 강화해야 한다.

결국 호텔은 고객 불만이 확산하기 전에 이를 신속하게 파악하고 대응함으로써 부정적 파급 효과를 최소화하고, 고객 신뢰를 유지하는 전략이 필수적이다.

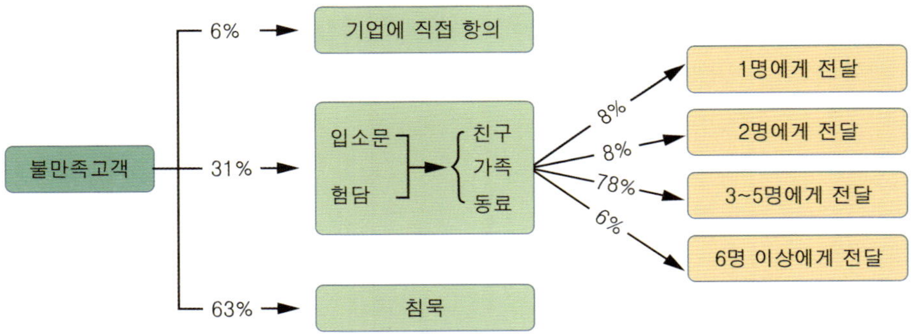

표 12-1 고객 불만의 확산경로

3. 고객이 불만을 말하지 않는 이유

고객이 불만이나 개선점을 직접 알려준다는 것은 기업 입장에서 매우 다행스러운 일이다. 이는 적어도 고객이 기업과의 관계에 애정과 관심이 있다는 의미이기 때문이다. 그러나 실제로는 고객 대부분이 불만을 드러내지 않고, 오히려 말없이 경쟁사로 이탈하는 경우가 많다.

고객들이 불만을 말하지 않는 이유는 다양하다. 항의 서신 작성, 서류 기입, 전화 등의 과정이 번거롭다고 느끼거나, 노력에 비해 얻는 것이 적을 것으로 생각하기 때문이다. 또한 어디에 불평해야 할지 모르거나, 불평을 제기해도 소용없다고 판단하기도 한다. 경우에 따라서는 서비스 제공자보다 자신이 힘이 없다고 느끼거나, 괜히 까다로운 사람으로 보일까 걱정해 불만을 숨기기도 한다. 이처럼 고객의 침묵은 단순한 무관심이 아니라, 불편함을 드러내기보다는 거래를 끊어버리는 선택으로 이어지게 된다.

▣ 고객이 불만을 말하지 않는 주요 이유

- 번거롭고 귀찮다.
- 불쾌한 경험은 빨리 잊고 싶다.
- 어디에 말해야 할지 모른다.
- 이야기해도 소용없을 것 같다.
- 불이익을 받을까 두렵다.
- 까다로운 사람으로 보이기 싫다.
- 시간과 수고의 낭비라고 생각한다.
- 시간이 지나 증거가 모호하다.
- 차라리 손해 보고 다시는 거래하지 않겠다.

4. 서비스 회복과 불만 처리 5단계

1) 서비스 회복의 중요성

호텔에서 서비스 회복(Service Recovery)이란 고객이 경험한 불만이나 서비스 실패를 신속하고 효과적으로 해결해 고객의 신뢰와 만족을 회복하는 과정을 말한다. 이는 단순한 문제 처리 차원을 넘어, 고객과의 관계를 유지하고 브랜드 이미지와 신뢰를 보호하는 핵심 전략이다.

호텔 현장에서는 객실 불량, 예약 오류, 서비스 지연 등 다양한 불만이 발생할 수 있으며, 적절히 대응하지 못하면 고객 이탈과 부정적 구전으로 이어진다. 실제로 불만 고객 중 직접 항의하는 고객은 소수에 불과하고, 나머지는 주변 확산이나 침묵 후 이탈로 이어지기 때문에, 서비스 회복은 고객 불만의 확산을 막고 충성 고객으로 전환하는 유일한 방법이라 할 수 있다.

2) 고객 불만 처리 5단계

서비스 회복을 효과적으로 실천하기 위해서는 구체적인 절차가 필요하며, 그 핵심이 바로 고객 불만 처리 5단계이다. 단순히 문제를 해결하는 데 그치지 않고, '경청 → 인정 → 사과 → 해결 · 보상 → 후속 관리'의 과정을 체계적으로 이행해야 고객 신뢰와 만족을 온전히 회복할 수 있다. 이러한 절차는 서비스 실패로 인한 불만을 단순 차단하는 것이 아니라, 재방문과 충성도 강화로 연결되는 긍정적 경험으로 전환하는 역할을 한다. 따라서 직원들이 불만 처리 5단계를 숙지하고 실천하는 것은 곧 호텔의 전문성과 브랜드 이미지를 강화하는 실질적 방법이 된다. 고객 불만 처리 5단계 과정을 시나리오 상황으로 살펴보면 다음과 같다.

▣ 시나리오 상황: 고객이 예약한 객실이 준비되지 않아 체크인 과정에서 불만을 제기한 상황

(1) 1단계: 끝까지 경청(Listen)

끝까지 경청은 고객 응대에서 가장 기본적이고 중요한 첫 번째 태도이다. 고객이 말하는 동안 중간에 끼어들지 않고 끝까지 주의 깊게 들어야 하며, 표정과 고개 끄덕임으로 관심을 표현한다. 또한 핵심 내용을 반복해 확인함으로써 고객이 제대로 이해되었다는 안도감을 느끼게 한다. 이러한 경청 태도는 신뢰와 만족을 높이고, 원활한 문제 해결로 이어진다.

▣ 실무 예시

- **고객:** "예약한 디럭스룸이 지금까지 준비되지 않았다니 이럴 수가 있나요! 제가 예약할 때 분명히 13시에는 체크인을 할 수 있드록 해달라고 부탁까지 했는데요"
- **직원:** "네, 고객님! 그렇게 요청해주셨군요. 말씀 주신 내용을 확인하겠습니다" (직원은 중간에 끼어들지 않고 고개를 끄덕이며 고객의 이야기를 끝까지 경청한다.)

(2) 2단계: 고객 불만 재확인 및 인정(Acknowledge)

고객 불만 재확인 및 인정은 문제 해결 과정에서 중요한 두 번째 단계이다. 고객이 제기한 불편 사항을 다시 한번 명확히 확인해 고객이 전달한 내용이 정확히 이해되었음을 보여주어야 한다. 이어서 불편을 인정하고 "말씀해 주신 부분이 맞습니다"와 같은 표현으로 공감을 표시한다. 이를 통해 고객은 자신의 불만이 무시되지 않고 존중받고 있다고 느끼며, 신뢰와 안정감을 갖게 된다. 이러한 태도는 갈등을 완화하고 이후의 문제 해결 절차를 원활하게 이끄는 기반이 된다.

▣ 실무 예시

- **고객:** "예약한 객실이 제대로 준비가 안 되었다니 정말 실망이에요"
- **직원:** "고객님, 말씀해 주신 대로 예약하신 디럭스룸이 준비되지 않아 많이 불편하셨을 거라 생각합니다"
- **직원:** "말씀하신 부분이 사실이며, 저희 준비 부족으로 불편을 드린 점 진심으로 인정합니다"(핵심은 '고객이 말한 내용을 다시 요약 · 확인' + '공감과 인정 표현')

▣ 고객의 감정을 인정하고 동의해 주는 표현

- 아~정말 죄송합니다. 그래서 화가 나셨군요!
- 맞습니다. 인정합니다.
- 아~ 많이 속상하셨겠습니다.
- 그런 상황이었다니 화가 날 만합니다.
- 듣고 보니 고객님 입장 충분히 이해가 갑니다.
- 그 입장이 됐다면 저라도 화가 났을 겁니다.

(3) 3단계: 정중한 사과(Apologize)

정중한 사과는 고객 불만 처리에서 신뢰를 회복하는 세 번째 단계이다. 문제의 원인이 본인에게 없더라도 책임을 회피하지 말고 호텔을 대표해 진심 어린 태도로 사과해야 한다. "불편을 드려 대단히 죄송합니다"와 같은 표현을 사용해 고객의 감정을 먼저 달래야 하며, 변명보다는 공감과 사과를 우선해야 한다. 진심 어린 사과는 고객의 분노를 완화하고, 문제 해결 의지를 보여주는 신뢰의 출발점이 된다.

▣ **실무 예시**

- **고객**: "시간이 이렇게 지체되니 오후 비즈니스 일정에 차질이 생길 것 같아요"
- **직원**: "고객님, 일정에 차질을 드려 정말 죄송합니다"
- **직원**: "저희 준비가 미흡해 이런 불편을 드린 점에 대해 책임을 통감하며, 다시는 같은 일이 발생하지 않도록 바로 조치하겠습니다"

(4) 4단계: 문제 해결을 위한 대안 제시와 보상(Resolve & Compensate)

문제 해결을 위한 대안 제시와 보상은 고객 불만을 실질적으로 해소하는 단계다. 고객의 불편 사항을 정확히 파악한 뒤, 가능한 해결책을 신속하게 제시하고 상황에 따라 객실 교체, 무료 서비스, 할인 제공 등 보상을 함께 안내해야 한다. 특히 고객이 직접 선택할 수 있는 옵션을 제시하면 만족감이 높아진다. 이러한 접근은 단순한 불만 해소를 넘어 고객의 신뢰 회복과 재방문 의사, 나아가 충성도를 강화하는 효과를 낸다.

▣ **실무 예시**

- **고객**: "체크인이 언제쯤 가능할까요? 이대로라면 오늘 일정을 변경해야 할 것 같아요"
- **직원**: "고객님이 예약하셨던 디럭스룸은 현재 준비가 어려운 상황입니다. 대신 동일한 가격에 예약하신 객실보다 한 단계 높은 슈퍼 디럭스룸으로 업그레이드해 드리겠습니다. 오늘 일정에 차질이 없도록 최대한 신속히 준비하겠습니다"
- **고객**: "네, 그럼 그렇게 해주세요"

(5) 5단계: 감사 및 후속 관리(Follow-up)

감사 및 후속 관리는 불만 처리의 마지막 단계로, 고객에게 긍정적인 마무리 경험을 제공하는 과정이다. 문제 해결 이후에는 진심 어린 감사 인사를 먼저 전하고, 불편이 완전히 해소되었는지 만족 여부를 확인해야 한다. 또한 '다음 방문 시 더 나은 서비스를 준비하겠다'는 메시지를 전달하면 고객은 존중받는 경험을 하며 향후 이용에 대해 신뢰와 만족을 느낄 수 있다.

▣ 실무 예시

- **고객:** "고객님, 어제 객실은 불편 없이 잘 이용하셨는지 확인차 연락드렸습니다"
- **직원:** "추가로 필요하신 점은 없으신지요? 앞으로 같은 일이 반복되지 않도록 내부 점검까지 완료했습니다"
- **고객:** "확인해 주시니 안심이 됩니다. 신경 써 주셔서 감사합니다"

3) 불만 처리 시 상황 대처

종사자가 고객의 불평을 현장에서 듣고 그 자리에서 곧바로 사과하더라도 고객이 수긍하는 자세를 취하지 않거나 감정을 진정하지 않을 때에는 즉시 상사에게 보고하거나 상황을 바꾸어 대처할 필요가 있다. 이러한 상황에 대처하는 방법은 두 가지가 있다.

(1) 사람을 바꾼다

불평하는 고객을 대할 때 가장 중요한 것은 고객의 감정을 빠르게 진정시키는 것이다. 현장에서 응대하는 종사자가 즉시 문제를 해결할 수 없는 상황이라면, 즉시 상급자나 간부 직원으로 교체하여 대응하는 것이 효과적이다. 고객 입장에서는 단순 직원보다 책임 있는 위치의 관리자가 나서 사과하고 상황을 챙겨주는 것만으로도 심리적 안정을 얻는다. 이는 고객의 분노를 완화하고, 문제 해결 과정에 신뢰를 높이는 핵심적인 방법이다.

또한 불만이 특정 직원의 태도나 실수에서 비롯된 경우에는 단순히 사과에 그치지 않고, 해당 직원의 담당 구역이나 역할을 조정하는 방식도 필요하다. 이는 고객에게 재발 방지 의지를 보여주고, 서비스 개선을 위한 조직 차원의 노력을 전달하는 효과가 있다. 따라서 이 전략은 단순한 인력 교체가 아니라, 고객 불만 상황에서 서비스 품질 회복과 신뢰 회복을 위해 필요한 절차다.

(2) 장소를 바꾼다

영업장에서 고객이 불평을 제기하는 경우에는 즉각적인 문제 해결도 중요하지만, 무엇보다 장소를 적절히 변경하는 것이 효과적인 대응 방법이다. 매장 로비나 레스토랑과 같은 공개된 공간에서 불만을 처리하면, 다른 고객들에게 불편을 주고 호텔의 분위기를 해칠 수 있다. 또한 주변 고객들의 시선이 집중되면 불만을 제기한 고객의 감정이 더욱 격화될 위험이 있다. 이러한 상황은 군중심리에 의해 작은 불만이 더 크게 확산할 가능성을 내포한다.

따라서 직원은 고객을 정중하게 안내하여 조용한 사무실이나 별도의 상담 공간으로 모시는 것이 바람직하다. 분리된 공간에서는 제3자의 시선을 차단할 수 있어 고객이 보다 차분하게 자신의 불편을 이야기할 수 있고, 직원 역시 집중적으로 경청하며 문제 해결에 몰입할 수 있다. 특히 서서 응대하는 것보다는 편안히 앉은 상태에서 대화를 이어가는 것이 고객의 긴장을 완화하고 감정을 진정시키는 데 도움이 된다. 결국 장소를 바꾸는 대응은 불필요한 갈등 확산을 방지하고, 고객에게 특별한 배려를 받고 있다는 인식을 심어주어 문제 해결의 효율성을 높일 수 있다.

Checkpoint

◆ 토론 주제 1

호텔 서비스에서 '말(언어)'도 중요하지만 '표정 · 몸짓(비언어)'드 중요한 이유는 무엇일까?

• **참고**

– 고객은 말을 다 이해하지 못해도 미소, 눈맞춤, 친절한 제스처를 통해 친절함과 신뢰를 느낀다. 특히 외국인 고객 응대에서는 언어보다 비언어가 더 큰 힘을 발휘한다.

◆ 토론 주제 2

전화 응대와 대면 응대 중 어떤 것이 더 어렵다고 생각하는가? 그 이유는 무엇일까?

• **참고**

– 전화는 얼굴 표정이 보이지 않기 때문에 목소리와 말투가 더욱 중요하다.

– 반대로 대면 응대는 표정과 태도가 즉시 드러나므로 '전체 이미지 관리'가 필요하다. 두 방식 모두 훈련이 필요하다.

◆ 토론 주제 3

호텔에서 고객 불만이 생겼을 때, '사람을 바꾼다'와 '장소를 바꾼다' 전략 중 어느 쪽이 더 효과적일까?

• **참고**

– 사람을 바꾸면 고객은 '더 책임 있는 사람이 나왔다'는 안도감을 얻는다.

– 장소를 바꾸면 다른 고객의 시선을 차단해 불필요한 확산을 막을 수 있다.

– 상황에 따라 다르지만, 두 방법 모두 '고객의 감정을 빨리 진정시키는 것'이 핵심이다.

전문용어

서비스 커뮤니케이션(Service Communication) 고객과 직원 사이에서 이루어지는 모든 의사소통. 단순한 말뿐 아니라 표정, 태도, 디지털 메시지까지 포함한다.

비언어적 커뮤니케이션(Non-verbal Communication) 말이 아닌 표정, 시선, 손짓, 자세 등으로 메시지를 전달하는 방식. 감정을 직관적으로 전달한다.

서비스 회복(Service Recovery) 서비스 실패나 고객 불만이 발생했을 때, 신속한 사과 · 해결 · 보상으로 신뢰를 회복하는 과정

제13장

인력 관리와 교육

1. 인력계획의 개요

호텔 인력계획은 호텔 운영에 필요한 인원을 부서별 · 직무별로 적정하게 배치하고 효율적으로 활용하기 위한 체계적인 관리 활동을 의미한다. 호텔은 24시간 운영되는 특성상 객실, 식음료, 조리, 하우스키핑, 보안, 관리지원 등 다양한 부서가 동시에 협력해야 하며, 고객 수요 변동에 따라 인력 수요도 크게 달라진다. 따라서 인력계획은 호텔의 규모, 등급, 서비스 수준, 계절적 수요 변화 등을 고려해 단기 · 중기 · 장기로 나누어 수립된다.

기본적으로 인력계획은 인원 산정, 근무 스케줄 작성, 인력 충원 및 교육훈련 계획까지 포함한다. 이를 통해 인력 과부족 문제를 방지하고, 고객 서비스 품질을 유지하며, 운영 비용을 최적화할 수 있다. 또한 비상 상황이나 대규모 이벤트에 대비한 예비 인력 확보, 아르바이트 · 파트타임 인력 운용 등도 인력계획의 중요한 요소다. 결과적으로 호텔 인력계획은 인적 자원을 전략적으로 관리하여 고객 만족과 경영 효율을 동시에 달성하는 핵심 과정이라 할 수 있다.

2. 인력계획의 주요 요소

1) 객실 점유율 예측

객실 점유율 예측(Occupancy Forecast)은 호텔 운영에서 가장 기본적이면서도 중요한 관리 활동이다. 이는 특정 기간의 숙박 고객 수요를 미리 분석해 필요한 인력과 자원을 효율적으로 배치하기 위함이다. 성수기에는 투숙객이 급증하므로 프런트데스크, 하우스키핑, 식음료 서비스 인력을 충분히 확보해야 한다. 반대로 비수기에는 인력을 줄여 인건비를 절감하는 전략이 필요하다. 또한 주말과 평일, 공휴일, 지역 축제나 대규모 이벤트 등 외부 요인도 점유율 변화에 직접적인 영향을 미친다. 이를 체계적으로 분석하면 예약률과 객실 가동률을 예측할 수 있으며, 이에 맞춘 인력 운영은 고객 만족과 비용 절감이라는 두 가지 목표를 동시에 달성하게 한다.

- 숙박 고객 수요를 예측하여 필요한 인력 수를 산출
- 성수기/비수기, 주말/평일, 이벤트 유무 등 고려

2) 업무 분석

업무 분석(Job Analysis)은 호텔의 각 직무에 대해 업무량과 필요 역량을 체계적으로 파악하는 과정이다. 하우스키핑은 객실 청소, 리넨 교체, 위생 관리 등 세밀한 손길과 체력, 청결 유지 능력이 요구된다.

프런트 직원은 체크인 · 체크아웃 처리, 예약 관리, 고객 응대가 중심이므로 외국어 능력, 친절한 태도, 문제 해결력이 필요하다. 룸 어텐던트는 객실 점검과 고객 요청 처리 업무를 수행하며, 세심함과 신속성이 요구된다. 이렇게 직무별로 업무량과 핵심 역량을 분석하면 인력 배치와 교육 훈련에 반영할 수 있다.

- 각 직무(프런트, 하우스키핑, 룸 어텐던트 등)의 업무량과 필요 역량을 분석
- 업무 특성별로 요구되는 인력을 효율적으로 배치

3) 인원 산정

인원 산정(Staffing Level)은 예측된 객실 점유율과 업무량을 기반으로 부서별로 필요한 인력을 구체적으로 계산하는 과정이다. 객실 점유율이 높은 성수기에는 프런트데스크, 하우스키핑, 식음료 서비스 등 고객 접점 부서에 더 많은 인력을 배치해야 하며, 비수기에는 최소 인력만 유지해 인건비를 절감하는 전략이 필요하다. 또한 체크인 · 체크아웃 집중 시간대, 연회나 대규모 행사 등 특수 상황을 고려해 유연하게 인력을 추가 배치한다.

- 예측된 업무량을 기준으로 인력이 얼마나 필요한지 계산
- 예: 룸 어텐던트 1인당 하루 15개 객실 정비 가능

4) 근무 스케줄 작성

근무 스케줄 작성은 호텔 운영의 연속성과 서비스 품질 유지를 위해 매우 중요한 과정이다. 교대 근무 체제를 기반으로 직원들의 근무 시간과 휴일을 균형 있게 배치해야 하며, 체크인 · 체크아웃이 집중되는 피크 타임에는 충분한 인력을 배치해 고객 대기 시간을 최소화한다. 또한 성수기에는 장시간 근무로 인한 피로를 예방하기 위해 탄력 근무제를 도입하거나, 파트타임 인력을 적절히 활용해 인력 부족을 보완할 수 있다. 휴일 배정은 직원들의 사기와 만족도를 고려하여 공정하게 이루어져야 하며, 예상치 못한 결근이나 돌발 상황에 대비한 대체 인력 계획도 필요하다.

- 교대 근무, 휴일, 피크 타임을 고려하여 근무표를 편성
- 탄력 근무제나 파트타임 활용으로 인력 유연성을 확보

5) 교육 및 훈련 계획

호텔 객실 인력계획을 수립할 때 교육 및 훈련 계획을 함께 고려하는 것은 매우 중요하다. 우선 서비스 품질 유지 측면에서 필요하다. 동일한 인원이라도 교육 수준에 따라 서비스 효율과 고객 만족도가 크게 달라진다. 충분한 훈련을 받은 직원은 업무를 더 빠르고 정확하게 처리할 수 있으며, 돌발 상황에도 침착하게 대응할 수 있다.

직원 만족도와 이직률 관리에도 효과적이다. 지속적인 훈련은 직원들에게 성장 기회를 제공하여 직무 몰입도와 만족도를 높인다. 이는 이직률 감소로 이어져 호텔의 장기적 인력 안정성을 강화한다.

- 인력의 질적 향상을 위해 직무 교육과 서비스 훈련을 반영
- **인력 예비계획:** 갑작스러운 인력 부족(병가, 퇴사 등)에 대비한 대체 인력 확보

표 13-1 호텔 인력계획의 주요 요소

구 분	특급호텔(5성급 이상)	중급호텔(3~4성급)	비즈니스/이코노미호텔
서비스 수준	풀서비스 (고객 맞춤형 서비스 제공)	중간 수준의 서비스	셀프서비스 중심
인력 구조	전문화 & 분업화 (부서별 세분화)	일부 분업, 일부 다기능 인력	다기능 인력 중심 (1인이 다역할 수행)
인력 수요	객실 수 대비 인력 비율 높음	중간 수준의 인력 배치	최소 인력으로 운영
직무 범위	룸 어텐던트, 벨맨, 도어맨, 하우스키핑, 컨시어지 등	주요 직무는 유지되나 일부 통합됨	프런트 직원이 예약 업무까지 병행
교육 훈련	정기적, 체계적 (고급 서비스 교육 포함)	기본 서비스 교육 중심	빠른 실무 투입 교육
스케줄링	고정 근무와 탄력 근무 혼합 (24시간 운영)	교대 근무제 운영	주간 중심, 최소 교대 운영
기술 활용	인력+기술 병행 (키오스크, PMS 등)	일부 기술 도입	기술 중심 운영 (무인 체크인, 앱 기반 등)

3. 호텔의 인력계획

호텔에서 객실부서와 식음료부서는 고객과 직접 대면하는 핵심 부서이기 때문에, 적절한 인력 배치와 교육이 매우 중요하다. 따라서 본 장에서 두 부서의 인원계획을 사례를 들어 살펴본다.

1) 프런트데스크 인력계획

프런트데스크 인력계획은 호텔 운영의 핵심으로, 체크인 · 체크아웃, 고객 응대, 회계 정산 등 다양한 업무 특성에 맞춰 인력을 배치하는 과정이다. 인력 산정은 시간당 고객 수와 직원 1인당 처리 가능 고객 수를 기준으로 계산하며, 특히 체크인 · 체크아웃이 집중되는 피크 타임에는 충분한 인원을 배치해야 서비스 지연을 예방

할 수 있다. 예를 들어 객실 100개 호텔 기준 피크 타임에는 2~3명, 야간에는 나이트 오디터 1명이 필요하다. 객실 150개 규모 호텔의 경우 고객 점유율, 단체 투숙, 이벤트 등 상황에 따라 유동적으로 인원을 증감하는 것이 효율적이다. 이는 고객 만족도 유지와 서비스 품질 보장을 위한 필수 계획이라 할 수 있다.

(1) 프런트오피스의 직무

직 무	역 할
프런트데스크 직원(Receptionist)	체크인/체크아웃, 고객 응대, 전화 응대
나이트오디터	야간 회계 정산, 리포트 작성
벨맨/도어맨	짐 운반, 도어 서비스
프런트 매니저/슈퍼바이저	운영 관리, 고객 불만 처리

(2) 인력 산정 기준

- 기본 공식: 필요 인원 수 = (시간당 고객 수 ÷ 인당 처리 가능 고객 수) × 근무 시간

(3) 인력계획 일반 기준

- 체크인/체크아웃 피크타임: 보통 1명당 시간당 10~12명 처리 가능
- 객실 100개 기준: 피크타임 시 2~3명, 야간 1명(나이트 오디터)

(4) 인력 배치 예시(객실 150개 호텔)

- 고객 점유율이나 단체 예약 등에 따라 유동적으로 증감할 수 있음

시간대	인원 구성	비 고
07:00~15:00	3명(프런트 2 + 벨맨 1)	체크아웃 피크
15:00~23:00	3명(프런트 2 + 벨맨 1)	체크인 피크
23:00~07:00	1명(나이트 오디터)	야간 리포트

2) 식음료(F&B) 부서 인력계획

호텔의 식음료(F&B) 부서는 홀서비스, 조리부, 세척부, 매니지먼트로 구성되며, 각 직무에 맞는 인력 배치가 필요하다. 홀서비스는 서버가 주문 접수와 서빙을 담당하며, 조리부는 셰프와 조리사가 메뉴를 조리한다. 세척부는 디시워셔가 식기 세척과 정리를 맡고, 매니저·슈퍼바이저는 운영 총괄과 고객 불만 처리를 담당한다. 인력 산정은 레스토랑의 회전율과 직원 1인당 담당할 수 있는 고객 수를 기준으로 한다. 일반 레스토랑은 1인당 약 20~25석, 고급 레스토랑은 10~15석이 적정 기준이며, 1일 2~3회전까지 고려해 계산해야 한다. 이를 통해 고객 서비스 품질을 유지하면서 인력 운영을 효율적으로 할 수 있다.

* 식음료부서 매니저의 인력 배치와 직무 교육

(1) 식음료 부서의 직무

구 분	직 무	역 할
홀서비스	서버/웨이터	주문 접수, 서빙, 고객 응대
조리부	셰프, 조리사	메뉴 조리
세척부	디시워셔	식기 세척, 정리
매니지먼트	매니저/슈퍼바이저	운영 총괄, 고객 불만 처리

(2) 인력계획 일반 기준

- **홀 서비스(Service Staff)**
  - 일반 레스토랑: 직원 1인당 20~25석 담당
  - 고급 레스토랑: 직원 1인당 10~15석 담당
  - 회전율: 하루 2~3회전(조식 · 중식 · 석식)을 고려해 총 인원 계산
- **조리부(Kitchen Staff)**
  - 뷔페 주방: 파트별(Hot, Cold, Pastry 등) 최소 1명 필요
  - 호텔 조식 뷔페 100~150석 기준: 조리사 4~6명, 홀 서비스 4~5명 적정

(3) 인력 배치 예시 (150석 조식 뷔페)

- 행사, 단체 투숙 시 예비 인력 또는 파트타이머 확보 필수

직 무	인 원	근무 시간
조리사(셰프 포함)	5명	05:00~13:00
홀 서버	5명	06:00~12:00
디시워셔	2명	07:00~13:00
슈퍼바이저	1명	06:00~14:00

▣ 인력계획 시 고려사항(프런트 & F&B 공통)

- 피크타임 분석 (시간대별 고객 흐름 예측)
- 업무 숙련도에 따라 인력 배치 조정 (신입/경력 비율)
- 교육 및 크로스 트레이닝 계획 포함 (다기능 인력 확보)

4. 직원 채용과 배치

직원 채용과 배치는 인력 운영의 출발점으로, 적절한 인재 확보와 알맞은 직무 배정이 이뤄져야 조직의 생산성과 고객 만족도를 동시에 높일 수 있다.

1) 직원 채용

직원 채용(Recruitment)은 조직에 필요한 인력을 확보하기 위해 적합한 인재를 모집하고 선발하는 과정이다. 호텔에서는 서비스 마인드, 언어 능력, 고객 응대 경험 등을 중요하게 평가한다. 채용 과정은 일반적으로 다음과 같은 절차로 이루어진다.

- **인력 수요 분석:** 부서별 필요 인원, 업무량, 근무 조건 파악
- **모집 공고:** 사내 또는 외부에 채용 공고 게시
- **지원자 접수 및 서류 심사**
- **면접 및 평가:** 직무 적합성, 서비스 마인드, 인성 등 평가
- 최종 선발 및 채용 확정

* 호텔은 면접을 통해 적합한 인재를 선발한다.

2) 직원 배치

직원 배치(Placement)는 채용된 인력을 적절한 부서나 직무에 알맞게 배정하는 것을 의미한다. 배치의 목적은 직무 적합도를 높이고, 업무 효율성과 직원 만족도를 향상하는 데 있다. 배치 시 고려되는 요소는 다음과 같다.

- 개인의 능력과 성향, 자격, 경력
- 부서별 업무 강도와 필요 인력 수
- 교육 후 성과 평가 또는 수습기간 결과

5. 서비스 교육 및 트레이닝

1) 서비스 교육

서비스 교육(Service Education)은 호텔 직원이 고객에게 일관되고 질 높은 서비스를 제공할 수 있도록 서비스 마인드와 기본 이론, 고객 응대 태도 등을 교육하는 과정이다. 서비스 교육의 주요 내용은 다음과 같다.

- 고객 응대 예절(인사, 표정, 말투)
- 불만 고객 대응 방법
- 전화 및 예약 응대 매너
- 서비스 품질 기준 및 표준 운영절차(SOP)

2) 트레이닝

트레이닝(Training)은 직원이 실제 직무를 효과적으로 수행할 수 있도록 실습 중심의 기술 · 업무 능력을 향상시키는 교육이다. 트레이닝의 주요 내용은 다음과 같다.

- 직무별 업무 절차 훈련 (예: 체크인 시스템 사용법, 객실 정비 순서 등)
- 장비 사용법 및 안전 교육
- 신입직원 오리엔테이션
- 현장 실습 및 OJT(On–the–Job Training)

3) 서비스 교육과 트레이닝의 차이점

서비스 교육과 트레이닝은 모두 호텔 품질 경영의 핵심 요소이다. 두 교육을 균형 있게 실시함으로써 고객 만족도 향상, 직원 역량 강화, 그리고 호텔의 경쟁력 확보가 가능하다.

구 분	서비스 교육	트레이닝
목 적	고객 응대 태도, 서비스 마인드 강화	실무 능력 향상, 업무 숙련도 확보
방 식	이론 중심, 사례 교육	실습 중심, OJT 포함
대 상	전 직원(공통 마인드)	부서별, 직무별 맞춤 교육

* (좌) 대규모 집합 서비스 교육, (우) 식음료 테이블 세팅 등 서비스 트레이닝 교육

6. 직원 동기부여와 평가

직원 동기부여와 평가는 서로 연계되어 조직의 생산성과 서비스 품질 향상을 돕는다. 효과적인 동기부여와 공정한 평가는 직원 만족도를 높이고 이직률을 낮추는 데도 중요하다.

1) 직원 동기부여

직원 동기부여(Motivation)는 직원들이 자신의 업무에 적극적이고 긍정적인 태도로 임하도록 내적 · 외적 자극을 제공하는 과정이다. 동기부여가 잘 되면 직원의 업무 만족도, 생산성, 서비스 품질이 향상한다. 동기부여의 주요 방법은 다음과 같다.

- **금전적 보상:** 성과급, 인센티브, 승진 기회 제공
- **비금전적 보상:** 칭찬, 인정, 교육 기회, 근무환경 개선
- **목표 설정:** 명확하고 달성 가능한 목표 제시

- **참여 유도:** 의사결정 참여 기회 제공
- **커뮤니케이션:** 정기적 피드백과 소통

2) 직원 평가

직원 평가(Performance Evaluation)는 직원의 업무 수행 능력과 성과를 객관적으로 측정하고 피드백을 제공하는 과정이다. 평가는 직원의 강점과 개선점을 파악해 인사 결정, 보상, 교육 계획에 활용된다.

(1) 평가 방법

- **목표 관리 평가(MBO):** 사전에 설정한 목표 달성 여부 중심
- **360도 평가:** 동료, 상사, 자기 평가를 통합
- **성과 평가:** 실적 및 업무 성과 위주
- **역량 평가:** 직무 능력과 태도 중심

(2) 평가 시 유의점

- 공정하고 객관적인 기준 마련
- 정기적이고 일관된 평가 시행
- 결과에 따른 피드백 및 후속 조치 제공

7. 리더십과 팀워크 관리

리더십은 구성원을 이끌고 방향을 제시하는 데 필요하고, 팀워크 관리는 구성원 간 협력을 통해 성과를 극대화하는 데 필수이다. 이 둘이 조화를 이루면 조직은 효율적으로 운영되고, 고객 만족도와 직원 만족도 모두 향상한다.

1) 리더십

리더십(Leadership)은 조직의 목표를 달성하기 위해 구성원을 이끌고, 동기를 부여하며, 올바른 방향으로 유도하는 능력이다. 호텔 조직에서는 부서장, 슈퍼바이저, 팀장이 리더 역할을 수행하며, 팀의 성과와 분위기에 큰 영향을 미친다. 리더의 역할은 다음과 같다.

- 업무 목표 설정 및 방향 제시
- 팀원 동기부여 및 육성
- 갈등 조정 및 문제 해결
- 모범적인 태도와 행동으로 팀을 이끌기

(1) 리더십 유형 예시

유 형	특 징
민주형	팀원 의견 존중, 참여 유도
전제형	일방적 지시, 독재형, 신속한 결정에 강점
자유방임형	자율성 강조, 창의적 업무에 적합
변혁적 리더십	비전 제시, 조직 변화 주도

2) 팀워크 관리

팀워크 관리(Teamwork Management)는 조직 구성원 간의 협력, 소통, 역할 분담을 통해 공동 목표를 효과적으로 달성하도록 지원하는 과정이다. 호텔처럼 여러 부서가 유기적으로 움직이는 조직에서 팀워크는 서비스 품질과 직결된다. 팀워크 관리의 핵심 요소는 다음과 같다.

- **명확한 역할 분담:** 각 구성원의 책임 명확화
- **의사소통 강화:** 정보 공유 및 피드백 활성화
- **협력 문화 조성:** 상호 존중, 지원 분위기 형성
- **공동 목표 인식:** 개인보다 팀의 성과 중시

Checkpoint

◆ 토론 주제 1

성수기 호텔 인력계획을 세울 때, 단기 아르바이트 인력 활용과 정규직 직원 확충 중 어느 쪽이 더 효율적일까?

• 참고

- 단기 아르바이트는 인건비 절감과 유연한 대응이 가능하다.
- 정규직 확충은 서비스 품질 유지와 장기적 안정성에 유리하다.
- 따라서 호텔 규모 · 브랜드 전략에 따라 달라지지만, 핵심 서비스 부서는 정규직+단순 업무는 단기 인력 조합이 효과적이다.

◆ 토론 주제 2

호텔 직원 교육에서 서비스 교육(태도 · 매너 중심)과 트레이닝(실무 능력 중심) 중 어느 쪽을 더 우선해야 할까?

• 참고

- 서비스 교육은 고객 친절, 태도, 소통 능력을 강화해 호텔 이미지를 높인다.
- 트레이닝은 체크인 절차, 청소 표준, 장비 사용 등 실제 업무를 정확히 수행하는 데 필요하다.
- 신입은 서비스 교육 우선 → 경력자는 트레이닝 강화가 바람직하다.

◆ 토론 주제 3

호텔에서 직원 동기부여를 할 때, 금전적 보상(성과급 · 승진)과 비금전적 보상(칭찬 · 교육 기회) 중 어느 것이 더 효과적일까?

• 참고

- 금전적 보상은 단기 성과 향상에 직접적 효과가 있다.
- 비금전적 보상은 장기적 몰입도와 조직 충성도를 높인다.
- 따라서 두 가지를 균형 있게 운영해야 효과적이며, 특히 호텔 서비스업은 칭찬 · 인정 같은 비금전적 보상이 동기부여에 큰 힘을 준다.

전문용어

옵트인(Opt-in) 시스템 고객이 원할 때만 서비스를 제공하는 방식. 하우스키핑에서는 '원하면 청소 요청'처럼 적용된다.

피크타임(Peak Time) 손님이 몰리는 시간대이다. (체크인 15-19시, 조식 7-9시 등)

크로스트레이닝(Cross-Training) 한 사람이 둘 이상의 직무를 하도록 훈련하는 것이다.

스케줄링(Scheduling) 교대 · 휴무 · 피크 배치 근무표 짜기이다.

예비 인력(Buffer/Relief Staff) 결근 · 행사 대비 대기 인원이다.

트레이닝(Training/OJT) 시스템 조작 · 청소 순서 등 손에 익히는 실습이다.

SOP(Standard Operating Procedure) 표준 절차서. 누구나 같은 품질로 하게 만드는 규정이다.

역량평가(Competency Evaluation) 결과뿐 아니라 태도 · 스킬도 본다.

동기부여(Motivation) 돈/칭찬/성장기회로 일하고 싶게 만드는 것이다.

제14장

보안과 안전 관리

1. 호텔 보안 정책과 안전 관리의 개요

호텔 보안 정책(Security Policy/System)이란 투숙객과 직원, 자산을 외부 위협(절도, 무단출입, 폭력 등)으로부터 보호하기 위한 것이다. 주요 요소는 전자 키 카드, CCTV, 출입 통제, 직원 교육, 고객 자산 보호, 사이버 보안, 긴급 대응 계획 등이다. 이러한 정책은 물리적 · 디지털 위협을 예방하고, 비상 상황 시 신속 대응을 목표로 한다.

호텔 안전 정책(Safety Management)은 투숙객과 직원의 신체 및 건강을 보호하기 위한 체계이다. 여기에 포함되는 주요 요소는 화재 감지 · 대피 계획, 응급 의료 대응, 위생 관리, 정기 점검과 예방 시스템, 직원 교육 및 리스크 평가 등을 통해 사고를 예방하고 안전 문화를 정착시키는 것이다.

결론적으로 보안 정책은 범죄 및 사이버 위협 등 외부 환경으로부터의 보호를, 안전 관리는 화재 · 응급 · 위생 등 내부 사고에 대한 대비를 중심으로 두고 있다. 두 영역 모두 호텔의 핵심 운영 원칙이며, 통합적 접근이 매우 중요하다.

2. 호텔 보안 정책과 안전 관리의 영역

1) 보안 정책

호텔 보안 정책은 투숙객, 직원, 자산을 외부 위협으로부터 안전하게 보호하고, 고객이 안심하고 호텔을 이용할 수 있는 환경을 조성하기 위한 체계적인 지침이다. 절도, 무단출입, 폭력, 화재 등 다양한 위험 요소에 대비해 예방 및 대응 절차를 마련하며, 이를 통해 고객 신뢰도와 호텔의 브랜드 가치를 높이는 데 목적이 있다.

(1) 핵심 영역

• **접근 통제 시스템**

전자 키 카드, 생체인식(지문 · 얼굴 인식), 모바일 앱 기반 스마트 락을 통해 정해진 사람만 출입할 수 있게 한다.

• **CCTV 및 감시 시스템**

로비, 복도, 주차장 등 주요 지점에 카메라를 설치해 실시간 모니터링하고 사건 발생 시 증거로 활용한다.

• **외부 출입 경로 제한**

주요 출입구를 통제하고, 부출입구는 야간에 폐쇄하는 등의 방식으로 불법 침입을 막는다.

• **조명 및 경관 관리**

외부 구역, 복도, 주차장 등은 조명을 밝게 하고 정기적인 외부 환경 점검으로 시야를 확보하여 위협을 억제한다.

• **보안 인력 및 절차**

보안 요원은 순찰, CCTV 관제, 출입 관리, 비상 대응 등의 업무를 수행하며, 정기적인 배경 확인과 교육이 필수적이다.

• **고객 자산 보호**

객실 내 금고 제공, 전면금고(프런트 보관) 활용 권장, 분실 시 보험 안내 등 투숙객의 물품 보호를 강화한다.

2) 안전 관리

호텔 안전 관리는 고객과 직원의 생명과 재산을 각종 사고, 화재, 자연재해, 전염병 등 건강 · 위생 문제로부터 보호하는 것을 목적으로 한다. 또한 예상치 못한 비상 상황 발생 시 신속하고 체계적인 대응이 가능하도록 매뉴얼과 훈련을 마련하며, 안전시설의 정기 점검과 위생 관리 강화를 통해 사고를 사전에 예방한다.

(1) 핵심 영역

• **화재 안전장치**

화재 감지기, 스프링클러, 소화기, 비상 탈출구 표지 등을 설치하고, 정기 점검과 모의 대피 훈련을 시행한다.

• 응급 대응 계획

화재 외에도 지진, 정전, 의료 응급, 자연재해 등에 대응할 수 있는 계획, 연락망, 대피 절차 등을 준비해야 한다.

• 위생 및 건강 관리

COVID-19 이후 중요성이 더욱 커진 위생 기준을 준수하여(청결, 방역, 직원 보호장비 착용 등) 감염 예방을 강화한다.

• 정기 점검, 기록 유지, 직원 교육

안전 설비, 점검 내역, 사고 기록을 체계적으로 관리하고, 직원들에게 정기적인 안전 교육을 실시한다.

3. 실제 호텔 적용 사례

1) 2025년 스페인 Ibiza Rocks Hotel — 발코니 안전 강화

(1) 사건 배경

스페인 이비자의 유명 리조트형 호텔인 Ibiza Rocks Hotel에서는 최근 스코틀랜드 출신 투숙객들이 발코니에서 추락하는 사고가 연이어 발생하였다. 이는 호텔 안전 관리의 사각지대를 드러낸 사건으로, 특히 유럽 휴양지에서 빈번히 일어나는 발코니 사고 문제가 재조명되었다.

이 사례는 호텔 안전관리가 단순히 시설 기준 준수에 그치지 않고, 고객 행동 관리 및 인식 제고까지 포함해야 함을 보여준다. 또한 시설 보완과 인력 강화뿐 아니라, 고객과의 소통을 통한 자율적 안전 문화 형성이 중요하다는 메시지를 주었다.

(2) 안전 강화 조치

사고 이후 호텔은 발코니 관련 안전을 대폭 강화하기 위해 다음과 같은 조치를 시행했다.

- **시설 보강**: 발코니 난간 높이를 현행 법적 기준보다 더 높게 올리는 방안을 검토했다.
- **인력 확대**: 호텔 내 안전 요원 배치를 늘려, 야간 시간대 및 사고 위험 구역을 집중 관리하고 있다.
- **투숙객 계도**: 고객들에게 '서로를 돌봐달라', '도움이 필요하면 직원에게 즉시 알리라'는 메시지를 적극 전달하여, 투숙객 스스로 책임 있는 행동을 하도록 유도한다.

* 스페인 이비자 록스 호텔

2) 2008년 인도 Mumbai 테러 — 보안 체계 전면 개편

(1) 사건 배경

인도 뭄바이에서 발생한 무슬림 극단주의자들의 동시다발 테러로, 타지마할 팰리스 호텔을 포함한 다수의 국제 호텔이 공격받았다. 이 사건은 호텔이 테러와 같은 대규모 위협에 취약할 수 있음을 보여주었다. 그리고 호텔이 단순 숙박 공간이 아니라, 국가적 테러의 표적이 될 수 있다는 사실을 보여주었다. 이후 글로벌 체인 호텔들은 보안 투자를 적극 확대했고, 호텔 보안이 운영의 핵심 과제로 자리 잡게 되었다.

(2) 보안 강화 조치

테러 이후 인도 내 주요 국제 호텔은 보안 체계를 전면적으로 재정비하였다.

- **출입 보안 강화**: 수하물 X-ray 검사 및 금속 탐지기 설치, 출입구 수를 제한하여 관리 효율성을 확보했다.
- **인력 보안 강화**: 직원 및 협력업체 대상 백그라운드 체크 강화, 무장 경호원 배치로 즉각 대응력을 향상했다.
- **보안 전문성 강화**: 보안 컨설턴트와 협업하여 국제 기준에 부합하는 보안 절차와 훈련 체계를 도입했다.

* 인도 타지마할 팰리스 호텔

3) 2017년 필리핀 Resorts World Manila – 보안 절차 재정비

(1) 사건 배경

필리핀 마닐라에 위치한 리조트 월드 마닐라에서는 무장 강도 및 방화 사건이 발생하여 수십 명의 사상자가 발생했다. 이 사건은 호텔 · 카지노 복합시설의 보안 취약성을 드러낸 대표적인 사례였다. 이 사례를 통해 호텔 · 리조트가 단순히 보안 인력을 배치하는 수준을 넘어, 외부 전문가 활용, 절차적 보안 강화, 공간 재구성까지 종합적인 보안 전략을 마련해야 한다는 교훈을 보여주었다.

(2) 보안 컨설턴트 채용

사건 이후 전문 보안 컨설팅 회사 Blackpanda를 영업하여 기존 보안 시스템의 문제점을 분석하고, 국제적 기준에 맞는 보안 절차를 새롭게 도입했다.

(3) 보안 절차 강화

출입 통제, 감시 시스템, 비상대응 프로토콜을 전면 개편하여 외부 위협에 대한 대비를 강화했다. 특히 무단출입 방지와 화재 예방, 신속한 대피 절차 확립에 중점을 두었다.

(4) 시설 재배치

사건의 주요 무대였던 카지노 일부를 축소하고, 보다 안전성이 높은 쇼핑몰과 상업 공간으로 전환하여 리스크를 줄이고 고객 신뢰를 회복했다.

* 필리핀 리조트월드 마닐라호텔

4. 고객 안전과 사고 예방

1) 고객 안전과 사고 예방 전략

호텔의 고객 안전은 단순히 시설적 보안에 국한되지 않고, 출입 통제, 감시 시스템, 비상 대응, 위생 관리, 직원 교육, 외부 협력을 유기적으로 결합해 운영하는 종합적 전략이다. 먼저 출입 통제와 CCTV · IoT 기반 감시 시스템을 통해 무단출입이나 범죄를 예방하고, 화재 · 지진 등 비상 상황에는 매뉴얼에 따른 신속한 대응 체계를 가동한다.

위생 관리 측면에서는 객실과 식음료 시설의 철저한 청결 유지와 정기 점검을 통해 감염병 확산을 차단한다. 또한 직원들에게 정기적인 안전 교육과 모의 훈련을 실시해 위기 대응 능력을 높이고, 경찰 · 소방 등 외부 기관과 협력 체계를 구축해 위기 상황에 즉각적인 지원을 받을 수 있도록 한다. 이러한 전략을 통해 호텔은 고객에게 신뢰와 안심을 제공하며, 안전을 최우선으로 하는 브랜드 이미지를 강화할 수 있다.

표 14-1 체계적 사고 예방 전략

항 목	구체적 실행 방안
접근 통제	출입구 CCTV 설치, 키 카드/바이오 인증 도입, 출입 이력 기록 유지
공용 공간 감시	복도, 로비, 주차장에 밝은 조명 설치, 무인 감시 체계 운영
비상 대응	화재경보기 · 스프링클러 설치, 비상구 표시 강화, 정기 대피훈련 실시
위생 관리	체크인 전 · 후 철저 소독, 손잡이 · 스위치 · 휴지통 등 고접촉 구역 집중 관리
직원 역량	응급처치 · 소방교육 정기 시행, 위험 징후 탐지 및 신고 체계 확립
협력 체계	경찰 · 소방 등 유관기관 협력, 점검 및 대응 체계 구축

2) 호텔 유형별 맞춤 체크리스트

호텔 유형별 맞춤 체크리스트란 호텔을 규모, 등급, 서비스 형태 등에 따라 관리 · 운영 항목을 세분화하여 점검하는 도구를 의미한다. 예를 들어 대규모 체인 호텔은 보안, 객실 점검, 시설 유지, 고객 서비스 등 다양한 부서를 대상으로 전문화된 체크리스트를 활용한다. 반면 소규모 부티크 호텔은 객실 청결, 고객 맞춤 서비스, 현장 안전관리 등 핵심 운영 요소에 집중한 간소화된 체크리스트를 사용한다. 이를 통해 각 호텔은 자신의 특성과 운영 여건에 맞게 효율적인 관리 체계를 구축할 수 있다. 이해를 돕기 위한 사례를 살펴본다.

(1) 소형 로컬/B&B · 모텔

- 소형 로컬 호텔은 예산이 한정돼 있으니 기본 설비 완비와 단순 절차에 집중
- 화재 감지기 · 비상벨 · 유도등 · 소화기 전수 설치 및 월간 점검 기록 유지
- 객실 · 직원구역 출입 방식을 기본 키 카드 또는 패드락에서 전자락으로 전환
- 야간 셔터 · 부출입문 잠금 루틴과 야간 담당자 콜트리를 문서화
- 체크인 시 비상구 안내와 대피 동선을 객실 내 비치
- 분기별 소방 · 응급 모의훈련과 사고 보고서 양식을 표준화

(2) 중급 체인

- 중급 체인 호텔은 통합 관리 시스템 · 권한 제어 · 정기 훈련까지 포함
- 층 · 구역별 카드 접근권한과 CCTV 사각지대 제거 맵을 운영
- 스프링클러 커버리지, 펌프 · 수압 테스트, 연 1회 성능시험 루틴을 운영
- PMS와 출입 통제 · 엘리베이터 · 주차 통합으로 분실키 즉시 무효화
- 보안사건 · 사고 KPI(응답시간, 보고완료 시간, 재발률)를 대시보드화
- 반기 합동훈련(화재 · 정전 · 의료 · 지진 시나리오)을 실행

(3) 럭셔리 · 복합시설

- 럭셔리 · 대형 호텔은 첨단 기술 · VIP 보안 · 외부 감사까지 확장
- 성능 기반 연기제어, 방화구획 무결성 점검, 비상 전원 이중화를 확보
- 통합관제실에서 소방 · CCTV · BAS 연동 알람 수칙을 표준운영절차로 관리
- VIP층 · 스파 · 연회장 등 위험도 큰 구역에 전담 순찰 루틴을 적용
- 연 1회 외부 감사와 침투 테스트로 물리 · 사이버 취약점을 점검
- 모바일 키 · 얼굴 인식 등 첨단 접근 통제를 도입하되 개인정보 최소 수집 원칙을 적용

5. 비상사태 대응 프로토콜

프로토콜은 어떤 일을 수행할 때 따라야 하는 규칙이나 절차를 말한다. 호텔은 화재, 지진, 정전, 테러, 질병 확산 같은 긴급 상황이 발생했을 때 신속 · 체계적으로 대응하기 위한 절차와 역할 분담 매뉴얼을 준비해야 한다. 비상사태 대응 프로토콜(Protocol)의 핵심 구성 요소는 다음과 같다.

(1) 위험 인식 및 경보

- 화재 감지기, 비상벨, 방송 시스템으로 신속 경보 발령
- 경보 수신 즉시 관제실 · 책임자 보고

(2) 대응 지휘 체계

- 총괄 지휘자(총지배인 또는 보안팀장) 지정
- 상황별 담당(소방, 의료, 대피 안내, 출입 통제) 역할 분담

(3) 대피 및 인원 통제

- 비상구 · 계단 유도, 엘리베이터 사용 금지 안내
- 장애인 · 고령자 지원 인력 배치

(4) 응급 구조 및 의료 지원

- 응급처치 교육받은 직원 투입
- AED, 구급함 위치 공유 및 사용

(5) 외부 기관 연락

- 소방서, 경찰, 병원 긴급 연락망 표준화
- 연락 순서 · 방법 문서화

(6) 사후 복구 및 보고

- 피해 상황 파악 및 임시 운영 계획
- 법정 보고 및 보험 처리 절차 진행

▣ 적용 팁

- 연 1~2회 모의훈련으로 숙련도 유지
- 다국어 안내문 · 방송 스크립트 준비
- CCTV와 출입 기록으로 대응 상황 분석 및 개선

6. 개인정보 보호와 보안 관리

개인정보 보호와 보안 관리는 호텔 운영에서 매우 중요한 요소로, 고객의 신뢰 확보와 직결된다. 호텔은 예약, 체크인 · 체크아웃, 결제 과정에서 고객의 이름, 연락처, 여권번호, 신용카드 정보 등 민감한 개인정보를 수집한다. 또한 객실 출입 기록, CCTV 영상, 와이파이 접속 기록 등 운영 데이터를 보유하게 된다.

이러한 정보는 해킹, 내부 유출, 무단 열람 등 다양한 위험에 노출될 수 있으므로, 호텔은 물리적 보안(출입 통제, 서버실 보호), 기술적 보안(암호화, 방화벽, 접근권한 설정), 관리적 보안(직원 교육, 내부 점검, 보안규정 마련)을 종합적으로 적용해야 한다.

더불어 개인정보는 목적에 맞게 최소한으로 수집 · 이용하며, 일정 기간이 지나면 안전하게 파기해야 한다. 이러한 절차를 준수함으로써 호텔은 고객의 개인정보를 보호하고, 법적 규제 준수와 함께 고객 신뢰를 확보할 수 있다. 핵심 구성 요소와 호텔의 적용사례를 살펴본다.

1) 핵심 구성 요소

(1) 수집 최소화

- 예약 · 체크인 시 법적 · 업무상 필요한 정보만 수집
- 목적 외 사용 금지, 고객 동의서 확보

(2) 저장 및 접근 통제

- PMS, POS, CCTV 서버 등은 암호화 저장
- 접근권한은 최소 인원, 부서별 계정 분리

(3) 전송 및 공유 보안

- 이메일 · 메신저 전송 시 암호화
- 제3자(여행사, 결제사) 제공 시 계약서에 보안 조항 명시

(4) 물리적 보호

- 서버실 · 관제실 출입 통제, 문서 보관 캐비닛 잠금
- 인쇄물 · 메모 파쇄 폐기

(5) 침해 대응

- 유출 · 분실 시 즉시 보고 · 차단
- 법정 통보 기한(예: 한국 24시간 이내) 준수

(6) 교육 및 점검

- 전 직원 연 1회 이상 개인정보보호 교육
- 정기 보안 점검 · 취약점 분석

▣ 호텔에서 자주 발생하는 위협 사례

- 로비나 객실에서 고객 여권 · 카드번호 노출
- 분실 · 도난된 키 카드로 무단 객실 출입
- Wi-Fi 스니핑을 통한 예약 · 결제 정보 유출
- 내부 직원의 무단 조회 · 복사

▣ 적용 팁

- 체크인 시 주민등록번호 전부가 아닌 생년월일만 확인하는 방식 도입

- 모바일 키 · 비대면 체크인으로 물리 키 분실 위험 감소
- 로컬 서버보다 클라우드 기반 PMS + 이중 인증 도입이 관리 용이
- 고객 요청 시 즉시 개인정보 열람 · 정정 · 삭제 지원

2) 개인정보와 보안 관리 운영 사례

호텔 산업은 고객의 이름, 여권번호, 연락처, 결제 정보 등 민감한 개인정보를 광범위하게 다룬다. 또한 객실 출입 기록, CCTV 영상, 인터넷 사용 기록 등 운영 데이터까지 포함되므로 정보 유출 시 피해 규모가 매우 크고, 고객 신뢰와 호텔의 브랜드 가치에도 심각한 타격을 줄 수 있다. 따라서 글로벌 체인 호텔들의 개인정보 보호 및 보안 관리의 대표적 사례를 살펴본다.

(1) 메리어트 인터내셔널 — 개인정보 보호 및 보안 관리 사례

2018년, Marriott가 인수한 Starwood의 예약 시스템이 해킹되어 약 5억 명에 달하는 고객의 민감 정보(여권번호, 신용카드 정보 등)가 유출된 사상 최대 규모의 데이터 유출 사건이 일어났다. 이후 메리어트 인터내셔널의 보안 강화 내용을 살펴보면 다음과 같다.

- **데이터 암호화**

예약 및 결제 정보 전송 시 TLS(전송계층 보안, Transport Layer Security)를 적용하여 고객 데이터가 네트워크상에서 노출되지 않도록 보호한다.

- **위기 대응**

고객 정보 유출 사건(약 5억 명 규모) 이후, 데이터 접근권한을 최소화하는 권한 관리 정책을 강화하였다. 또한 전 세계 호텔 운영을 총괄하는 글로벌 보안센터를 설립해 24시간 위기 상황을 모니터링하고 대응한다.

- **고객 알림 절차**

고객 정보 유출 발생 시, 72시간 이내 전 세계 해당 고객(affected)에게 알림을 발송하는 통보 시스템을 구축해 투명성과 신뢰성을 확보하였다.

* Marriott International의 대규모 고객 정보 유출 사건은 종합적인 보안 관리 체계를 구축해야 한다는 과제를 남겼다.

(2) 힐튼 호텔(Hilton Hotels & Resorts) – 개인정보 보호 및 보안 관리 사례

2014년 말부터 2015년 중반까지 Hilton의 일부 POS 시스템이 악성코드에 감염되어 고객의 신용카드 정보(번호, 유효기간, CVV)가 유출되었다. 그러나 Hilton은 이를 즉각적으로 공지하지 않아 사건 대응 지연과 투명성 부족으로 비판받았다. 이후 미국 FTC와 법무부 조사에서 보안 미흡이 드러났으며, 2017년 Hilton은 벌금으로 약 70만 달러를 납부하고 보안 보고 및 시스템 모니터링 강화를 약속하였다. 이후 힐튼의 보안 강화 내용은 다음과 같다.

- **다중 인증 시스템(MFA, Multi-Factor Authentication)**

직원 계정 및 관리자 접근에는 반드시 다단계 인증을 거치도록 하여, 단순한 ID · 비밀번호 유출만으로는 시스템 접근이 불가능하다. 이를 통해 내부 계정 탈취 공격을 예방한다.

- **모바일 키 도입**

Hilton Honors 앱을 통해 고객에게 디지털 키를 제공하고, 체크인부터 객실 출입까지 모바일 기반으로 가능하게 한다. 또한 서버와 앱 간 모든 데이터는 암호화한 후 전송되어 해킹 위험을 최소화한다.

- **보안 교육 프로그램**

전 직원이 연 2회 보안 인식 교육을 의무적으로 이수하며, 실제와 유사한 현장 모의 피싱 테스트를 시행해 직원들의 사이버 공격 대응 능력을 점검 · 강화한다.

* 2015년 Hilton의 일부 시스템이 악성코드에 해킹되면서 고객들의 신용카드 정보가 노출되었다. 이로 인해 Hilton은 $70만 규모의 벌금을 지불하였다.

(3) 아코르 그룹(Accor Hotels) — 개인정보 보호 및 보안 관리 사례

2019년, Accor의 자회사인 Gekko Group이 운영하는 B2B(Business to Business) 예약 시스템에서 약 1TB(1 Terabyte) 규모의 데이터베이스가 외부에 노출되었다. 해당 데이터에는 예약 세부정보, 고객 개인정보, 신용카드 정보 및 로그인 자격증명이 포함되어 있었다. 이 유출은 전 세계의 호텔과 고객의 민감 정보에 대한 심각한 위협으로 간주되었다. 이후 아코르 그룹이 강화한 보안 내용은 다음과 같다.

- **위험 기반 접근 통제(Risk-Based Access Control)**

관리자 계정 접속 시 위치 · 시간 · 기기 등을 자동 감지하여, 평소와 다른 환경에서의 접근은 즉시 차단하거나 추가 인증을 요구한다. 이를 통해 내부 계정 탈취 및 원격 해킹을 예방한다.

- **통합 보안 플랫폼 구축**

PMS(호텔 관리 시스템), POS(결제 단말기), CCTV 등 핵심 운영 시스템을 클라우드 기반 보안 플랫폼에서 통합 관리하여 보안 가시성을 높이고, 위협 탐지 · 대응을 실시간으로 처리한다.

- **파트너 계약 보안 조항 강화**

OTA(온라인 여행사), 결제대행사, 청소 · 유지보수 용역사 등 외부 파트너 기업과의 계약에 보안 의무 조항을 포함하여, 3rd Party(외부 협력사)로 인한 보안 취약점을 줄인다.

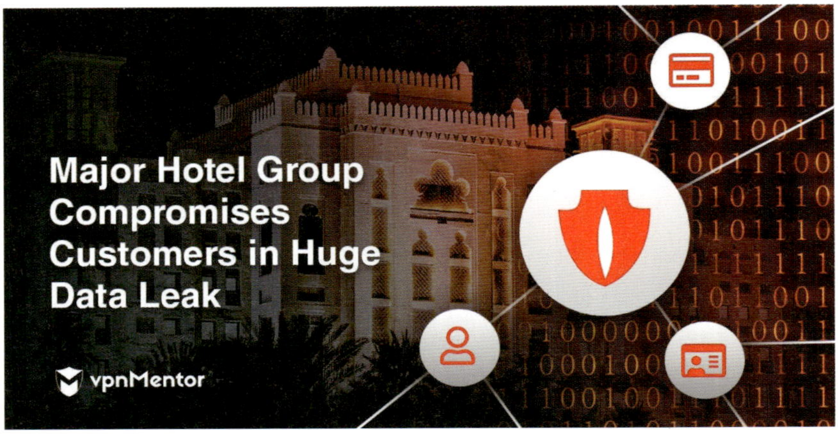

* Accor의 자회사인 Gekko Group의 대규모 데이터 유출 사건을 상징적으로 표현한 이미지

Checkpoint

◆ 토론 주제 1

호텔에서 고객이 가장 먼저 체감하는 보안 장치는 무엇일까?
(예: 객실 키 카드, CCTV, 로비 보안 인력, 조명 등)

• **참고**

– 객실 키 카드는 직접 사용하기 때문에 고객이 안전하다고 느끼는 대표적인 장치다.
– CCTV와 보안 인력은 보이지 않게 감시 · 예방 효과를 준다.
– 조명은 단순 시설 같지만 심리적 안전감을 강화한다.
– 결론: 보안은 장치+인력+환경이 함께 작동할 때 고객이 안심한다.

◆ 토론 주제 2

호텔 안전 관리에서 더 중요한 것은 화재 대비일까, 아니면 위생 관리일까?

• **참고**

– 화재 대비는 생명과 직결되므로 대피 훈련, 장비 점검이 핵심이다.
– 위생 관리는 감염병 확산을 막고 건강을 지키는 데 중요하다.
– 두 가지 모두 고객 신뢰와 직결되지만, 시급성은 화재 대비, 지속성은 위생 관리라고 구분할 수 있다.

◆ 토론 주제 3

사고가 발생했을 때, 호텔은 즉시 공개적으로 알리는 것과 조용히 내부적으로 처리하는 것 중 어느 쪽이 더 바람직할까?

• **참고**

– 공개적으로 알리면 투명성이 확보되고 고객 신뢰를 지킬 수 있다.
– 조용히 처리하면 불필요한 불안 확산을 막을 수 있다.
– 그러나 현대에는 SNS와 미디어로 정보가 곧바로 퍼지므로, 투명한 알림과 동시에 정확한 대응책 제시가 신뢰를 지키는 방법이다.

전문용어

보안 정책(Security Policy) 호텔의 고객 · 직원 · 자산을 절도, 무단출입, 폭력, 사이버 위협 등 외부 위험으로부터 보호하기 위한 지침이다.

안전 관리(Safety Management) 화재, 지진, 응급상황, 전염병 등 호텔 내부에서 발생할 수 있는 사고와 위험으로부터 고객과 직원을 보호하는 체계이다.

접근 통제(Access Control) 객실과 주요 시설에 출입할 수 있는 사람을 제한 · 관리하는 시스템이다.

CCTV(Closed Circuit Television) 호텔 내 주요 구역(로비, 복도, 주차장 등)에 설치되는 감시 장치로, 범죄 억제와 사고 시 증거 확보를 위해 활용된다.

비상 대응 프로토콜(Emergency Response Protocol) 화재, 테러, 정전, 질병 확산 등 긴급 상황 발생 시 호텔 직원들이 따라야 하는 표준 절차이다.

사이버 보안(Cyber Security) 호텔의 예약 시스템(PMS), 결제 시스템, 고객 Wi-Fi 등 디지털 환경에서 발생할 수 있는 해킹 · 정보 유출을 막기 위한 관리 체계이다.

제15장

사례연구와 시뮬레이션 실무

본 장에서는 실제 호텔 현장에서 객실 서비스를 혁신한 사례를 연구하여 성공 요인을 분석하고, 문제 해결 중심의 시뮬레이션으로 상황별 대응 능력을 향상한다. 또한 고객 경험 개선 프로젝트를 통해 서비스 품질 향상 방안을 모색하며, 마지막에는 이론과 실무를 통합적으로 점검하고 현장 적용력을 강화한다.

1. 객실 서비스의 성공적 혁신 사례

호텔 객실 실무 교육에서 사례연구와 시뮬레이션 실무는 매우 중요한 학습 방법이다. 사례연구는 실제 호텔의 객실 서비스 혁신, 보안 관리, 위기 대응, 고객 맞춤형 서비스 등 다양한 성공과 실패 사례를 분석하여, 이론적 지식과 현장 경험을 연결하는 기회를 제공한다. 이를 통해 학생이나 실무자는 구체적인 상황에서 나타난 문제 해결 방식과 성과 요인을 학습하고, 자사의 상황에 맞게 전략을 응용할 수 있다.

시뮬레이션 실무는 실제 호텔 운영 환경을 가상으로 재현하여, 객실 배정, 체크인·체크아웃, 고객 불만 처리, 안전사고 대응 등의 상황을 직접 경험하게 한다. 이러한 학습은 문제 해결 능력, 의사결정 능력, 고객 응대 능력, 위기관리 역량을 종합적으로 향상시킨다. 따라서 사례연구와 시뮬레이션은 단순한 지식 습득을 넘어, 현장 중심의 실무 역량을 강화하고 호텔 산업에서 경쟁력을 확보할 수 있는 실질적 교육 방법이라 할 수 있다. 호텔기업들의 성공적인 혁신 사례를 살펴본다.

1) 힐튼 'Connected Room'

(1) 도입 배경

- 객실 내 환경을 스스로 제어하고 싶은 고객 욕구 증가
- 객실 온도, 조명, TV, 커튼 등을 각각 물리적 리모컨으로 조작하는 과정의 불편함 존재
- 이 기술은 아직 개발 중이므로 모든 힐튼 호텔에서 제공하는 것은 아니다. 힐튼 웹사이트를 방문하거나 호텔에 직접 문의하여 선택한 호텔에서 커넥티드 룸을 제공하는지 확인할 수 있다.

(2) 실행 방법

- **개인 맞춤 설정**: 커넥티드 룸(Connected Room)을 통해 투숙객은 객실 내 경험을 개인 맞춤 설정할 수 있다. 힐튼 아너스 모바일 앱을 사용하여 조명, 온도, TV 등 객실의 다양한 기능을 제어할 수 있다.
- **모바일 키**: 힐튼 모바일 앱에는 커넥티드 룸 기능이 포함되어 있으며, 모바일 키 기능이 포함된 경우가 많다. 이 기능을 통해 투숙객은 스마트폰을 사용하여 호텔 객실 문을 열 수 있어 더욱 편리하다.
- **선호 사항 및 설정**: 투숙객은 도착 전에 선호 사항을 설정할 수 있으며, Connected Room은 객실 설정을 자동으로 조정한다. 예를 들어, 투숙객이 특정 온도나 조명 밝기를 선호하는 경우, 이러한 선호 사항을 앱에 저장할 수 있다.
- **스트리밍 서비스와의 통합**: Connected Room은 일부 버전에서는 투숙객이 Netflix, Hulu 등의 서비스에서 좋아하는 콘텐츠를 객실 내 TV로 직접 스트리밍할 수 있다.
- **호텔 직원과의 소통**: Connected Room을 이용하면 투숙객과 호텔 직원 간의 소통이 원활해져 투숙객이 앱을 통해 요청할 수 있다.
- **디지털 체크인/아웃**: 프런트데스크를 거치지 않고 앱을 통해 체크인/아웃 절차를 완료하여 귀중한 시간을 절약한다.
- **룸서비스 및 하우스키핑**: 앱에서 바로 룸서비스를 주문하거나 하우스키핑을 요청한다.
- **지역 정보**: 앱의 컨시어지 기능을 통해 근처 레스토랑 추천, 명소 및 기타 지역 정보를 확인한다.

(3) 구체적 성과

- 고객 만족도 조사 점수 8% 향상
- 객실 설비 조작 관련 프런트 문의 40% 감소 → 직원 업무 효율 개선
- 스마트 제어를 통한 에너지 최적화로 전력 · 냉난방 비용 12% 절감

(4) 의의

힐튼의 Connected Room은 단순한 디지털 편의 기능을 넘어, 고객 경험 개인화 + 운영 효율성 + 친환경 경영까지 달성한 혁신 사례다. 특히 IoT 기반의 스마트 객실은 미래 호텔 서비스 모델을 제시하며, 글로벌 체인 호텔들이 경쟁적으로 도입하는 계기가 되었다.

* 힐튼의 Connected Room은 미래 호텔 객실 서비스의 모델을 보여주고 있다.

3) 메리어트 '모바일 체크인 & 키리스(Keyless) 서비스'

(1) 도입 배경

- 체크인 · 체크아웃 시간대 프런트데스크의 혼잡으로 인한 고객 불만 증가
- 키 카드 분실 및 재발급으로 인한 운영 비용 상승과 고객 불편 문제 지속

(2) 실행 방법

- 고객이 Marriott Bonvoy 앱에서 예약 확인 후, 모바일로 체크인 절차를 완료
- 앱을 통해 디지털 키가 발급되며, NFC · Bluetooth 기술을 활용해 고객의 스마트폰으로 객실 도어락 해제 가능
- 고객은 프런트를 거치지 않고 곧바로 객실로 입실 가능

(3) 구체적 성과

- 프런트 대기 시간 평균 8분 → 2.4분으로 단축되어 고객 만족도 개선
- 키 카드 제작 · 관리 비용 연간 약 25% 절감
- 앱 기반 서비스를 이용한 고객의 재방문율 15% 상승으로 충성도 강화

(4) 의의

메리어트의 사례는 단순히 IT 기술을 도입한 것이 아니라, 고객 경험 개선 + 운영 효율성 증대 + 비용 절감 + 재방문율 상승이라는 다차원적 효과를 거둔 혁신 사례로 평가된다. 모바일 체크인과 키리스 서비스는 이후 글로벌 체인 호텔의 스마트 서비스 표준 모델로 확산했다.

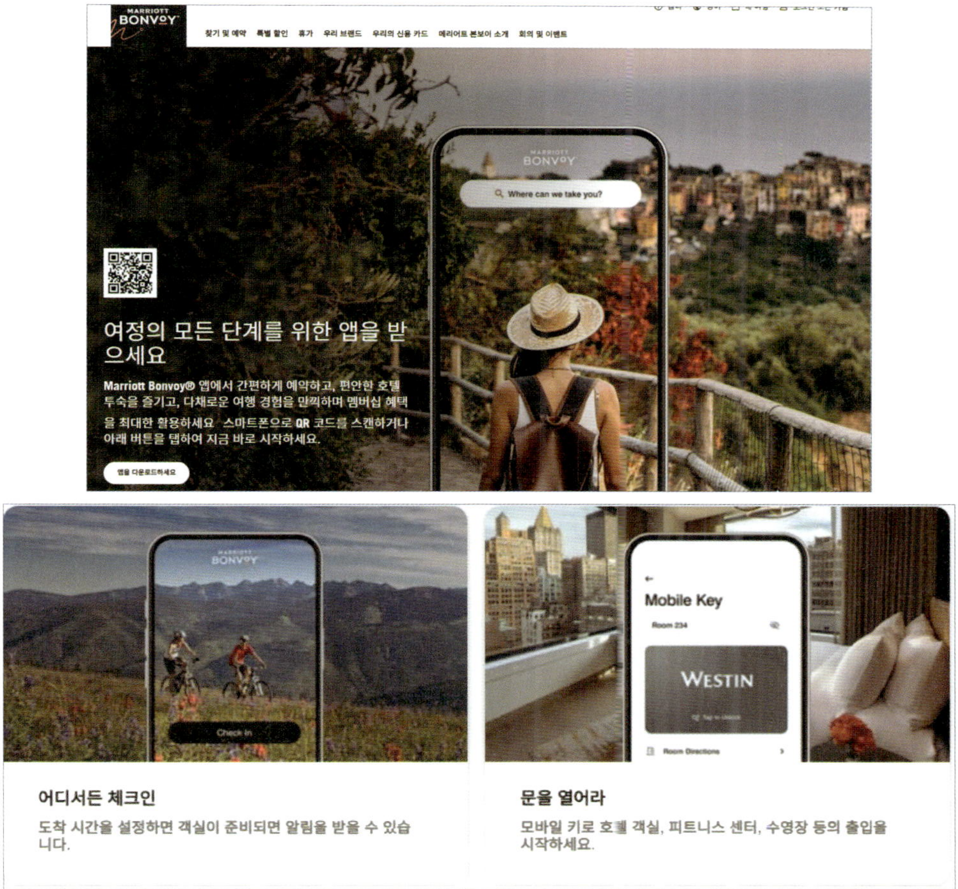

* Marriott Bonvoy의 '모바일 체크인 & 키리스(Keyless) 서비스' 홈페이지: 모바일 키는 일부 참여 호텔에서만 이용 가능하며, 모바일 키를 공유하고 받으려면 Marriott Bonvoy 회원이어야 한다.

3) 아코르 'Green Stay Program'

(1) 도입 배경

- 글로벌 호텔 업계 전반에 걸쳐 친환경 · ESG 경영 요구가 확대
- 세탁 비용 및 물 · 세제 사용량 증가로 인한 운영비 부담과 환경 문제 해결 필요

(2) 실행 방법

- 체크인 시 고객에게 수건 · 침구 교체 여부 선택권을 부여
- 고객이 교체를 원하지 않을 경우, 리워드 포인트를 적립하여 친환경 행동에 대한 인센티브 제공

(3) 구체적 성과

- 연간 세탁 비용 20% 절감
- 물 사용량 22% 절감, 세제 사용량 18% 감소 → 환경 보호 기여
- 친환경 캠페인 참여 효과로 브랜드 이미지 강화 및 ESG 선도 기업으로서 입지 확보

(4) 의의

아코르의 Green Stay Program은 환경적 지속가능성과 고객 참여형 서비스 혁신을 동시에 달성한 사례다. 단순히 비용 절감 효과뿐만 아니라, 고객이 친환경 활동에 직접 동참하게 함으로써 호텔-고객 간 파트너십을 강화하고 브랜드 가치를 높이는 성과를 거두었다.

* 아코르는 2026년까지 전 호텔을 친환경 인증(Eco-Certification) 호텔로 전환하는 것을 목표로, Green Key, Green Globe 등 엄격한 국제 인증 프로그램과 협업하고 있다(아코르 홈페이지).

4) 갤럭시리조트 마카오 '스마트 미러'

(1) 도입 배경

- 컨시어지 · 프런트데스크의 단순 문의(날씨, 교통, 호텔 이벤트 등) 응대가 과부하 상태
- 객실 내 고객의 부가 서비스(룸서비스, 스파, 부대시설 등) 이용률 저조 문제 발생

(2) 실행 방법

- 욕실과 침실의 거울에 디스플레이 패널을 내장하여, 스마트 미러(Smart Mirror) 시스템 도입
- 날씨 · 교통 · 관광 정보 및 호텔 내 이벤트를 실시간으로 표시
- 룸서비스 주문 및 스파 예약 등 부가 서비스와 직접 연동되는 기능 제공

(3) 구체적 성과

- 호텔 부대시설 예약률 25% 증가

– 단순 문의에 대한 컨시어지 전화 문의 건수 23% 감소

– 객실당 부가 매출 12% 증가, 고객 편의성과 호텔 수익성 모두 향상

(4) 의의

갤럭시리조트 마카오의 스마트 미러 도입은 객실 내 디지털 전환을 통한 고객 경험 개선과 매출 증대를 동시에 달성한 사례다. 고객은 객실 내에서 직관적으로 정보를 얻고 서비스를 이용할 수 있으며, 호텔은 인력 부담을 줄이는 동시에 부가 매출을 확대할 수 있었다. 이는 스마트 호텔 트렌드와 디지털 컨시어지 서비스 확산을 보여주는 대표적 사례라 할 수 있다.

* 호텔 스마트 미러(Hotel Smart Mirror)는 터치스크린이 내장되어 조명, 날씨, 엔터테인먼트 정보 등을 표시할 수 있는 거울형 디스플레이이다.

5) 호텔 케이한 유니버설 타워 '로봇 룸서비스'

(1) 도입 배경

– 인건비 상승과 인력 부족 문제 심화

– 코로나19 팬데믹 이후 고객의 비대면 서비스 선호가 급속히 확대됨

(2) 실행 방법

- 자율주행 로봇을 도입하여 음식과 객실 비품을 엘리베이터 · 복도 · 객실까지 직접 배송
- 고객에게는 스마트폰 알림을 통해 수령 시점을 안내, 비대면으로 물품 전달 완료

(3) 구체적 성과

- 인건비 18% 절감
- 룸서비스 고객 만족도 20% 상승
- 비대면 서비스를 선호하는 고객층의 재예약률 증가

(4) 의의

일본 오사카에 위치한 호텔 케이한 유니버설 타워의 로봇 룸서비스는 호텔 자동화와 비대면 서비스 강화라는 글로벌 트렌드에 부합하는 혁신 사례다. 단순히 인건비 절감 효과에 그치지 않고, 고객의 안전 · 편의성 요구를 충족하면서 호텔의 경쟁력을 높였다. 이는 향후 AI · 로봇 기반 스마트 호텔 운영 모델 확산의 중요한 선례로 평가된다.

* (좌) 로봇 컨시어지 및 관리를 수행하는 로봇, (우) 배달 로봇의 룸서비스

2. 문제 해결 중심의 시뮬레이션

문제 해결 중심의 시뮬레이션 교육과 학습은 실제 호텔 운영 중 발생할 수 있는 다양한 돌발 상황에 신속하고 정확하게 대응할 수 있는 역량을 길러준다. 이를 통해 직원들은 단순 매뉴얼 암기에서 벗어나 상황별 우선순위 판단, 의사결정 속도, 고객 감정 관리 능력을 동시에 향상할 수 있다. 또한 실제 사례에 기반한 훈련은 실무 적용 가능성이 커, 서비스 품질 향상과 고객 만족도 제고, 재방문율 증가로 이어진다. 문제 해결 중심의 다양한 시뮬레이션 사례를 살펴본다.

1) 고객의 객실 예약 누락 사례

(1) 가정 상황

주말 저녁, 부부 여행객이 체크인을 위해 도착했으나 전산에 예약 기록이 존재하지 않고, 고객은 예약 확인서를 제시하며 강하게 항의하는 상황

(2) 목표

– 20분 내 숙박 제공 여부 결정
– 고객 불만을 최소화하고 호텔 브랜드 신뢰 유지

(3) 진행 흐름(문제 해결 절차)

① 즉시 확인 → 프런트 직원이 고객의 예약 확인서, 결제 내역(카드 내역 · 플랫폼 이메일)을 요청

② 원인 파악 → 예약 플랫폼(OTA) 또는 호텔 콜센터에 연락하여 예약 전송 오류 여부 확인

③ 객실 배정 우선 조치

– 잔여 객실이 있을 경우: 동일 등급 또는 상위 등급으로 우선 배정
– 만실일 경우: 인근 제휴 호텔과 협력하여 예약 대행 및 교통편 지원

④ 서비스 회복 절차
– 고객에게 정중한 사과 전달
– 불편 보상을 제안(조식 무료 제공, 할인 쿠폰, 객실 업그레이드 등)
⑤ 사후 조치
– 예약 시스템 오류 원인 기록 및 관련 부서 공유
– 동일 문제 재발 방지 대책 마련

(4) 학습 포인트

- 위기 상황에서 즉각적 확인 + 대체안 제시 + 서비스 회복이 핵심
- 예약 시스템(OTA, PMS, CRS)과의 연계 오류가 자주 발생할 수 있음을 인식하고 사전 점검 체계를 강화해야 함
- 고객에게는 항상 '숙박 가능 여부를 빠르게 제시하는 것'이 가장 중요한 만족 요소임

2) 성수기 체크인 지연으로 입실 지연 사례

(1) 가정 상황

여름 휴가철 오후 3시, 객실 청소와 전산 처리가 지연되어 체크인 대기 줄이 길어지고, 평균 입실이 1시간 이상 늦어짐. 다수 고객이 불편을 호소하고, 일부 고객은 이탈 조짐을 보임

(2) 목표

– 고객 불만 최소화, 대기 중 이탈 방지
– 청소 · 체크인 지연 문제를 조속히 해소하여 운영 효율 회복

(3) 진행 흐름(문제 해결 절차)

① 즉시 공지 → 프런트 매니저가 안내 방송 및 사과문 전달, 예상 대기 시간을 고객에게 정확히 안내

② 인력 긴급 투입 → 하우스키핑 인력을 증원해 청소 완료된 객실부터 순차적 입실 진행
③ 대기 고객 배려 → 웰컴 드링크, 간식 제공 및 로비 · 카페 · 수영장 등 부대시설 무료 이용 안내
④ 편의 제공 → 고객이 원하면 짐을 먼저 객실에 옮겨두고, 객실 준비 완료 시 즉시 알림
⑤ 보상 제시 → 1시간 이상 지연될 경우, 무료 조식권을 제공하거나 일부 요금을 할인하여 서비스 회복

(4) 학습 포인트

- 성수기에는 청소 인력 배치와 전산 시스템 부하 관리가 중요함
- 고객에게는 즉각적인 정보 제공(대기 예상 시간)과 체감 가능한 보상이 불만 완화에 효과적임
- 단순 사과만이 아니라 대체 경험 제공(부대시설 무료 이용)이 고객 이탈 방지에 기여함

3) 객실 내 귀중품 분실 의혹 사례

(1) 가정 상황

고객이 체크아웃 직전, 객실에서 보관하던 귀중품이 사라졌다고 강하게 주장하는 상황. 고객은 호텔 관리 부주의를 문제 삼으며 보상 요구 가능성 제기

(2) 목표

– 사실 관계를 신속하고 객관적으로 파악
– 고객 신뢰 유지 및 불필요한 분쟁 최소화

(3) 진행 흐름(문제 해결 절차)

① 즉각 조사 착수 → 하우스키핑 · 보안팀이 협력하여 해당 객실의 출입 기록과 CCTV 영상 확인

② 객실 재수색 → 고객과 함께 객실을 재수색하여 은닉된 물품 여부 확인 (심리적 신뢰 확보 효과)

③ 외부 절차 안내 → 분실물이 발견되지 않을 경우, 호텔 보험 적용 가능성 안내 및 경찰 신고 절차 지원

④ 서비스 회복 → 매니저가 직접 동석해 정중한 사과를 전달하고, 고객 심리 안정을 위해 대체 보상(식사권, 숙박 할인권 등) 제안

(4) 학습 포인트

- 귀중품 보관 시 객실 내 금고 사용 권장 등 사전 예방 교육이 중요함
- 사건 발생 시 투명한 조사 절차와 고객 동행 확인을 통해 신뢰를 확보해야 함
- 호텔의 보험 제도와 외부 기관(경찰)과의 협력이 분쟁 최소화의 핵심
- 단순 보상보다 심리적 안정 제공이 고객 관계 회복에 효과적임

4) 객실 청소 부실 컴플레인 사례

(1) 가정 상황

고객이 체크인 직후, 객실 내에서 먼지 · 머리카락 · 욕실 얼룩 등을 발견하고 프런트데스크에 즉시 불만을 제기. 청결 문제는 고객 만족도와 신뢰에 직결되는 민감한 사안

(2) 목표

– 15분 내 청소 문제 해결

– 청결 기준에 대한 고객 신뢰 회복

(3) 진행 흐름(문제 해결 절차)

① 즉시 대응 → 프런트 직원이 하우스키핑 슈퍼바이저를 즉시 호출

② 현장 조치 → 하우스키핑 팀이 해당 객실을 즉각 재청소하거나, 필요시 동일 등급 혹은 상위 등급 객실로 재배정

③ 고객 응대 → 매니저 또는 슈퍼바이저가 직접 사과하고, 문제 발생 원인을 설명하며 고객에게 청소 완료 후 재점검 요청

④ 서비스 회복 → 객실 요금 일부 환불, 무료 조식, 호텔 바우처 등 보상 제공

⑤ 사후 관리 → 내부 회의에서 청소 담당자 교육 강화, 체크리스트 보완 및 품질 관리 절차 개선

(4) 학습 포인트

- 객실 청결은 호텔 품질의 기본이며, 작은 실수도 고객 만족도에 큰 영향을 미침
- 즉각적인 재청소 또는 객실 교체가 가장 효과적인 해결책
- 고객에게는 투명한 설명 + 보상 제공이 신뢰 회복에 중요
- 사건 이후에는 내부 교육 · 관리 시스템 보완으로 재발 방지가 필수

5) 직원 불친절 및 대응 지연 컴플레인 사례

(1) 가정 상황

투숙객이 객실에서 추가 수건과 음료를 요청했으나 40분이 지나도록 전달되지 않음. 요청 과정에서 담당 직원의 태도도 무뚝뚝하여 고객이 불쾌감을 드러냄

(2) 목표

– 고객 감정 회복 및 만족도 회복

– 서비스 신뢰도 재확립

– 내부 서비스 품질 및 응대 태도 개선

(3) 진행 흐름(문제 해결 절차)

① 즉시 대응 → 고객 불만 접수 즉시 매니저가 직접 연락하여 상황을 확인하고 사과

② 신속 조치 → 요청 물품을 10분 내 전달, 필요시 추가 편의품이나 웰컴 어메니티를 제공

③ 재사과 절차 → 해당 직원이 매니저와 함께 고객에게 재차 사과하며, 상황 설명과 재발 방지 약속 전달
④ 서비스 회복 → 고객에게 무료 조식권, 호텔 바우처, 멤버십 포인트 적립 등 보상 제공
⑤ 사후 관리 → 내부적으로 해당 직원 대상 친절 서비스 교육 강화, SLA(서비스 처리 시간) 준수 여부 점검 및 개선

(4) 학습 포인트

- 지연 + 불친절은 고객 불만을 가중하므로, 신속한 보상과 태도 개선이 필수
- 단순 물품 전달이 아닌 감정 케어가 핵심 → 매니저 직접 개입이 효과적
- SLA와 같은 내부 서비스 표준 관리가 지연 문제 해결의 기반
- 사건을 서비스 문화 개선 기회로 전환해야 함

3. 고객 경험 개선 프로젝트

시뮬레이션 실습수업에서 고객 경험 개선 프로젝트를 진행해야 하는 이유는 호텔 업계의 경쟁이 치열해지는 상황에서 차별화된 서비스로 고객의 마음을 얻기 위해서다. 투숙객이 처음 예약하는 순간부터 체크아웃 후 후기를 작성할 때까지의 모든 경험은 재방문과 추천 여부를 좌우한다. 불편함을 최소화하고 만족도를 높이면 부정적인 리뷰를 줄이고, 브랜드 신뢰를 강화하며, 신규 고객 유입 효과도 얻을 수 있다.

1) 프로젝트의 목표

호텔에 온 손님이 예약할 때부터 방을 쓰고, 나갈 때까지 모든 과정에서 편하고 기분 좋게 지낼 수 있도록 만드는 계획이다. 손님이 '다음에 또 오고 싶다'라고 생각하게 하는 게 목표다.

2) 프로젝트의 취지

- 손님이 만족하면 다시 오고, 주변에 추천한다.
- 불편했던 경험이 줄어들면 나쁜 리뷰가 적어진다.
- 좋은 평이 많아지면 호텔 이미지가 좋아지고, 예약이 늘어난다.

3) 프로젝트 단계별 내용

(1) 손님 여정 살펴보기

- 손님이 호텔을 처음 찾을 때부터 체크아웃할 때까지 과정을 쭉 따라가서 어디서 불편함이 생기는지 찾는다. (예: 예약 → 체크인 → 객실 이용 → 식사/시설 이용 → 체크아웃)

(2) 문제 찾기

- 성수기에 체크인 줄이 너무 길다.
- 청소가 깔끔하지 않은 경우가 있다.
- 요청(수건, 추가 물 등) 처리 시간이 길다.
- 외국인 손님이 언어 때문에 불편해한다.

(3) 개선 방법(글로벌 호텔 예시 참고해서 한국식으로)

- **메리어트호텔처럼 모바일 체크인 진행**
  – 카카오톡으로 QR 코드 보내주고, 도착하면 바로 입장 가능
- **힐튼호텔처럼 빠른 요청 처리**
  – 손님이 채팅으로 요청하면 바로 직원에게 전달, 최대한 빨리 처리
- **포시즌스호텔처럼 개인 맞춤 서비스**
  – 예약할 때 미리 베개, 온도, 음료 선택 가능
  – 도착 시 손님 이름이 적힌 환영 메시지 준비

4) 한국에서 지켜야 하는 법규

- **손님 정보 보호**: 이름, 연락처 같은 개인정보는 허락받고 사용
- **안전 규칙 준수**: 객실에 대피 경로 표시, 소화기 위치 안내
- **장애인 배려**: 휠체어로 접근할 수 있는 통로와 객실 제공

5) 시험 운영

- 먼저 서울이나 부산에 있는 호텔 한 곳에서 1개월 정도만 시험해 본다.
- 체크인 시간이 줄었는지
- 요청 처리 속도가 빨라졌는지
- 손님 만족도가 올랐는지 확인한다.

6) 기대되는 결과

- 손님이 '서비스가 빨라서 편하다'라고 느낀다.
- 외국인도 언어 문제없이 이용한다.
- 좋은 리뷰가 많아져서 온라인 예약이 늘어난다.

4. 종합 실습 및 평가

종합 실습 및 평가는 학생들의 이론 지식을 실제 상황에 적용하게 하고, 협업, 문제 해결, 의사소통, 책임감 등 핵심 역량을 종합적으로 강화한다. 또한, 자신의 강점과 약점을 객관적으로 인식하도록 도와주고, 이를 통해 실무 역량과 자기 주도적 학습 태도를 강화할 수 있다.

1) 수업 목표

- 호텔에서 고객이 겪는 문제를 찾는다.
- 해결 방법을 직접 설계 · 시뮬레이션해본다.
- 실제 운영처럼 연습하고 서로 피드백한다.

2) 진행 순서(50분 기준)

(1) 준비 단계(10분)

- 학생들을 3~4명씩 팀으로 나눈다.
- 각 팀에 '호텔 역할'(프런트, 하우스키핑, 고객, 매니저 등)을 배정한다.
- **예시:** 상황 사례를 1가지 선택한다.
  - 성수기 체크인 지연
  - 객실 청소 불만
  - 객실 소음 민원
  - 수건 요청 지연
  - 에어컨 고장
  - 예약 누락
  - 외국인 고객 의사소통 문제

(2) 시뮬레이션 단계(20분)

- **1라운드:** '고객' 역할 학생이 불만을 제기한다.
- **2라운드:** '호텔' 역할 학생들이 해결 방안 논의 후 실행한다.
- **3라운드:** '고객' 역할 학생이 응답 · 피드백한다.
- 시간을 제한하고 여러 시나리오를 진행한다.

(3) 개선안 발표(10분)

- 각 팀이 문제 상황 → 해결 과정 → 결과를 짧게 발표한다.

• 발표 시 왜 그 방법을 선택했는지 설명한다.

(4) 종합 피드백 & 평가(10분)

• 평가 기준에 따라 공정하게 평가한다.

표 15-1 평가 기준 예시

평가 항목	배점	평가 기준
문제 파악	20점	고객 불편을 명확히 이해했는가?
해결 속도	20점	신속하고 단계적인 대응을 했는가?
창의성	20점	독창적이고 현실적인 방법을 제시했는가?
팀워크	20점	역할 분담과 협력이 원활했는가?
발표력	20점	내용 전달이 명확하고 설득력이 있었는가?

Checkpoint

◆ 토론 주제 1

호텔에서 고객이 가장 먼저 체감하는 '환대 서비스'는 무엇일까?
(예: 도어맨의 인사, 프런트데스크의 미소, 로비 향기 · 음악, 웰컴 드링크 등)

• **참고**

– 도어맨의 인사: 고객 접점의 첫 순간, 환영받는다는 인상을 주어 호텔의 격을 결정
– 프런트데스크의 미소: 체크인 절차 속 친절함이 고객 만족도를 크게 좌우
– 로비 향기 · 음악: 눈에 보이지 않지만 브랜드 아이덴티티와 감성 경험을 강화
– 웰컴 드링크 · 타월: 작은 배려지만 고객 피로를 해소하고 만족감을 배가
– 환대 서비스는 한 요소만이 아니라 감각적 경험과 사람의 태도가 어우러질 때 가장 강력한 효과를 발휘한다.

◆ 토론 주제 2

친환경 프로그램(그린 스테이 등)에 참여하도록 고객을 설득할 때, 어떤 보상 방법이 가장 효과적일까?
(예: 리워드 포인트, 할인 쿠폰, 무료 음료 · 조식 제공 등)

• **참고**

– 포인트 적립은 장기적으로 고객 충성도를 높인다.
– 즉각적인 보상(음료 · 조식)은 단기 참여율을 끌어올린다.
– 할인은 직접적인 금전 혜택이라 가장 쉽게 동기를 준다.
– 호텔은 단기 · 장기 보상을 혼합해 고객 행동을 유도하는 것이 효과적이다.

◆ 토론 주제 3

스마트 미러, 로봇 룸서비스 같은 기술이 늘어나면 직원들의 역할은 어떻게 달라질까?

• **참고**

– 기술은 단순 반복 업무(주문, 배달, 정보 제공)를 대신해준다.
– 그 결과 직원은 고객 맞춤 서비스, 불만 처리, 특별 경험 제공 같은 '사람만 할 수 있는 일'에 더 집중할 수 있다.
– 기술은 사람을 대체하는 것이 아니라, 직원이 더 '가치 있는 서비스'에 집중하게 만든다.

전문용어

사례연구(Case Study) 실제 호텔에서 일어난 성공 · 실패 사례를 분석하는 학습 방법이다. 문제 상황과 해결 방안을 배우고 자기 상황에 적용할 수 있게 한다.

시뮬레이션 실무(Simulation Practice) 실제와 비슷한 가상 상황을 만들어 학생들이 직접 역할(프런트, 고객 등)을 맡아 문제를 해결하는 훈련이다. 실습을 통해 문제 해결력과 응대 능력이 향상된다.

모바일 체크인(Mobile Check-in) 호텔 앱으로 미리 체크인 절차를 끝내고, 프런트를 거치지 않고 바로 객실로 들어가는 서비스다. 대기 시간을 줄이고 편리함을 높인다.

키리스(Keyless, 디지털 키) 스마트폰 앱을 이용해 객실 문을 여는 방식이다. 키 카드를 분실할 위험이 없고, 보안과 편의성을 동시에 높여준다.

커넥티드 룸(Connected Room) Connected Room과 Connecting Room이라는 용어가 혼용되는데, 의미가 조금 다르다. 'Connecting Room'은 객실 간 내부 연결문이 설치되어 가족이나 단체 투숙객이 편리하게 이용할 수 있는 형태를 의미한다. 'Connected Room'은 글로벌 체인에서 IoT 기반의 스마트 객실 브랜드를 가리키는 용어로 사용된다.

그린 스테이 프로그램(Green Stay Program) 손님이 원할 때만 수건 · 침구를 갈아주는 제도다. 덜 갈아주면 물, 세제, 전기를 아낄 수 있고, 참여한 손님에게는 포인트 같은 보상을 준다.

리워드 포인트(Rewards Point) 호텔이 손님에게 주는 일종의 점수(마일리지)다. 친환경 활동에 참여하거나 다시 호텔을 방문하면 쌓이고, 쌓인 포인트는 혜택으로 바꿀 수 있다.

스마트 미러(Smart Mirror) 단순한 거울이 아니라 화면이 함께 있는 거울이다. 날씨 · 교통 · 호텔 이벤트를 보여주고, 룸서비스 같은 주문도 바로 할 수 있다. 따라서 직원에게 물어보는 일이 줄고, 호텔은 추가 매출이 늘어난다.

참고문헌

단행본

김성혁 · 유도재 외 3인, 현관객실론, 백산출판사, 2003.

송대근 · 강용관, 호텔객실서비스실무, 대왕사, 2024.

이재원, 호텔 트렌드 인사이트, 미다스북스, 2024.

이정학, 호텔객실실무, 기문사, 2014.

오정환, 호텔산업의 왕자들, 기문사, 2002.

유도재, 호텔객실경영실무론, 백산출판사, 2020.

유도재, 호텔경영론, 백산출판사, 2023.

유도재 · 조인환, Hospitality Marketing, 대왕사, 2022.

정규엽, 호텔외식관광마케팅, 연경출판사, 2011.

최익준 · 남택영, 호텔경영의 객실실무론, 세로미, 2020.

한이경, 호텔에 관한 거의 모든 것, 혜화1117, 2021.

Isadore Sharp, Four Seasons(사람을 꿈꾸게 만드는 경영자), 지식노마드, 2011.

Joseph A. Michelli, 리츠칼튼 꿈의 서비스, 비전과리더십, 2012.

호텔 자료

그랜드워커힐호텔 홍보실

그랜드인터컨티넨탈 서울 파르나스 홍보실

그랜드하얏트서울호텔 홍보실

롯데호텔 홍보실

신라호텔 홍보실

앰배서더호텔그룹 홍보실

웨스틴조선호텔 홍보실

콘래드서울 홍보실

포시즌스호텔 홍보실

JW메리어트호텔 홍보실

인터넷 자료 검색

Accor S.A.: group.accor.com

Banyan Tree Club & Spa Seoul: www.banyantree.com

Conrad Hotels & Resorts: www.hilton.com

ChatGPT: www.openai.com/chatgpt

Four Seasons: www.fourseasons.com

Grand Walkerhill Seoul: www.walkerhill.com

Grand Hyatt Seoul: www.hyatt.com/grand-hyatt-seoul

Hotel Association of Korea: www.hotelskorea.or.kr

Hilton Worldwide: www.hilton.com

Hyatt Hotels Corporation: www.hyatt.com

Hampton by Hilton: www.hilton.com

InterContinental Hotels & Resorts: www.ihg.com

Josun Hotels & Resorts: www.josunhotel.com

Korea Tourism Organization, KTO: www.knto.or.kr

LOTTE Hotels & Resorts: www.lottehotel.com

Marriott Bonvoy: www.marriott.com

Marina Bay Sands: www.marinabaysands.com

Marriott International: www.marriott.com

NAVER: www.naver.com

Paradise City: www.p-city.com

Shangri-La Hotels: www.shangri-la.com

The Westin Hotels & Resorts: www.westin.marriott.com

The Shilla Hotels & Resorts: www.shillahotels.com

게티이미지뱅크: www.gettyimagesbank.com

저자 소개

유도재

저자는 호텔 및 리조트 기업의 객실부서와 세일즈 · 마케팅 부서에서 약 10년간의 실무 경험을 바탕으로 현장 중심의 전문성을 쌓았다. 세종대학교 호텔경영대학원에서 경영학 박사학위를 취득한 후, 한국여성경제인협회 창업스쿨과 서울시청 공무원연수원에서 전문강사로 활동하였으며, 경기대학교와 세종대학교 호텔관광경영학과에서 겸임교수를 역임하였다. 현재는 백석예술대학교 호텔관광학부 교수로 재직 중이다. 주요 저서로는 『호텔경영론』, 『Hospitality Marketing』, 『리조트경영론』, 『호텔식음료실무론』, 『관광학개론』 등이 있으며, 주요 연구 관심 분야는 AI 시대의 디지털 스마트호텔 경영, 휴먼터치 기반의 서비스 혁신, 그리고 호텔 간 전략적 제휴를 통한 지속 가능한 경쟁력 강화이다.

호텔객실실무론

2025년 11월 15일 초판 1쇄 인쇄
2025년 11월 20일 초판 1쇄 발행

지은이 유도재
펴낸이 진성원
펴낸곳 (주)백산출판사
교 정 박시내
본문디자인 신화정
표지디자인 오정은

등 록 2017년 5월 29일 제406-2017-000058호
주 소 경기도 파주시 회동길 370(백산빌딩 3층)
전 화 02-914-1621(代)
팩 스 031-955-9911
이메일 edit@ibaeksan.kr
홈페이지 www.ibaeksan.kr

ISBN 979-11-7385-080-6 93980
값 37,000원